KACC

Kyoto Art Center Collection

口上

本書の『藤娘』の段でも記していることだが、歌舞伎劇を初めて観たのはおそらく四歳になる前の歌舞伎座だった。昭和三十八年（一九六三年）の歌舞伎座夜の部。『藤娘』以外の公演はまったく印象に残っていなかったが、夜の部は四つの演目があった。最初が近松門左衛門作の『井筒業平河内通《いづつなりひらかわちがよい》』、めずらしい作品で戦後に三度上演されたのみでこれがその最後の公演であった。二つ目が尾上梅幸の『藤娘』、三つ目が『大江山酒呑童子《しゅてんどうじ》』、十七世中村勘三郎の酒呑童子、二世尾上松緑の源頼光。そして最後が『宿無団七時雨傘《やどなしだんしちしぐれのからかさ》』だった。舞踊を除けばどれもストーリー性の強い作品ばかり、小学校に上がる前の子供にはムリな演目だ。だから、それだけに『藤娘』の印象は鮮烈だった。真っ暗な舞台と客席、長唄の「〽若むらさきに　とかえりの　花をあらわす　松の藤浪」が終わると、チョンの柝《き》が合図となって舞台が一気に明るくなる。すると松の大木にからみついた藤の花が舞台一面に広がり、その中央に藤の精（梅幸）が立っている。もちろん、そうした舞台の工夫を「演出」と呼ぶことや、舞台に並ぶ長唄連中と立方、それに後見といった存在のちがいや、そもそも中央で柔らかに踊っているのが藤の精（女性）を演じる男性の俳優であることなど、知るよしもなかった。ただ、暗闇で鳴っている音楽に耳をすましていると、眼の前に突如鮮烈な風景が現出し、あたかも最初から舞台が明るかったように舞踊がテンポよく展開されていくその「気迫」に、三歳のぼくは見事に呑み込まれたのだ。音（長唄）、舞台（照明、大道具）、そして役者（藤の精）、日常では決して眼にすることのない世界がひとつになってぼくの身体に流れ込んできたのだ。

ぼくは、文字通り、歌舞伎に溺れた。

それ以後、現在にいたるまでのぼくと歌舞伎との関係は、いたって個人的なものであり、歌舞伎劇に関心のある人や歌舞伎劇をこれから楽しもうとされている人にとって、それほど有益なものではないので省略しよう。ただ、歌舞伎劇を観る回数よりもはるかに多く、新劇や小劇場演劇や舞踏やコンテンポラリーダンスや能楽や文楽や落語にも足を運んでいたことだけは述べておく。つまり、ぼくは自分の人生のさまざまな時期でいろいろな

「舞台の波」にもまれ、からみとられ、水底へとひきずりこまれ、そしてまた浮かびあがるということを何度もくりかえしてきたのである。波に乗る、なんて格好のいいことは到底できない、ただあたふたと溺れているばかりだった。ようようにして水面から顔をだしたのも束の間のことで、また「舞台の波」がぼくを襲ってくるのだ。歌舞伎劇に関していえば、この三十年くらいは「キレイに溺れていた」とでもいえばいいのか、劇場には毎回クロッキー帳を持参して、舞台をスケッチしたり、型を記録したり、文楽との違いを克明にメモしたりといったことをやりつづけ、持ち帰ってからは文献に依って調べることでメモをより正確なものにするように心がけた。溺れていることには変わりはないのである。

そんなノートを描き、また書きつづけて、いつもぼくの頭に去来していた一語があった。それは「劇評」の一語だ。「高校生劇評グランプリ」のウェブサイトには、現代演劇のもっともすぐれた批評家であった扇田昭彦（一九四〇―二〇一五年）が「劇評の書き方」というページを書き残している。それによれば、「劇評」とは「実際に生で見た舞台（演劇、ミュージカル、ダンス、オペラなど）について書く批評（評論）、あるいはエッセイ（随筆）」のことなのだという。ぼく個人は「劇評」は「演劇批評」や「舞台批評」とはちがって、あくまでも「歌舞伎劇についての批評」という身勝手な定義があるのだが、扇田は「生の舞台」であることを第一条件としている。また、その内容については四つにまとめている。第一に「その舞台についての評価（見応えのある舞台だったか、あるいは失望した舞台だったなど、評価はさまざま）を軸にするもの」、第二に「上演された作品のテーマ、作品で描かれた題材、問題（社会問題、歴史的問題など）を中心に論じるもの、第三に「戯曲（劇作家）、演出（演出家）、演技（俳優）、音楽（作曲家、演奏家、指揮者）、舞台美術（装置、照明、衣裳、音響など）などの魅力と成果について書くもの」、そして第四に「その舞台を見て筆者が感じた感動、個人的な思い、回想などを書きこむ劇評」とある。第一がいわゆる舞台評であるとすれば、第二はテーマ批評、第三は技術批評、第四は印象批評、ということになるであろうか。いずれにせよ、本来はそうした四つの批評のありかたがひとつになったものが総合的な「劇評」となるわけである。

前述したように、ぼくにとっての「劇評」は「歌舞伎劇の批評」に限定されるのだが、扇田昭彦が記述している劇評で展開されるべき四つの内容は、もちろん歌舞伎劇にもあてはまるものだ。そして、歌舞伎劇においてはとくに第四の「個人的な思い、回想」というのが劇評においてもっとも特徴的なことかもしれないのだ。歌舞伎劇に限ったことではなく、古典芸能全般に対してなりたつことであると思われるが、いま、眼の前にくりひろげられている舞台を観ているとき、比較的長いあいだ古典芸能を観続けてきた人は、そこにかつての舞台、かつての役者を重ねて観ることはしないであろうか。別に通《つう》ぶるわけでもないのだが、それはたとえば勘九郎時代の中村勘三郎が『お祭り』を踊るとき、そこに父親の先代勘三郎を重ねたり、あるいは当代の片岡仁左衛門や亡き市川團十郎を重ねたりはしないだろうか。十七世勘三郎と当時の勘九郎を重ねることは、それが父子であり、中村屋の血を確認することになるから、ある意味「正しい重ねかた」である。いまの勘九郎が『お祭り』を踊れば、ぼくたちはそこにふたりの勘三郎、つまり勘九郎にとっての父と祖父を重ねるだろう。そして、この『お祭り』という舞踊が、近年では病気などによって長期休養を余儀なくされた役者が舞台復帰したときに、お客や贔屓への感謝の意味をこめて舞台にかけられることが多いという知識をもっていれば、どちらも長患いのあとにみごとに復活を遂げた松嶋屋（仁左衛門）と成田屋（團十郎）が『お祭り』を踊ったときの舞台をありありと思い浮かべるのは、歌舞伎鑑賞者の「生理」に近いものなのである。そして「待ってました！」の大向うがかかると、ほろ酔い加減の鳶頭がちょっと照れながら「待っていたとはありがたい」と返す場面を眼にすれば、そこには歌舞伎の舞台にほとんど奇跡的に復活した役者たちの姿を心嬉しく歓迎する、劇場一体の空間が生成されることを体験するはずだ。

ただ、こうした私的な体験を「個人的な思い、回想」として劇評にもりこむのは簡単なことではない。十七世・十八世勘三郎や團十郎など故人の舞台を知らない人にとっては、共有することのできない「体験」であるからだ。それは歌舞伎好きのひとりよがりでしかないからだ。しかし、それでも歌舞伎批評としての劇評はそうした「観客の生理の記録」を継続して書き続けることで成りたってきた。ぼくにとっての、すぐれた劇評家は、三宅周太郎（一八九二―一九六七年）であり戸板康二（一九一五―一九九三年）であり渡辺保（一九三六年―）である。詳述は避けるが、彼らは扇田昭彦の指摘する劇評における四つの軸を正確に設定して、それら四軸に囲まれた壮大な劇評の空間をかたちづくっていたのだ。彼らは、彼らの時代において観た舞台と役者を綿密に記録して批評化する。ついでに言えば、たとえば今日、渡辺保の批評を読むとき、ぼくはそこに三宅周太郎や杉贋阿弥（一八七〇―一九一七年）といったかつての劇評家の批評の眼を感じ筆致を感ずるのである。歌舞伎劇が継承されているのと同じように、劇評もまた継承されていることがとてもよくわかるのである。ぼく自身も劇評、というか劇評のような文章を書くこともあるが、その際には扇田の述べている四つの軸は保持しつつも、読んでいる人があたかもその舞台を観ているように「錯覚」させるような文体をできるだけ工夫している。

しかし、劇評はたしかに記録され、出版され、読まれるだろう。渡辺保は『私の歌舞伎遍歴――ある劇評家の告白』（演劇出版社、二〇一二年）において、次のようなことを述べている。「舞台で起こったこと、その場に居合わせた観客の心の記憶は批評にしか残らない」

し、「舞台の、その場の空気、感動は人の心にしか残らない」ので、「それが観客の心にしか残らないとしても、その観客もいつかは死ぬ。その記録をせめて文字にして残す必要があり、まだ見ぬ者に伝える必要があるからこそ、劇評は必要なのではないか」。これは昨今注目されているアーカイブ研究と通じるところもあるが、単なる文字情報としての記録にとどまらずに、「まだ見ぬ読者に伝える」という精神の強さが劇評を劇評たらしめているということができるだろう。そして、そのような劇評がこれからも書き継がれていくだろうことを固く信じながらも、ぼくは大学での講義や市民講座のような場所で、歌舞伎の普及にとどまらずに「劇評としての講義」というものが成立しないものか、考えるようになった。書き言葉ではなく、話し言葉で、講義をすることによって、劇評的な言語世界を展開できないものか、そんな途方も無いことをつれづれ思うようになったのだ。

歌舞伎の講義と言えば、歌舞伎の歴史とか、作品の背景とか、そうした表層的な情報の羅列に終始することが多い。だが、そうした表層的な情報の羅列に実際の舞台という「生の情報」を重ねてみる。生の舞台という窓から歌舞伎の歴史や作品の背景を見渡すのである。もちろん、そんなことはたいていの講義でやられているかもしれないし、ましてやそれを「劇評としての講義」などと呼ぶのはおこがましいことかもしれない。だが、すべての舞台が一回性によって成立しているのと同様に、すべての講義というものも一期一会の存在だ。その意味では講義は舞台に近い特性をもっている。その一回性をうまく利用して、劇評のライブができないものかと思った。それを実現させるためには、大学のような制度的な空間で学生という身分を相手にしていてはむずかしい。学生は観客にはなれないからだ。市民相手の公開講座であればそれができるかもしれない。そんなことを漠然と考えつつ、勤務先の岐阜県で能や落語の市民講座を少しずつやりはじめた頃、京都芸術センターから歌舞伎をはじめとした古典芸能についての講座を担当してほしいという依頼があった。二〇一一年のことだった。本書は、もっともいびつなカタチで存在する「劇評」の特殊例として位置づけられるかもしれない。と同時に、いまでも「舞台の波」に溺れつづけ、半世紀以上歌舞伎劇や落語を観つづけている人間のささやかな記録なのである。

平成三十年四月末日

小林昌廣

目次

Kyoto Art Center Collection 2

DENTŌGEINŌ – KOTOHAJIME

First edition published on October 31, 2018

Author: Kobayashi Masahiro

Publisher: Kyoto Art Center

Yamabushiyama-cho 546-2, Nakagyo-ku, Kyoto, 6048156, Japan

TEL.+81-(0)75-213-1000 FAX.+81-(0)75-213-1004

http://www.kac.or.jp

Distributor: MATSUMOTOKOBO Ltd.

Gajoen Heights (room) 1010, 12-11 Amijima-cho, Miyakojima-ku, Osaka, 5340026, Japan

TEL. +81-(0)6-6356-7701 FAX. +81-(0)6-6356-7702

http://matsumotokobo.com

Editors: Hagihara Reiko, Makita Ban

Book Design and DTP: Matsumoto Hisaki (MATSUMOTOKOBO Ltd.)

Printing and Bookbinding: Live Art Books Inc. (Daishinsha Inc.)

Printed in Japan

ISBN978-4-944055-98-2

Kyoto Art Center was established in April 2000 in a hope to promote arts in Kyoto in a comprehensive way by collaboration betweenthe city of Kyoto, artists and other people related to art. The center aims at supporting various artistic activities, providing information about arts, and promoting communication between the citizens and artists through arts.

京都芸術センター叢書 二

伝統芸能ことはじめ

小林昌廣

凡例

一、本書は京都芸術センターが刊行する「京都芸術センター叢書（Kyoto Art Center Collection）」の第二巻である。

一、本書は小林昌廣を講師として二〇一一年から二〇一六年にかけて同センターで開催された連続講座「伝統芸能ことはじめ――名作から知る伝統芸能の楽しみ方」全三十六回のうち、十三回を集録したものである。

一、講座は多くの参考関連映像・音楽・スライド等を使用し、多種多彩な話題を織り交ぜて行われたが、本書を編むにあたっては小林の「語りの勢い」を読者に感じて貰うべく内容を適宜要略・省除し、参考資料の所載は最小限にとどめた。

一、読書の便宜をはかるため、主に本文上段は主題となる演目に関わる内容を、下段は補足・逸話・こぼれ話・蘊蓄《うんちく》・雑学知識などに切り分け、切り分けた本文箇所には［下段］と附した。

一、漢字表記については特別な場合を除いて常用漢字で統一した。また、いくつか異なる漢字表記が存在し、世間一般でも表記が混在している言葉については、著者・編集者で検討し統一をはかった。（例：「祇園・祗園」「役を勤める・務める」）

一、各話扉の裏に掲載されているスケッチは小林が劇場での鑑賞時に描いたものの一部である。

第一話

菅原伝授手習鑑《すがわらでんじゅてならいかがみ》

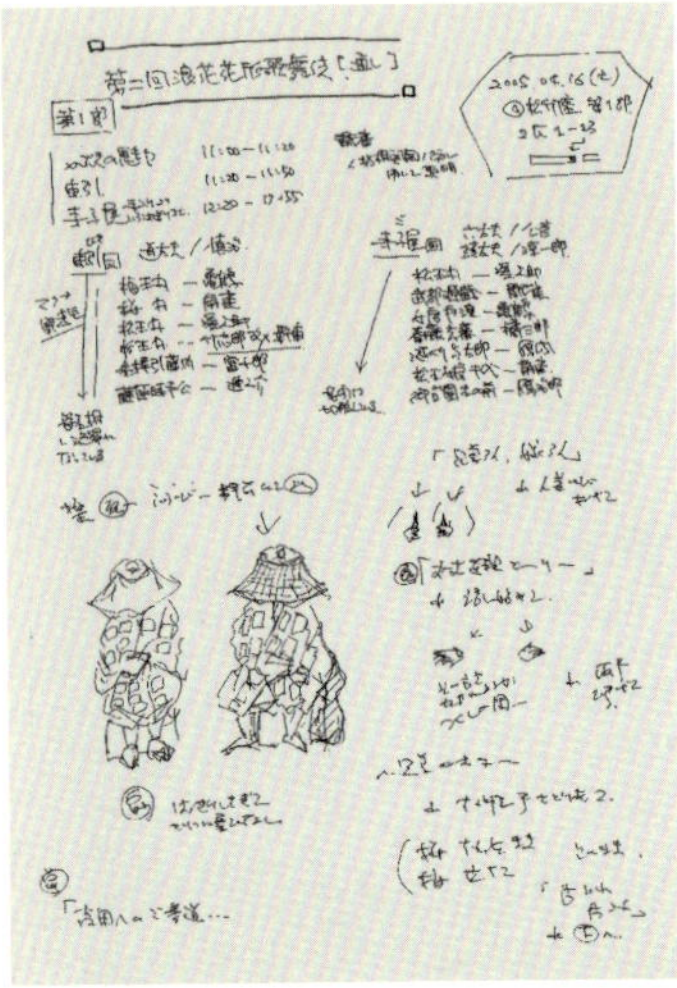

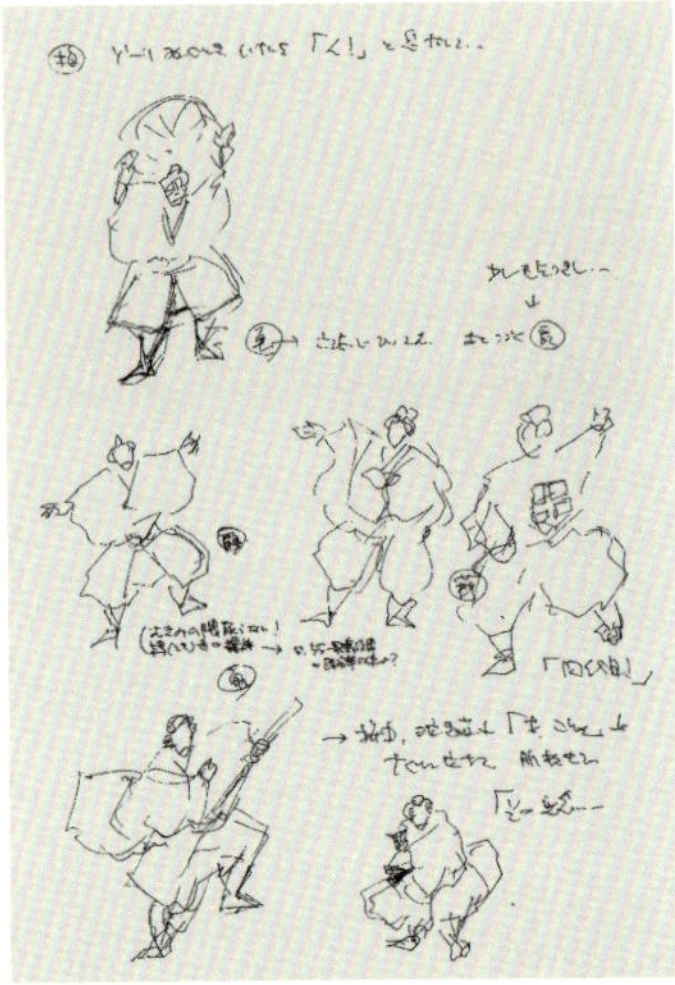

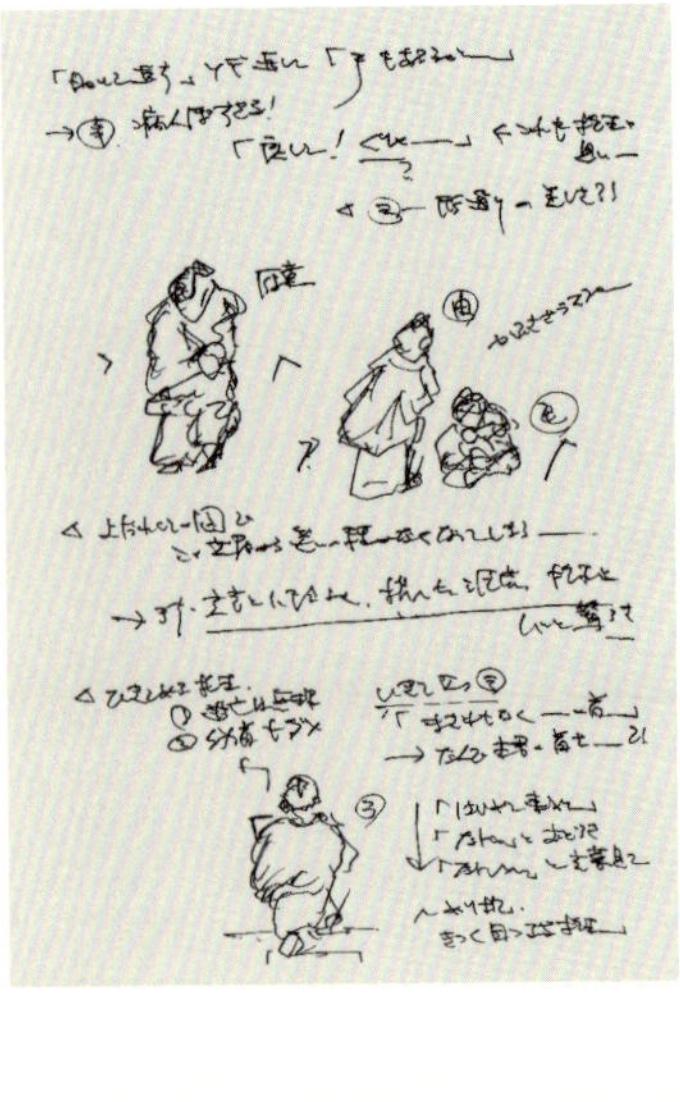

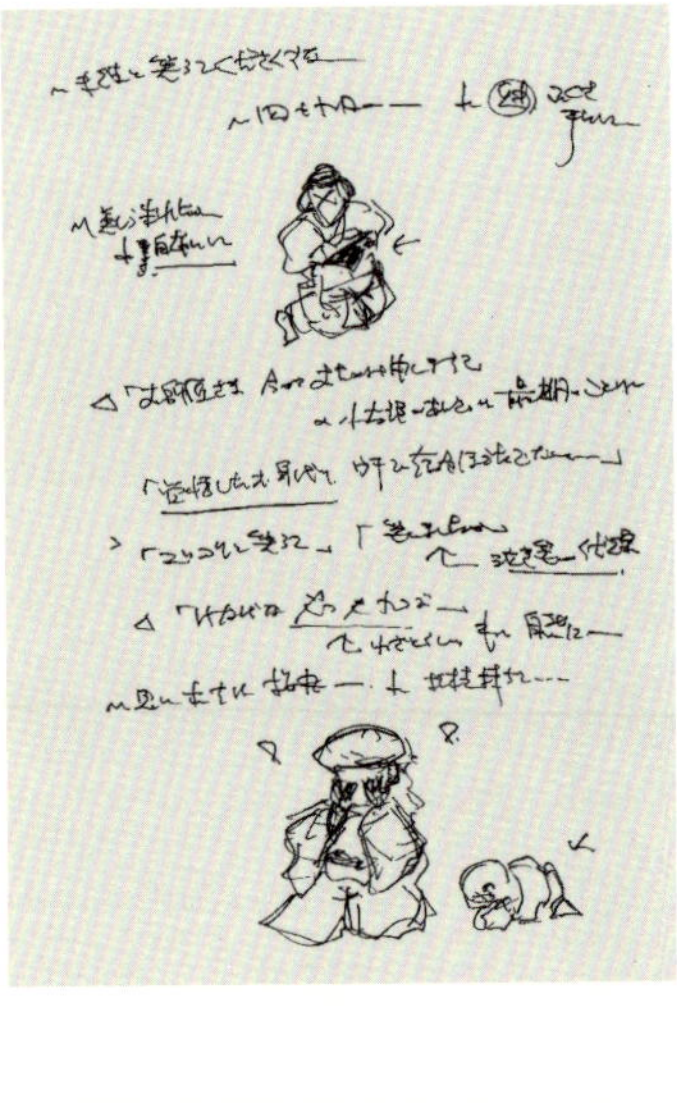

今日は『菅原伝授手習鑑』を扱います。「菅原」はいうまでもなく菅原道真。この方は学問の神様でもありますけど、書道の神様でもありまして、文章博士といわれていますが、そういう優れた能力を弟子に伝えていくというのが「伝授」ですね。「手習」というのは書を習うことですね。習字の習ですからね。この芝居の前半部分では、伝授という言葉が出てくる「筆法伝授の段」というのがあります。「鑑」というのは、見本となるもの、典型となるもの、という意味だと思います。これだけだと、何のことやらよくわからないんですね。ただ、重要なのは菅原道真という方は、政治の世界では非常に不幸な生涯を遂げたということです。けれども後になって、わずか九十年ぐらいの間に彼は人間でありながら神様、「天神様」になって、しかも学問の神様、書道の神様、あるいは技芸の神様という形で奉られる。そうなると、この「伝授」「手習」という言葉が活きてくるわけで、あまり政治的なドラマにとらわれずに、天神様のそういう非政治的な側面ってものをできるだけ描き出した話だってことがいえますね。こちらの二十五円切手は、［図版1］国立劇場開場記念として昭和四十一年に発行されたものです。『菅原伝授手習鑑』の「車曳《くるまびき》の段」で、松王、梅王、桜丸という三人の兄弟と、菅原道真のライバルである藤原時平との複雑な対立場面を描いたものです。以前は歌舞伎など古典芸能はよく切手になっていました。

江戸時代はひとりの作者がひとつの作品を作るということはなく、合作といい

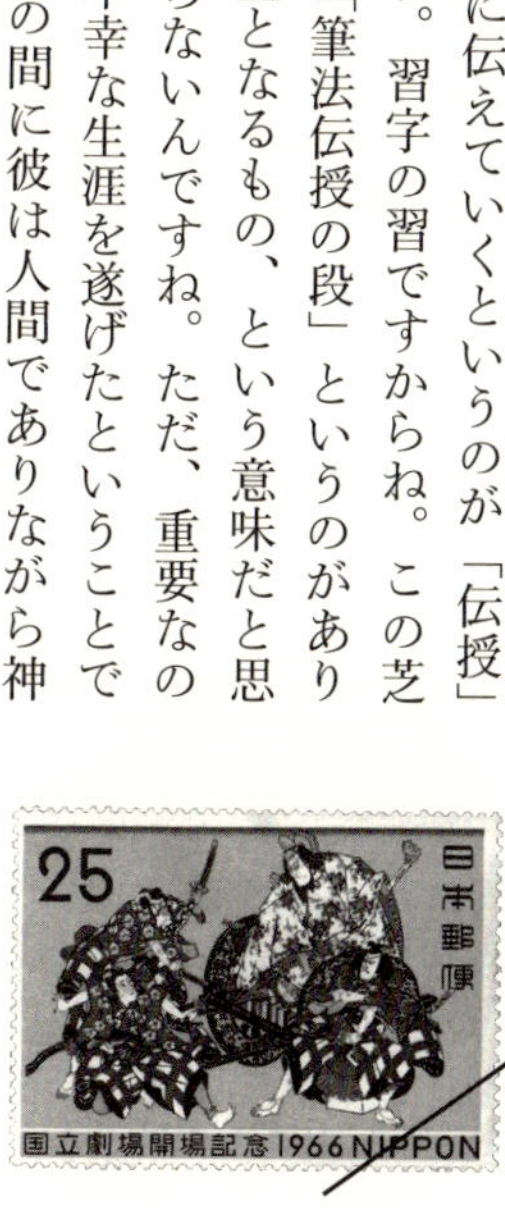

［図版1］国立劇場開場記念二十五円切手

ましてですね、この本は四人によって書かれています。まず、初代の竹田出雲《たけだいずも》。それから当時は名前を小出雲といってましたけど、初代がいたときから二代目を襲名していた竹田小出雲、三好松洛《みよししょうらく》、並木千柳《なみきせんりゅう》という、それぞれ優れた作品を沢山書いてる義太夫劇（文楽人形浄瑠璃）の代表的な方々がまとめて書いたものです。また二代目出雲、松洛、千柳の三人は『義経千本桜』と『仮名手本忠臣蔵』、『菅原伝授手習鑑』という三大歌舞伎の作者でもあります。つまりこの三人が今現在の歌舞伎劇できわめて上演される機会の多い、いわゆる名作といわれている三つの狂言の作者でもあるんですね。江戸時代の作者の中でもこの三人は特筆すべき人物です。

『菅原伝授手習鑑』は、はじめは人間による歌舞伎ではなくて文楽、人形浄瑠璃で上演されました。初演されたのは延享三年（一七四六年）、十八世紀のちょうど真ん中あたりの八月、大坂（大阪）の竹本座という人形浄瑠璃を専門にする劇場で上演されてます。これが当たりましてね、八ヵ月もロングランになったそうです。その初演からわずか一ヵ月後には、京都の中村喜代三郎座にて歌舞伎で上演されました。京都は今は南座っていう劇場だけが残ってまして、少し前までは北座ってのもあったんですね、今は北座跡っていう碑だけ建っています。劇場の名前は、その当時の勧進主といいますか、興行主の名前だったんですね。だから同じ場所であっても興行主が変わると名前が変わります。このときには中村喜代三郎さんていう方が座元でいらしたので、こういう名前になってたんです。ここで歌舞伎として演られた、だからほぼ時間をずらさずに上演されたってことなんです。江戸でも次の年、一七四七年の夏前に、人形と歌舞伎とほぼ同じ時期に上演されて非常に好評を博しています。

この『菅原伝授手習鑑』というのは、菅原道真とその周囲の人びとを描いたドラマです。ドラマの中では菅丞相《かんしょうじょう》という名前で、公という文字をつけて菅公《かんこう》といったりもします。昔は楠木正成のことは楠公《なんこう》といいましたね、銅像とかにはそういう名前がつけられてますけど。頭一文字だけ使って、丞相というのは中国の身分の中に出てきますね。大納言になるんでしょうか。ちなみに中納言は黄門ですね、水戸黄門の黄門様は中納言という意味になるんです。道真は八四五年に生まれて九〇三年に亡くなっている。初演より九百年も前の方で、五十八歳で亡くなってます。この肖像画［図版2］は太宰府天満宮に残ってる巻物の中の、菅原道真と伝えられている絵です。道真公というのは、天神様という形で人でありながら神格化されて神様になるわけですよね。その天神様を奉ってある神社は全国に一万数千ほどございます。

［図版2］菅原道真肖像画（太宰府天満宮所蔵）

京都にはもちろん北野天満宮がありますね。大阪にも大阪天満宮があって、彼が流されたところにある太宰府天満宮が歴史的には古いのですが、亡くなった後、百年ぐらいの間に、天神様を奉っている神社が全国津々浦々にできるわけです。それはさっきも申し上げましたように、天神様が学問の神様、書道の神様、技芸の神様っていう形で親しまれ、まぁもともと人間ですから当たり前なんですけど、非常に人間的な魅力をもっていた。それが、このようなすぐれたドラマを生みだした理由じゃないかと思うんですね。［下段1］

・

『菅原伝授手習鑑』ができあがるまでに、現実に起こった出来事がやはり作者たちをいたく刺激して、この原作を書かせるに至ったってのがあると思います。それはたとえば次の三つになるかと思います。

ひとつは、もちろん、昌泰四年（九〇一年）に、道真公が失脚した事件「昌泰《しょうたい》の変」です。昌泰二年（八九九年）藤原時平、歌舞伎では「しへい」と音読みで読みますが、この人が左大臣になったとき、同時に道真が右大臣になりました。同じ大臣という位ですが、藤原の家は鎌足以降は政治の中で天皇の傍にいたり、天皇の外戚で親代わりになったりという形で政治を治めてたんですが、菅原家は

［1］

菅丞相は筑紫の方の太宰府に流罪で流されますが、流される間にあちこち立ち寄ってるみたいで、どこに立ち寄ったかってことはよくわかってないんです。陸路を使ったのか水路を使ったのかもわかりませんし、京都からであれば、まぁ彼は京都というより大阪の河内、今でいえば北河内に住んでいたんですけれど、そこから行ったとなると恐らく水路ですよね。川を下っていると思うんですが、それでも四、五十日はかかったっていわれてますから、なかなか大変な旅だったようです。それで行った先が、何らかの形で菅丞相が寄ったっていうことで記念の場所になってるんですね、そ

学問の家なんで、政治的に上にまで上がるっていうことはなかったんです。が、宇多天皇に非常に覚えが良かったものですから、最終的に右大臣にまでなった。もちろん天皇の意向としては藤原家に独占されてはたまらんってこともあって、道真公を横に置いてですね、ご自身の公務の補助みたいな役割を果たさせようとしたと思うんですが、やっぱりそれが多くの人の反感を買ったみたいです。斉世《ときよ》親王《しんのう》という宇多天皇の子供さんと、道真公の娘さん、苅屋姫っていうんですけどね、この二人が仲良しなんですね。仲良くさせて娘を天皇家に嫁がせて、自分は後の天皇のお父さんになり、それで政治的に裏で糸を引くんじゃないかって、あられもない事を時平にいわれて、新しく天皇になった醍醐天皇はその讒言《ざんげん》を鵜呑みにしてしまったんですね。それで天皇の怒りに触れて太宰府に失脚、政治家としては力を失ったわけじゃないんですけれども、太宰府に行くってことは当時から左遷されることであり、ほとんど失脚と同じなんですね。事実、太宰府に行った二年後に亡くなるわけですね。怒りのため憤死したとさえいわれています。

　ここまでは事実なんですけど、その後、「天神信仰」という形で神格化されていったわけですね。天神化には色々なルートがあります。道真公は人が良い人だったから、時平の企みによって自分が流罪になったってことが、あんまりわかってなかったらしいんです。しかし、そのことを自分の家臣である梅王丸から聞かされ、いきなり怒って雷神になっちゃうんですね。雷神になって太宰府から火をうした所がほとんど天神さんになるんです。そこには銅像が建ってたりするんですね。お公家様の形をして笏《しゃく》を持たれて。この道真公が持ってた笏は、象牙でできた笏です。牙笏《げしゃく》といって、北野天満宮の宝物館に置いてあります。いつも見る事はできませんけれど、道真公が使ったと伝えられています。紫の束帯に金色の梅鉢という梅の紋、梅っていうのは道真公が子供のときから梅の花が大好きだったんですね。五才のときに梅の花を愛でる歌を作ってます。〝美しや紅の色なる梅の花あこが顔にもつけたくぞある〟。梅の花で自分の顔を飾りたいという歌です。それで思い出したのは三島由紀夫が五つのときに噴いたまま、京都まで飛んで行って雷を落とすんです。それで御所の清涼殿に火柱を上げて、多くの人の命を奪ったっていうのが道真公の祟りじゃないかってことになります。事実、九一四年には京の都で大火が起こり、疫病が大発生しています。それを祟り、すなわち政治的に憤死した人間が行ったこととして理解し、それを封じ込めるために、「御霊信仰《ごりょうしんこう》」ってのを行います。災いをまねくのは雷神であり御霊であって、それが後に天神さんに変わっていくわけですね。今は、道真公が雷の神様であるとかね、あるいは雷の神様は雨を降らせますから農耕の神という形で天神様を奉っている。そう多くはないんですけど、京都でも農業のお祭りと天神様のお祭りを重ねてやっているところがいくつかあります。そういういくつかの神様の神格を菅原道真ってのは宿らされるんですね。それが現実の天神信仰という形で集結してるのかなと思います。

・

さきほど申し上げたように時平が左大臣に任命されたのと同じときに道真公も右大臣になる。左大臣の方がちょっと上なんでしょうけど、経験としてほぼ同格、ということで時平がある種のやきもちを焼くわけですね。それで時の醍醐天皇を動かし道真公を太宰府へと左遷させる。醍醐天皇ってのはどっちかというと

詩を書いているんですね。紅葉の季節で紅葉が真っ赤っかで、自分の顔も映えて真っ赤っかになってとても楽しいな、みたいなことを書いてるんです。構造的に非常によく似た歌を書いてますね。どっちもすごいですね、道真公は国の為に死んで、三島由紀夫もそういえないこともない。どこかに共通項があるんでぼくもちゃんと調べてまとめようかなと思っています。いずれにしても子供さんのときから道真公っていうのは非常に秀才ぶり、天才ぶりを発揮してたんですね。それで梅の花が好きだったので最後まで梅紋。だからどこの天神さんでも梅の紋。梅の柄はちょっと違うんです。梅模様とか梅鉢とか、

時平好きだったんですね。そういう不幸がいろいろ重なって、大臣になった二年後の昌泰四年（九〇一年）に太宰府へ左遷という事になります。[下段2]

道真は太宰府に流されて、そこで二年後に生涯を終えるんですが。そこに梅王丸という家臣の一人、舎人《とねり》ともいいますけどね、使者の一人がやってきて、時平公によってこういう企みがあったということを伝えられて、非常に驚きます。それは歌舞伎の中ではほとんど上演されることがないんですが、原作の文楽では、四段目の「天拝山《てんぱいざん》の段」として上演されます。火を噴きますからね、道真公がね。

・

ふたつめは歴史的なお話になりますが、都で発生した大火・疫病です。道真公が雷神になって京の都に来て、清涼殿を炎で包んでいる巻き物があります。これは「北野天神縁起絵巻」[図版3]という国宝になっている絵巻で、五種類ぐらいあるんですけど、その内の承久本という承久年間に作られた絵巻物です。道真公が雷神になってしまったというのと、道真公が雷神を操っているという設定のものもあるんです。歴史的に何が起こったかっていうと、要するに道真公が死んですぐ後にですね、時平側についていた人間にいろいろな災難がふりかかるんです。時平も亡くなります。時平は三十九歳ですからね、若いでしょ。[下段3]そして都で大

リアルな梅が描かれてる所もあれば、図案的な梅の所もありますし、総じて五つの丸が並んでるっていうのもあります。

[2]

太宰府に行くのに非常に手間がかかって、一説によるとまずは京都の長岡に行ったんです。少し休養した場所が長岡天神になってますね。それから多分大阪の方に、淀川を下っていったんですが、船頭が間違えて菅丞相にですね、「ここが淡路島でございます」っていっちゃったらしいんです。だから今は、阪急電車で特急なのになぜか止まる淡路駅っていうのがありますよね。そこの淡路っていうのは菅丞相が流されて行

火、疫病が発生します。この当時ですから、こういった未曾有の災害があったときに、原因が何によるものかってのはわからないんですね。何か悪いものがあったと。何があったかって、道真公が太宰府で憤死したじゃないの、こりゃイカンっていうことです。これはもう御霊信仰ですね。御霊というのは要するに、政治的に恨みのある人間が死んだ後に、恨みが残って京都で悪さをするってことがありますから、信仰の対象にするわけです。ちなみに、祇園祭は御霊信仰ですよね。御霊会から始まってますから、もっと前ですけどね。

それで皇太子はふたりとも時平の娘の子供なんですが、亡くなっている。びっくりした天皇家は道真の復職、もちろん本人はいませんが書類上の復職と、太宰府に流すときに「流した」と証明する書類があるんですが、それも廃棄するんですね。それでも洪

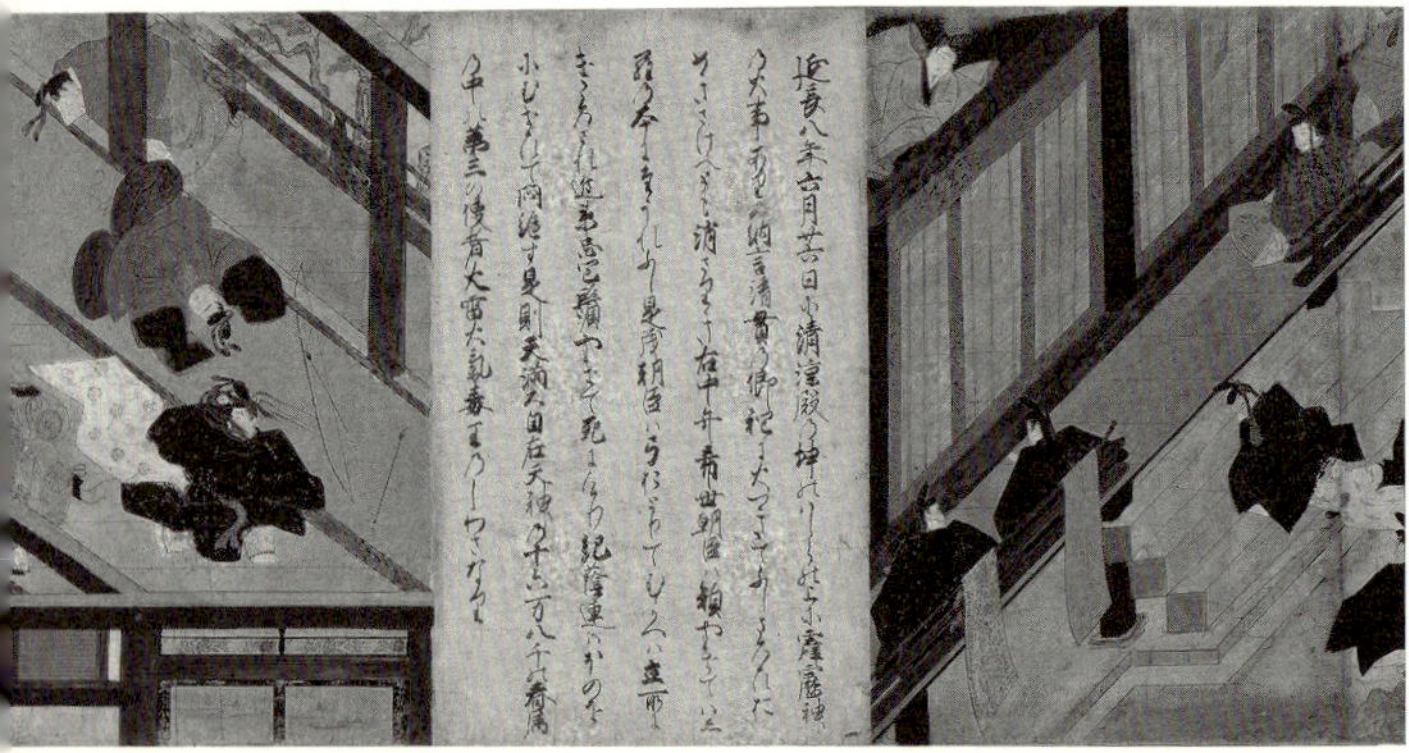

［図版3］「北野天神縁起絵巻 承久本」清涼殿落雷の場面 第六巻（北野天満宮蔵）

くときに、淀川が広かったから、その中州になった所を淡路島と間違えたんですね。ちなみに雷が起こってくるとき、今の若い方は知らないと思いますけど、「くわばら、くわばら」といいますね。それは『菅原伝授～』の中では出てきませんけど、道真公が実際北河内郡に住んでた菅原一族の前の土地の名前が桑原というんです。「くわばら、くわばら」と道真が生まれた土地の名前を唱えることによって、まさか道真が雷神になっても雷は生まれ故郷には落とさないだろうっていう魂胆なんですね。ただこれは「くわばら、くわばら」っていう言葉の民俗学的な由来の沢山ある説のひとつにすぎませんから。芝居に

水、日照りがやってくる。京都は未曾有の災害です。清涼殿に落雷して、醍醐天皇は怯えたまま四十六歳で崩御されるわけですね。その後に、北の祠《ほこら》ということで北野天満宮が九四七年にできて、そのもうちょっと後に大坂に大坂天満宮ができるんです。道真が死んだ後にその遺体を運んでいた牛車の牛が動かなくなったんですが、その動かなくなった場所に道真を埋めるんですね、それが今の太宰府天満宮です。そして九九三年、亡くなった九十年後ですけども、正一位・太政大臣、天皇を除いては最高の位ですね、これを追贈すると。結局、政治家である天皇家は政治的な位を与えることで調伏する、鎮めるしかないんですが、一方で政治っていうのは政《まつりごと》ですから、神社に奉って神格化するというのは両方の意味をもつわけです。つまり現実に地位を与えるっていうことは非常に人間的な行為

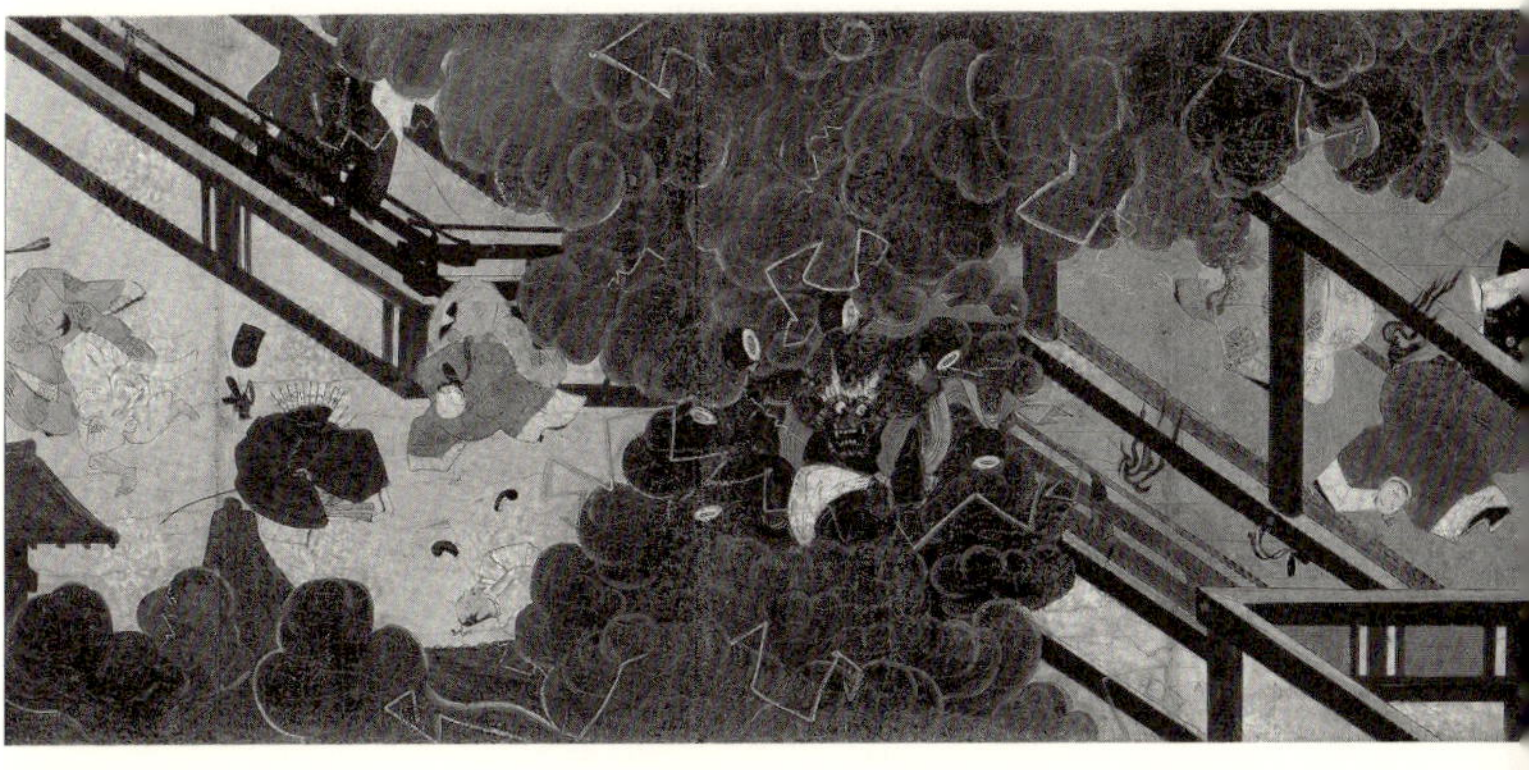

関わるってことで一応お話ししておきますけど、真実はわかりませんが、そういう色んな意味があるんです。多分「くわばら、くわばら」っていわれた所の場所には落ちないでねっていうことなんです。

［3］

藤原家は鎌足から明治時代の藤原家まで全部の平均寿命を調べたっていう研究があってですね、それ見るとなかなか面白いのは、ジグザグなんですね。真ん中が無いんです。ものすごく若くして亡くなるか、道長みたいに長寿になるか。だから時平公が亡くなった事で一族が滅びてしまいましたから、以降は弟の忠平が藤原家を管理するんです。

ですね。一方で神格化して天神さんとして奉るっていうのは、神に与える行為です。だからそういう両義的なことをして、何とか道真公を奉るっていうか鎮めるっていうことを狙ってたんじゃないかなと思います。

それで、こういうことが起こったものですから、最終的に北野天満宮は九八七年に一条天皇によって勅祭《ちょくさい》が行われ、ここで初めて菅丞相に対して、もう太政大臣なんですが、北野天満宮天神っていう名前、要するに神格化して神の名前を与えることによって、ようやく天神様になるんです。その元には御霊信仰があって、それにもうひとつ雷神というものに対する畏れがある。雷神は雨を降らせますから、農耕の神様でもあります。そして後に道真公っていうのは字が上手かったとかでね、学問の神となります。つまりこういう荒ぶる存在を民衆の世界に収めたいんです。もうちょっとこう、親しみやすい神様になってほしいわけですよ。天神信仰というと、今ではほとんど学問の神として位置づけられています。このことが『菅原伝授手習鑑』では非常に重要です。江戸時代になりますと、寺子屋ってのが沢山できます。この寺子屋の床の間に天神さん、つまり道真公の絵が飾ってあるんですね。頑張って勉強して天神様みたいなできる人になりなさいよっていう気持ちがあって、天神信仰は寺子屋で広まります。『菅原伝授〜』が一七四七年に初演されたときに、なぜ八ヵ月もロングランしたのか。もちろん内容も良かったんでしょうし、天神信仰をうまいこと歌舞伎化できたってこともあると思うんですが、もうひとつちゃんとした興行戦略がありました。江戸でもそうなんですけど、京都の寺子屋に切り札といって、今でいう割引券ですね、ここを切り離して持って行ったら割引しますよっていう、そういう切り札を全国の寺子屋に配ったそうです。で、『菅原伝授〜』の中には「寺子屋の段」っていうのがございますから、それも多くのお客さんを集めた要因になったといわれていはす。現代に近いやり方をすでに十八世紀半ばにやってるということにもなります。

そして三つめは、近松門左衛門が書いた『天神記』です。これは『菅原伝授〜』の初演を遡ること三十年ぐらい、正徳四年（一七一四年）に初演されたものです。細かいストーリーは省略しますが、かなり『菅原伝授〜』と共通した展開になっています。たとえば道真公と時平公の対立関係はこの中ではもっと露骨に描かれています。それから「白大夫の段」、歌舞伎では「白太夫」という字を使いますが、この白大夫は道真公のお付きの者で、道真がいた屋敷を守ってる男なんですが、歌舞伎ではこれは七十歳の老人という設定で、『天神記』では歳はわかりませんが、美しい主従関係みたいなものが描かれてるのが同じなんですね。白大夫は歌舞伎の中では松王、梅王、桜丸っていう三人の男の子のお父さんっていう設定ですね。やはり『天神記』でも三つ子なんです。三人の子供の中に女の子が入っているんですね、十六夜《いざよい》っていう名前で。白大夫と十六夜は親子の関係です。十六夜は白大夫の代わりとなって道真公をお守り申すと、歌舞伎でいえばこれは梅王丸の役目です。ただ、十六夜の旦那が時平公側についていたり、悪いやつだったりするという話が『天神記』に入っています。

それから菅丞相と天台宗の法性坊《ほうせいぼう》という阿闍梨《あじゃり》との師弟関係が非常にうまく描かれています。近松門左衛門というと、心中物が多いと思われがちなんですが、実は神様とか天皇様とか、そういった人たちの歴史を緻密に調べて作品にしているものが意外と多いんですね。そこでこの法性坊と菅丞相の師弟関係っていうのには、実は元があります。能楽の『雷電』っていう作品です。要するに雷の神様ですね、流派によって『妻戸《つまど》』といったりもしますし、『雷電』のオリジナルとなった『菅丞相』っていう演目が観世流にあるんですが、十年近く前に五百年ぶりに復元され、大阪天満宮の特設能舞台で上演されてます。〔下段4〕

・

今度は三つ子の話を少し。『拾集落穂集《しゅうしゅうおちぼしゅう》』って今は現物は存在していないんですが、これを引用している『歌舞伎の歴史』っていう明治時代に書かれた本の

〔4〕

能『雷電』は前シテと後シテという「複式夢幻能」として二部構成になっていまして、同じ役者さんが演じます。前シテの法性坊という師匠に、帝に呼ばれてそこに行ってもご祈祷とかしないでねって頼むんですね。三回までは行かないんだけど、それ以上いわれたらもういよいよ行っちゃうんですね。そうすると怒った菅丞相が雷神となってその法性坊を襲うんです。この『雷電』という作品の中ではこの法性坊によって調伏、つまり祈り伏せられて、納得するっていう話になっています。つまり、坊さんが天神さんに勝っちゃうんですね。これは天台宗の非常に徳の高いお坊さん、実

中に出てくる文章なんですが、「大坂天満滝川町池田屋佐兵衛借地細井戸屋嘉右衛門後家おまつ」が「当七月廿八日男子 三人出生す」とあります。それで御公儀から、御上の方から「鳥目五十文仰せ受けて」、つまり下されてって事ですね。当時の物価ってとても難しくて調べにくいんですけれども、鳥目っていうのは鳥の目の形をしている寛永通宝です。そういう小判が五十文となると、大体一万円前後であるという感じですね。ですからそんなに高額じゃありません。そんな子ども手当みたいに沢山貰えるわけではない。今は三つ子とか四つ子は、排卵誘発剤とか色んなお薬使ってますんで医学的にできやすいですが、当時としては大変珍しかったでしょうね。そして「三子共に丈夫に育、禁裏牛飼を仰付らる」。牛飼いってのは要するに『菅原伝授手習鑑』でいえば舎人ですね。今でいうと何でしょうか、牛で移動する牛車が身分の高い人の移動手段だったもんですから、ハイヤーの専用運転手といったところでしょうか。

この記述をまとめると、一七四六年に大坂で三つ子が誕生して金一封を賜り、後に彼らが牛飼いになりましたっていう話です。当時の三つ子の発生率がどのぐらいだったかを随分調べたんです。これ難しいんですよ。当時の大坂の人口と、当時の子どもの出生率、それから当時の子どもの乳幼児の死亡率、など二日ぐらいかけてコンピュータに入力して計算したんですけどね。すごいんですよ、百万分の一から八億分の一という結果が出ちゃったんです。だから皆さん好きな数字

在の人物ですから、その人がやられたっていう物語にはしにくかったんですね。『雷電』は原作が誰だかわからないんですけれど、非常に古い作品といわれています。

この能『雷電』が、『菅原伝授手習鑑』に恐らく影響を与えたであろうと。これは観世流ですが、宝生流だけは『来殿《らいでん》』といいまして、結末もちょっと違うんです。もっと優しい結末に

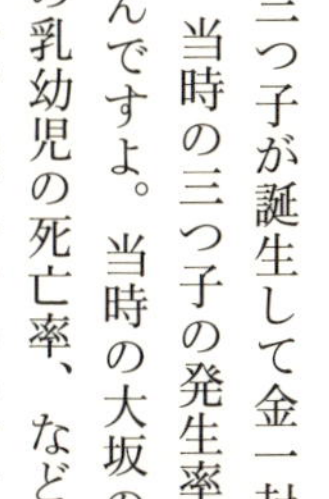
能『雷電』（シテ：味方團）撮影：金の星写場

にして下さい、百万分の一から八億分の一です。現在の三つ子の出生率は、一卵性の三つ子だと、おそらく何千分の一ですが、ただこの『菅原伝授～』の三つ子が一卵性かどうかわかりません。あれだけみんな姿形の違う三人ですから、一卵性とは思えないので、もうちょっと確率は下がるだろうと。おそらく、一万分の一ぐらいですね。いずれにしても大坂の町にとっても大変珍しいことで、なおかつ重要なことは当時の乳幼児死亡率、生まれてから七年、八年で亡くなってる率が五十パーセントを超えていましたから、七歳までは神の子っていうでしょ？　昔はね。三つ子が生まれてめでたいめでたいってことで、全国を賑わしたニュースだったそうですね。そこでそれをうまいこと話の中に取り込んで、現在の『菅原伝授手習鑑』になったということです。

・

文楽では五段物といって、初段から五段目までという構成で作品を書くことが流行ってたんですが、その中にいくつかの場、正確には、場というのは歌舞伎で使われる言葉で、文楽では「何々の段」といいます。

歌舞伎でしばしば上演されるのはこの二段目の後半「杖折檻《つえのせっかん》」「東天紅《とうてんこう》」「丞相《しょうじょう》名残《なごり》」という三つの段を合わせた部分で、『道明寺』という名前で上演されます。

なるんです。宝生流はもともと加賀の前田藩のところから広まった流派なので、加賀前田藩の先祖は道真なんですね、菅公なんですね。だから菅公がこんな悪くなって荒れ狂ったってのはあんまり縁起が良くないってことで、もっとハッピーエンドにしてくれって。江戸時代に宝生大夫という当時の大夫に頼んで変えてるんです。だから宝生流は、『来殿』は音は一緒ですけど文字が違いまして、なおかつ若干後シテの部分が違います。他の流派では同じです。

それ以外にも『菅原伝授～』に関わりがあるものだと、『道明寺』であるとかですね、『輪蔵』であるとか、『老松』もそうですね、いくつかの作品が伝えられこれは河内、藤井寺のそばに道明寺という場所がありますが、道明寺という名前のお寺自体は今は無いんですね。明治五年だったかに、神仏分離令で道明寺天満宮という名前の神社になりました。菅丞相のおばさん、覚寿《かくじゅ》が住んでるところです。そして三段目の「車曳」が歌舞伎では「車引き」という名前でたまに上演されますね。それから文楽の三段目の後半部分、「茶筅酒《ちゃせんざけ》」「喧嘩」「桜丸切腹の場」ってのは歌舞伎では三つ合わせて「賀《が》の祝《いわい》」とか「白大夫の場」とかいわれ演じられます。大体つなげて話が通る事が多いんで、三段目は全体が上演されることが多いです。この幅というか、三段目の序の部分は非常に軽いものという扱いで、ここだけが上演される場合もあるんですね。そして一番有名なのはこの四段目なんです。「天拝山」から道真が火を噴いて京都に向かっている間、道真公の奥さん、園生《そのう》の前っていう御台所《みだいどころ》がいるんですが、御台所が「北嵯峨」で見つかってね、実は松王丸を助けるんですけれど、そういうのが前提にあって歌舞伎『菅原伝授～』では「寺入り」「寺子屋の場」が上演回数の多い一番人気です。五段目が上演されることはもうほとんど無いですね。

・

歌舞伎で特に面倒くさいのは人物関係ですが、『菅原伝授～』は比較的簡単で

ていますけれど、基本的にそういうものが集まった形で歌舞伎の『菅原伝授～』という作品が作り上げられたといえます。

す。重要なのは菅丞相、菅原道真公と、さっき出て来た藤原時平で左大臣と右大臣という政敵です。その争いっていうのがベースにあってですね、そのまわりに受難の丞相を巡る人間の物語があります。たとえば「道明寺」という話では、丞相のおばにあたる覚寿に娘が二人いて、そのひとりである苅屋姫を甥の菅丞相の養女にやるんですね。だから苅屋姫は菅丞相の本当の娘じゃないんです。この苅屋姫は天皇家の斎世親王という天皇の次男と良い仲になる。それから白大夫は菅丞相の家を守っている管理人みたいなものですが、そこに三つ子がいる。この三つ子の梅王、松王、桜丸、これちょっと気をつけて頂きたいのは、原作では梅王が長男です。松王が次男で桜丸が三男です、ところが歌舞伎では松王丸が長男です。ここが歴史的にも研究者の間で色々取り沙汰されています。なぜかというと、梅王丸は菅丞相の舎人、要するに付き人になりますね。そして桜丸は斎世親王の付き人になります。これは菅丞相にかかわらずですね。松王丸は次男でしょ、次男は長男と違って自分で仕事を見つけなきゃいけない。それでなかなか丞相側に付けないで、仕方なく時平公に付いたっていう事情が本当はあるんじゃないかっていうのが歴史学者の見解ですね。もちろん実在の人物じゃありませんよ。

　ところが歌舞伎ではさっき申し上げた四段目の「寺子屋の段」が『菅原伝授〜』の中では大きい場であって、そこで主役になるのが松王丸なんです。松王丸は自分の子どもの小太郎を犠牲にして、菅丞相の息子である菅秀才の身代わりとして自分の子どもの首を時平公に差し出すんですね。それで松王がスターになるわけです。そうすると、歌舞伎の世界では松王丸を座頭、つまりその劇団で一番トップの役者が演じることになる。だから十二代目團十郎であったり、十五代目仁左衛門だったり、そういう人が演るわけです。となると他の場でも松王が一番上の兄貴じゃないと都合がよろしくないんですね。ですから歌舞伎では兄弟を逆転させまして、長男が松王、次男が梅王とします。あえて文楽に出てくる浄瑠璃の台詞を変えてね、自分が長男だってことを認めさせるような場面がでてきたりするんですね。［下段5］

・

歌舞伎によく出てくる言葉なんですが、自分よりも若い人間が先に死んでしまってね、特に子どもとか兄弟とか、自分より年下の人間が死んでしまってそれを弔うことを「逆縁《ぎゃくえん》」といいます。「逆縁なれど」とか、「逆縁ならば」っていう台詞が義太夫とか役者さんのセリフの中にしばしば出てきますが、この『菅原伝授〜』はことごとく逆縁になってるんですね。さっき申し上げた「寺子屋の段」であれば、松王丸の子どもである小太郎っていう子を先に送らなければいけない。このとき野辺の送り、「いろは送り」といってですね、独特の送別の仕方をしま

［5］
歌舞伎の中に色んな役柄があるんですが、この『菅原伝授〜』は、役柄それぞれをうまく設定しています。たとえば苅屋姫はいわゆる赤姫といって、赤いおべべを着て、可憐な花かんざしを付けててね、後ろに太鼓みたいな丸いものをつけて、それで髪を巻いているんですね。吹輪という鬘なんですけども、いかにもお姫様然とした役ですね。立田の前とかは立女形といってですね、女形なんですけど、いわゆる裁き役ですね。自分の旦那の秘密を知って殺されてしまったりなんかするんですけど。そして、道真の伯母である覚寿、彼女は花車方《かしゃがた》といって要するに老け女形ですね、老婆

す。あるいは覚寿は自分の娘である立田の前っていうのを死なせてしまう。それから生き別れではありますけど、養女である苅屋姫と菅丞相ですね。義理の親子ですが、二人の別れは「道明寺」の見どころでもあります。

それから「喧嘩場」では杉王丸というのが最初に出てきます。この杉王丸を演られてる役者さんは大体、これから伸びるであろう役者さんをあてることが多いんですね。たとえば、坂東薪車や中村錦之助の襲名時でも各々が演じている。だから若い立役、男役の役者さんが名前を変えたり改名したり襲名する場合、割と杉王丸を経て上がっていくことが多いです。役柄上も非常に重要なんですね。もちろん役の格としてはだいぶ落ちますけれど、そういったシンボリズムというんですか、それぞれの記号をうまく使ってるわけです。たとえば天神伝説には「飛梅《とびうめ》伝説」というのがあって、筑紫に流された菅丞相が歌を詠むと、京都から彼が愛でていた梅の木が飛んで来て、太宰府で花が咲くとかね。あるいは北野天満宮の縁起絵巻だと、ある巫女が出て来てね、「この場所を神社と定めよ」みたいなことをいうと一晩にしてそこに松の木がこうダーッと生えて、松林になるんですね。そういう伝説があったりして、植物と神話的なことと、それからお芝居というのが一体化しているのが『菅原伝授～』の面白いところかなっていう気がします。

このように見所は色々あると思うんですけど、「道明寺」というのは非常に難ではないんですけどね。設定でいうとそんなに老人ではない。でも菅丞相が五十代ですから、まぁ六十代っていう設定なんでしょうけどね。あんまり上にしちゃうと白大夫が七十歳っていうのが珍しくなくなっちゃいますからね。だから大体そのぐらいの世代だと思うんですが歌舞伎の中では三婆といいまして非常に難しい。『菅原伝授～』の覚寿、『盛綱陣屋』の微妙《みみょう》、『ひらかな盛衰記』の延寿、あるいは『本朝廿四孝』の勘助母、という役がございまして、その花車方の中でも覚寿というのは最も難しい役のひとつなんです。それから松王と梅王というのはいわゆる荒事《あらごと》という、非常に極端な演技、パフォーマンしい場としてなかなか上演されないんです。戦後一九四五年以降の上演回数を調べると、「大歌舞伎」、すなわち勉強会とか地方巡業を除いて、南座であるとか、昔あった東京劇場や歌舞伎座などそういう大きな劇場で上演されたものは、過去七十年近くの間に十一回しか無いんですね。「道明寺」はね。だから六、七年に一回上演されるかされないかっていう非常に珍しい出し物なんです。国立劇場が一九六六年にオープンしたんですが、十一月、十二月の二ヵ月を使って『菅原伝授手習鑑』を通しでやったんで、そのときには上演されています。それから国立劇場では八〇年代にも通しでやってますが、歌舞伎座でいえば、歌舞伎座が建ったときに通しでちょっとやったぐらいで、通しをやらないで「道明寺」だけを単品で出すっていうことはまずほとんど無いんですね。お客さんになかなかわかって頂けないところがあると思いますからね。

スをして、台詞運びとかなんかでも非常に芝居がかってるんですね。桜丸は「むき身」といって、隈取りはほとんどしない。武部源蔵というのは辛抱役というやつで、とにかくガマンしなきゃいけないんですね、とても辛い役なんです。だから表情と体の身振りだけで、わずかな動きだけで見せなきゃいけないんですね。時平公は、公家悪という役柄ですね。菅丞相は天神であって神様の役ですから、特に制約はないんですけど、実際彼が出てくる場面というのは最初の方の「筆法伝授」と「道明寺」とふたつだけなんですね。

第二話

曾根崎心中《そねざきしんじゅう》

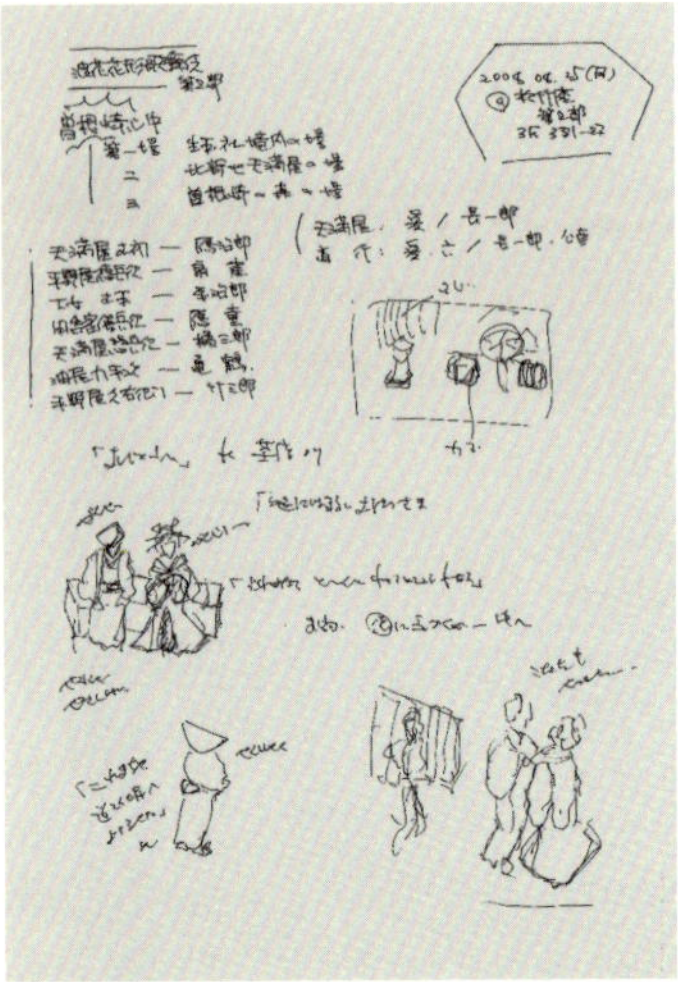

今回は『曾根崎心中』です。大阪梅田の真ん中にある神社、大抵「お初天神」といいますがもともとは「露天神社《つゆのてん》」といいます。これは実は『菅原伝授手習鑑』と繋がってるんですけども、道真公が筑紫へ左遷配流されるとき、この地を訪れて「露と散る涙に袖は朽ちにけり　都のことを思い出ずれば」と詠まれました。それに因んで「露天神社」と呼ばれるようになりました。道真公に因んでせっかく「露天神」と命名されたものを、「お初天神」という名前に変えてしまったのが、『曾根崎心中』という演目です。今では歌舞伎も文楽も両方上演されてます。いまぼくたちが見ている『曾根崎心中』は、江戸時代、明治時代に上演されたものとは少し違ってまして、厳密には歌舞伎の方で昭和二十八年（一九五三年）以降にできあがったものです。これは宇野信夫さんという劇作家が近松門左衛門の『曾根崎心中』を新しく翻案した作品です。文楽は遅れること二年、昭和三十年（一九五五年）に上演されてます。

『菅原伝授手習鑑』はもともとは文楽人形浄瑠璃から始まって、それがわずかな期間で歌舞伎化、つまり人間化・肉体化されたわけですが、『曾根崎心中』の場合はよくわからないところがあって、歌舞伎の方が先行していたようです。ほとんどが廃れてしまったんですが。文楽として有名な『曾根崎心中』というのはもともと近松門左衛門によって書かれたものです。つまり近松以外にも先行して書き手がいて、『曾根崎心中』を書いている。これは実際に起こった事件ですからね。元禄十六年（一七〇三年）四月七日にお初と徳兵衛が心中した事件っていうのが本当に大坂であって、四十九日を待たずして五月七日に大坂の竹本座で上演されたのが一番有名になった。つまり、『曾根崎心中』は実際に起こった事件から一ヵ月の間に歌舞伎と文楽がもうあったんですね。ものすごい早さですね。今だったらそんな舞台のやり方はとてもできないと思うのですが、ある種の時事ネタみたいなところがあるんでしょう。ご存知かもしれませんが、この舞台を観に行った若者たちが結構な心中ブームを起こしてしまうんですね。現世ではなく来世で二人の愛が結ばれるというロマンチックな考えが若者たちを心中に走らせます。心中事件が多発したために、吉宗の時代である享保八年に「心中物」の上演や脚本の執筆・出版を禁止したり、心中した人間には、生き残った人も含めて過酷なお咎めを与えました。そういう時代背景もありまして、実は近松は「心中物」というのを、数え方にもよりますが十編ないし十一編しか書いていません。近松門左衛門というと、何となく心中というイメージで結び付けられがちかもしれませんが、実際は近松は百五十編ぐらいの作品を残していて、その内、歌舞伎と文楽人形浄瑠璃の演目が半分半分ぐらいなんですが、「心中物」はわずか一割です。ところが上演される機会が多いもんですから、我々は近松といったら「心中物」みたいな感じがあるんですね。しかし近松が実際に得意としたのはいわゆる「時代物」といってですね、江戸時代の時代劇ですから、鎌倉とかもっと古い時代の話になりますけども、『出世景清』という話ですとか、非常に古い時代のものをモチーフにした作品の方がむしろ近松の真骨頂なんですね。[下段1]かくいう今回の講座もですね、近松の『曾根崎心中』を扱ってしまったのはそういう経緯もありますし、ぼく自身も東京の神楽坂で四代続いた家なんですけれども、大学から大阪に来るようになって、最初に見た文楽がたしか『曾根崎心中』なんですね。それで、とても沢山地名が出てくるわけですが、生玉がどうしたとかね、読めないですよ、ナマタマって何？　とかね。生国魂《いくたま》神社を、ショウゴクタマ神社って何？　とかね、大阪の人間じゃないから読めないんです。大阪の人だったら別に天王寺さんのことですからね、知らんはずはないわけですよ。ただぼくは来て半年ぐらいに大阪の文化の風を感じたわけです。それで『曾根崎心中』の事や近松を調べてみたりすると、要するに上方にある文楽というのは大阪発祥の文化ですから、義太夫という浄瑠璃を語る台詞であるとか、歌であるとかは、全部大阪弁なんですね。あるいは大阪弁とは限らなくても大阪弁のリズムで語るわけです。そういうのがわからないよりもわかった方が、文楽がわかるのかなということが、わかったんですね。

そこで、できるだけ大阪弁を勉強するようにしたのですが、関西を舞台にした歌舞伎とか文楽は、かなり土地の名前が出てくるってことがわかったんです。『仮名手本忠臣蔵』でも大坂とか祇園とか山科とかね。もともとは江戸で起こっ

［1］
そしてその中で書いてる「心中物」というのは、数は少ないけど生涯を通して書いています。この『曾根崎心中』は近松が最初に書いた「心中物」で、五十一歳のときに書いています。『曾根崎心中』の話をしながらも、本当は近松は「心中物」の作家ではないんだよということの方が重要なのかも知れませんね。たとえば『平家女護島《へいけにょごのしま》』、能の『俊寛《しゅんかん》』に取材した作品がありますね。あるいは『傾城反魂香《けいせいはんごんこう》』とか『国性《こくせん》爺合戦《やかっせん》』などの名作があります。とくに『国性爺合戦』は近松門左衛門の最大の名作のひとつなんですけれども、非常に世界観が広いですね。何といっても中国と

た討入りの事件ですよ、だけどそのまま上演してはいけないってことなんで、時代を少し古く鎌倉時代の話にしていますが、まぁやっぱり大坂、上方というものが舞台になっています。そうすると、大石内蔵助、役名では大星由良助が山科から一力茶屋まで毎晩通うんですよ、どんだけ大変かね。今だったらどうってことはないかも知れません、タクシーでもすぐ帰れる。でも昔は駕籠で往復するわけですよね、毎晩ですよ？　お金も気になっちゃうけど、それは旧赤穂藩（塩冶家《えんや》）が出すからまぁいいとして、それにしてもそういう距離感みたいなものをぼくは東京にいた頃には全然わかってなかったんですね。けれども大阪へ来て、住むようになってみると、山科と一力茶屋の距離感ってのは、なるほどねって感じで、ある種の遠さと、今感じる近さみたいなものが歌舞伎の中でちゃんと表現されてるのがわかってですね、それで古典をますます見るようになりました。

東京では、ぼくは三歳のときから歌舞伎を見てますから、江戸における地名や距離感はなんとなくわかりますし、それは落語でますます鍛えられました。でも関西の場合、そういう距離感が全然リアルに感じなくて、情報としてしか知らないのね。祇園と山科なんてぼくの頭の中では同じエリアですからね、地下鉄で一駅も無いぐらいの距離感なんですよ。ですので実際に暮らしたり言葉を使ったりしていますと、すごくリアリティが湧いてくるってことがあります。梅田、曾根崎のお初天神通りには飲み屋さんがいっぱい並んでいる。そういう日常生活の中

日本を渡り歩く和藤内《わとうない》っていう男の物語ですから非常にスペクタクルだし、話も非常に複雑なんです。そうした「心中物」とはまったく異なった世界を、近松は書き続けました。

の場所というのと、実際に心中が行われた場所ですけども、歌舞伎や文楽の舞台になってる場所が一致するっていうのは、これは広い意味で伝統芸能とそこに表現される場所のイメージとの関係を考える上で、非常に重要じゃないかなと思っています。

・

『曾根崎心中』が初演されたのは元禄十六年（一七〇三年）五月七日です。赤穂浪士の討ち入りは旧暦の日数なのでややこしいですが、一七〇三年の一月でした。浅野内匠頭《あさのたくみのかみ》が刃傷に及んだのはさらにその前のことです。ちょうど世の中が歌舞伎の素材だらけの時代だったんですね。もちろんこの『曾根崎心中』と赤穂浪士の討ち入りは直接の関係は全くないんでしょうが、大坂の人たちにも、東京で起こった吉良邸へ討ち入った赤穂浪士四十七人の話は十分に伝わってると思いますね。たとえば、幕末の鶴屋南北《つるやなんぼく》（四世）は、有名な『東海道四谷怪談』を書いていますが、あそこに登場する民谷伊右衛門《たみやいえもん》は、塩冶家の浪人という設定になっていて、『忠臣蔵』の影響はいろいろな作品に影をおとしています。しかし、それは侍の話で、心中は多くの場合、庶民の世界ですよね。[下段2]

さっき申し上げたように、近松は非常に沢山の友人に恵まれていて、浄瑠璃で

[2]

近松門左衛門には、よくわからないことが多くございます。たとえば、福井県の鯖江市で生まれたっていわれてますけども、それが本当かどうかもよくわかんないんですね。長州山口で生まれたっていう説がいまだにあって、それを証拠に山口では劇場を作って、近松の作品を毎年上演してますね。それからライフスタイルもよくわからない。彼がどういう経緯で作家になったのか、もともとは侍の家ですからね。杉森家といって、杉森信盛って、まるで海老蔵さんの本名（旧名）、堀越孝俊みたいに、不思議な音をもつ名前でした。その杉森家の侍だったわけですけども、お父さん

は竹本座の座元だった竹本義太夫がいた。義太夫節っていうのはこの竹本義太夫から始まりますからね。日本の邦楽は、常磐津《ときわづ》でも清元《きよもと》でも一中《いっちゅう》でも、そのジャンルを最初に開発した人の名前が、そのままジャンル名になっています。義太夫は、帝から特別に「掾《じょう》」という名前を拝領し、後に竹本筑後掾《たけもとちくごのじょう》と名乗ったほどの名人でした。曲そのものが非常に優れてたんですが、この『曾根崎心中』を語る前までの浄瑠璃は「古浄瑠璃」、『曾根崎心中』以降の浄瑠璃はいわゆる「浄瑠璃」と呼ばれることになります。新浄瑠璃とはいわないんですね。古浄瑠璃は、今はそれほど沢山残っていません。たとえば大阪の国立文楽劇場ではほぼ古浄瑠璃は語られません。近松門左衛門の『曾根崎心中』以降に作られ、語られた新しい浄瑠璃が上演されています。そして三味線弾きの竹澤権右衛門、この方は三味線の名人で経歴がよくわからないんですが、竹澤の家を作った人です。

それからこのお初、要するに女形の人形遣いをやってたのが、辰松八郎兵衛という名人だったんですね。この方も人形の世界では非常に有名で、当時の図版を見ますと一人遣いなんですね。今の文楽人形浄瑠璃は主遣《おもづか》いといって胴体と首・頭の部分、それから左遣いと足遣い、三つのパートに分けて三人が非常に見事なコラボレーションとチームプレイで一体の人形を動かしてますが、このスタイルになったのは、十八世紀半ば以降です。『曾根崎心中』は、十八世紀初頭ですから、まだいわゆる一人遣いといって、人形をひとりで操っています。しかし、こ

が浪人してから、一家が京都にやってくるんですね。そこで、何故かはわかりませんが、彼は劇作家を志すんですね。

近松の周りの友人がすごい。すごくいいサポーターがいたわけです。近松に才能があったことは間違いないです。ただ、その才能を開花させる人物が必ずときに応じて登場したって事ですね。最初は歌舞伎を書くんです。初代坂田藤十郎という歌舞伎役者と仲良しになってね、その藤十郎のために作品を書くわけです。藤十郎が近松の歌舞伎作品を全部上演したんですが、藤十郎は「和事《わごと》」といって、上方のいかにもはんなりとした、ゆったりとした柔らかい台詞運びであるとか体

の八郎兵衛っていう人は実に色々な人形の遣い方ができた方らしいです。人形を瞬時にして違う人形に変えてしまったりとかね、そういう手品のような人形遣いをしていた方でした。ですから、演者自身は衝立てに隠れて、人形だけを高くかざすという演出方式をとっていました。つまり、人形遣いが見えないようになっていたんですね。

　ところが『曾根崎心中』の初演以降、人形遣いの姿を登場させるようになります。黒衣姿で黒頭巾をかぶっていますが、主遣いは顔も全部出しているので、それは出遣《でづか》いと呼ばれるようになります。人形を遣っている人間の顔が見たいという、観客の欲求がそうさせたのでしょう。因みに、三人遣いになるのは享保十九年（一七三四年）からです。つまり『曾根崎心中』には内容以上に舞台の上演技術としての色々な特性があるんですね。さらにつけ加えれば、人形遣いだけでなく、三味線や太夫までもが顔を見せるようになります。出て語るので出語《でがた》りといわれますが、こうした出遣い・出語りのように舞台上に自分たちの姿形を見せるようになったのがこの演目の特徴です。そういうこともあって『曾根崎心中』は舞台芸術としても非常に大きな人気を博したといえるんじゃないでしょうか。［下段3］

　さて、話の内容はご存知かも知れませんが、ごく簡単に説明します。まず徳兵衛。大坂で手広く、江戸にも店を出していた大きい醤油屋があったんですけれど

の身のこなしであるとかね、そういったものを得意とした方だったんです。それをうまく舞台上で表現できるような台詞運びを開発したり、脚本を書いたりしたわけですね。

　そして藤十郎の後には、今度は竹本義太夫という浄瑠璃語りの名人と知り合うことになります。その義太夫が持っていた劇場が竹本座で、のちに戎座《えびすざ》といわれるところです。あるいは明治二十年に消失したけれども改築をくり返し、二〇〇二年まで開場されていた浪花座があります。文楽人形浄瑠璃から始まったこの場所は、平成になっても残っていたわけです。そういう所に近松が招聘されてね、義太夫の浄瑠璃に非常に合

も、そこの手代《てだい》、当時十人ぐらい手代がいたそうなんですけども、その中でも彼は筆頭だった。何故かっていうと、そこの主人の久右衛門って人の甥っ子で血繋がりだったもんですから、使用人とはいっても親代わりで徳兵衛を育ててたっていう経緯を持った主人なんですね。徳兵衛は非常に働き者だったそうです。で、まぁ働き者でもちょっと間違いを犯すこともありますね。堂島にあった新地の遊女お初という人がいて、この人と良い仲になるわけです。いろいろ調べますと、遊女お初と毎日遊んでも一年間で四十万円ぐらいだといわれます。安いか高いか微妙に難しい金額ですね。だけど手代としてはそんなにお金はない。若旦那っていうのとは違いますよね、いわゆる落語や歌舞伎でいうところのつっころばしとは違いますから、だから湯水のごとくお金を使って勘当になるっていう話とは違います。勘当になっておじさんに拾われたりなんかすると、『唐茄子屋《とうなすや》政談』なんていう落語になるわけですけども、この作品ではそうはいかずに、破滅的な最期を迎えるわけですね。とにかくお初を身請けすれば一緒になれるわけです。ところがお金が無いので身請けができない。このときに、叔父であって主人である久右衛門の、江戸での使用人のひとりが実際の話なんですけど横領をしてお金を随分盗んで逃げちゃったらしいんですね。その埋め合わせをするために、江戸には信用のある手代を大坂本店から江戸支店に派遣して、その店をもう一回切り盛りさせようっていう計画をしていたときに、この甥っ子の徳兵衛を思いついたん

う形で、台詞の構造とか抑揚を作った。そして今度は人形浄瑠璃の戯曲を書くようになりました。その後に義太夫が引退して、竹田出雲っていう近松門左衛門のお弟子さんが座元になって竹本座を継いだ後、今度は再び彼は歌舞伎の戯曲を書く方に戻るんですね。だから歌舞伎からスタートして文楽人形浄瑠璃になって、それからまた歌舞伎に戻っていくってことをしてるんですね。

[3]
竹本座は竹本義太夫が一六八四年に開設して、一七〇〇年に本人は引退して、近松の弟子である初代竹田出雲に座元を譲り、十八世紀半ばには閉鎖してしまう

ですね。そのためには徳兵衛に暖簾分けをさせなきゃいけないから、徳兵衛に嫁をつけないといけない。この久右衛門の奥さんの養女か何か、正確には血の繋がりはないんですけども、要するに姪にあたる娘と一緒にさせて江戸の店を任せようという計画を立てたんですね。徳兵衛にはお初がいるんで、当然ながらその話を断るわけです。ところが久右衛門はですね、田舎にいる徳兵衛の継母に銀二貫目、今でいうと四百万円ぐらいのいわゆる持参金をもう渡しちゃったんですね。そういうのがあって、にっちもさっちもいかなくなって、徳兵衛もその継母の所に急いで出向き、銀二貫目をもぎ取ってくるんです。けれども、お金を取って来たって、来なくたって、縁談を断ったわけですから、徳兵衛は大坂追放を命じられちゃう。ということもあって、お金はとにかく久右衛門に返すけれど、返しても徳兵衛は大坂にいられないという絶体絶命の状況なんです。

その後にですね、徳兵衛の友だちの油屋九平次《あぶらやくへいじ》という、これが近松が考えたヒール、悪役が出てきます。これは現実にはいなかった、物語を活性化させるために作ったキャラクターで、最高のキャラクターですね。ただ人形でも歌舞伎でも、九平次を演じることのできる方はいなくなっちゃった。文楽では亡くなった二代目吉田玉幸《たまこう》さんが素晴らしかった。ぼくは子どものときから玉幸さんと九平次は同じ人間だと思ってましたからね。人形遣いには三通りありまして、玉幸さんのように人形と全く同じ顔立ちの人形遣い。あるいは、初代吉田玉男さんのよ

んです。実はこの竹本座は十六年間赤字続きだったんです。もう閉めようかって思ってたときに起死回生の思いを込めて近松に頼んだんですね。恐らく竹本義太夫は、心中事件が大坂であったってことを何かで知ったんでしょうね。そのことを当時京都に住んでずっと時代物ばっかり書いていた近松に伝えてですね、そういう実際にあった心中の話をモチーフにして何か作品を作ってくれないかって依頼したようです。そうして『曾根崎心中』は書かれたわけですね。それでお客さんは引きも切らぬと、毎回毎回、大入満員でございますよ。今日みたいなもんですね、いやもっと来たでしょうけどね。それによって

うに人形の方が人間みたいに見える場合。あるいは吉田文雀さんみたいに人形と全く同じように一挙手一投足動いている人と、大体三通りいるんですよ。とにかくこの玉幸さんて人は、九平次そのものだったんですね。見事に九平次だった。九平次は当然お初に横恋慕するわけね、彼はお金があるから身請けはいつでもできるんだけど、どうも徳兵衛の様子をうかがってるみたいなところがあって、あるときに徳兵衛が継母から持って来た持参金を、うまいこと借りるんですね。でもそれをなかなか返さないで踏み倒しちゃう。序幕、一場の「生玉社殿の場」でこのやり取りが行われます。一応証文《しょうもん》を書くんだけれども、そこに押してある判子がですね、実は九平次が無くしたと奉行所に届けていたものなんです。もちろんそれは九平次の企みですよ、無くしたことにして新しい判子にしちゃったってことです。後で古い判子が見つかったりして九平次が追いつめられることになるのは歌舞伎の方ですけど、文楽では九平次はそこまで追いつめられない。九平次は悪い事しっぱなしなんですね。

　歌舞伎では九平次を断罪するために、文楽ではほとんど生身では登場しないこの久右衛門という人を出して、久右衛門をモドリの役と捉えます。これは悪役で登場した人物が後に善人に変わる、歌舞伎独特の演出です。要するに徳兵衛にとって久右衛門はあんまり良い人じゃなかった。無理矢理結婚させて店を継がせようとしてたんですから。ただ親心みたいな所もあるわけで、久右衛門が徳兵衛に

十六年分の借金を全部返しちゃったそうです。興行的にもよくできていたし、舞台芸術としても出語り・出遣いという非常に特異なエンターテインメント性の高い舞台を見せたってことなんですよね。

代わって九平次をこらしめるってことを歌舞伎の中ではやります。文楽はそこまで複雑な構造をとっていません。いずれにしても身請けができないってことで九平次に騙されて、返さなきゃいけない持参金を踏み倒されたんですね。そういうこともあって、まぁいってみれば「男が廃った」ってことになる。

当時は武家社会なんですけど、五代将軍綱吉の頃ですから、かなりの太平楽なんですよね。だから現代の時代劇のような侍が刀を抜いて切り捨て御免なんてことは無い世界です。当然ながら大坂は商人の町でございますから、士農工商といってもそれは形式的なもので、ほとんどの大名とか武家が、誰かに金を借りてたんです。商人が町の中で大きく幅を利かせてたわけだから、ある意味で商人が侍みたいな男気を持ってたんでしょうね。徳兵衛なんてまさにその中のひとりだったみたいで、公衆の面前で九平次にひどく殴られたり蹴られたり、それだけで恥なのに、髪型は乱れちゃうし帯は解けちゃうしね。あげくにお金を踏み倒されて、自分は男が廃ったと。男と信じて九平次に金を貸しているにも関わらずですよ。九平次はそれを考えずに金を返さないわけですからね。だから信じた私が悪かったのねって気がつくのが遅いんですけど、男が廃ったってことになったんです。その事をお初に相談すると、お初は元より遊女、遊ぶための女というか、自身が時間とか歴史を遊んでるって感じの女なんですね。だからフワフワと漂ってる存在で、当時の記録でも遊女の自害とか心中ってのは随分あるんですけども、遊女の中でも位の低い遊女お初。傾城《けいせい》お初でもお初大夫でもないんですね。大夫とか傾城だと、まぁ大坂では傾城といわずに天神という言葉を使いますけど、お初はその下の下の方なんですね。心中するのはだいたい末端の位に属する遊女なんですね。つまり彼女らは、もうすでに生きるってことに対して、遊女になる段階でほとんど諦めちゃってるところがあるんでしょうね。だから死というものが相当近いところにある。大夫は死なないでしょうね。心中する理由がないもん、お金いくらでもあるからね。大名を袖に振れるんですよ。だからそういう意味で侍になれなかった商人の徳兵衛と、大夫でもなく、ましてや普通の生娘としての生活ができなかった、死に非常に近い遊女が死ぬ事を決意するのはそう難しい事じゃなかったってことで、いざ「天神の森へ」ってことになる。これが『曾根崎心中』の前半のお話です。

・

近松の原作では序の部分は「お初観音廻りの道行」というのがあります。『曾根崎心中』では、道行がふたつ出てくるんですね。「観音廻り」[参考1]というのは今現在は割愛されていまして、上演されることはありません。初演された『曾根崎心中』でのみ演られて、昭和三十年代にも一度だけこの「観音廻り」を入れて完全

[参考1]
「観音廻り」原文

甍ならべし新御霊《あらみたま》に
おがみ納まるさしも草
くさの蓮葉な世に交り
卅三《さんじゅう》に御身を変え
色でみち引なさけで教へ
恋を菩提の橋となし
渡して救う観世音
誓いは妙に有がたし

に復元するってことが演られたんですけど、一回だけで終わってしまいましたね。実際の西国三十三ヵ所巡りといったら、なかなか遠いわけです。全部行けませんから、大阪の天王寺とか太融寺をスタートして三十三ヵ所巡ると、西国三十三ヵ所巡ったのと同じご利益があるんだってことで巡ったわけです。なおかつ、ショートサーキットコースがあって、駕籠で回れちゃうんですね。ですので当時の遊女たちはお客と一緒に駕籠で一日でそういうことをやっていました。まぁ観音信仰と遊女ってのは非常に結びつきが強かったんです。観音信仰をしているお初が天神さんで死ぬわけです。このへんがちょっと面白い話じゃないかなって気がします。まだぼくの中で固まってないので指摘するだけにとどめておきますけど、観音信仰と遊女との関係みたいなものはすぐにはわかりにくいんです。

その後の「生玉社境内」、これは生国魂神社ですね。それから「天満屋」、これはお初のいる場所ですね。心中の「道行」と「曽根崎の森」、曽根崎の森っていうのは天神の森ですけども、ここはひとつになってますから、これが上の段、中の段、ふたつ合わせて下の段、という形で今はその三つの構成になってますね。普通は文楽では「生玉社殿」というのがありまして、それから「天満屋の段」は非常に有名な場があります。それから最後に「天神の森の段」というのがあって心中するということになっています。ですから徳兵衛とお初の関係っていうのは、あらかじめお客さんが知っているという前提ですよね、徳兵衛が九平次の企みによってですね、公衆の面前で男を傷つけられて恥をかくというのが「生玉社殿の段」です。

その後にボロボロになった徳兵衛がお初のいる天満屋に行くんだけど、お金がないから天満屋の中に入れないんですね。そこでお初は自分の打掛、外套のようなものですが、その裾下に徳兵衛を隠して、店の中まで徳兵衛を招き入れるんですね。座っている場所は店の中の縁側ですから、縁の下に徳兵衛をかくまってるんです。これからどうしようかと思案していたかもしれません。まだお初は心中しようかどうかは考えてなかったかもしれない。そこに九平次がやってくる。九平次はお金持ってますから。それで昼間の出来事もあったもんだから得意になってそのことを自慢したくてしょうがないわけですよ。要するに徳兵衛にしてやったりってことをね。それを天満屋で、こともあろうにお初の面前で悪態をついて徳兵衛を罵るわけです。もちろん足の下に徳兵衛がいることは知りませんよ、九平次は床の上にいますから。お初は悔しくてしょうがないので、徳兵衛の代わりに啖呵を切るわけです。悪い人に騙されて、男が廃ったもんだから徳兵衛さんは死ぬしかないでしょう、どうせ死ぬんだったらその覚悟が聞いてみたいもんだわ、みたいなことを独り言のようにお初はいうんですね。そうすると、足元にいる徳兵衛がその話を聞いて、お初の足をとる。［下段4］

さっき申し上げたように、『曾根崎心中』は昭和二十八年に歌舞伎で最初に上

［4］
この足を右足を取るか左足を取るかっていうのは色々芸談がありますが、いずれにしても女性は裾引きといって、長い裾の衣装を身に着けていることが多いので、通常文楽の女形の人形は足は無いんです。足遣いは「つま」という着物の先っちょの部分だけをちょっとつまんでね、ピッピッと払って動かせて歩いている動作を見せるだけですから、足は見せないんですね。ただ例外的に裾を上げているような女の人の場合、たとえば『俊寛』に出てくる千鳥っていう海女ですね。彼女は足を露出してますから、その場合にはちゃんと足を見せます。

演されたので、足を取る演出はそう難しくはなかった。ところが二年後に人形で演ったときにはものすごく難しいんですね、もともと人形には足が無いですから。だから最初にお初を演じた吉田栄三さんていう、女形をやらしたら日本一だった人形遣いは「足は嫌や」って散々いったんだけど、徳兵衛を遣っていた玉男さんが、「足を使わんとわしは何をやっていいかわからん」と、泣きついたらしいんですよね。それで、しゃあないなってことで足を出したらしいです。そこから足を遣うことっていうのが、この『曾根崎心中』のひとつの見所になっています。［下段5］

で、お初が足を出して徳兵衛はどうするかというと、お初の足を自分の喉仏に当てて切る所作をするんです。つまり喉を切る、自害するっていう決意を足を通してお初に伝えるわけです。この後お初は「そのはず、そのはず」と、これは文楽では「眠り目」といって、このお初の首《かしら》は瞬きをすることができる特殊な首なんですね。ですから目をつぶって、顎を引いてちょっと高く上を見て、婉然と、陶然とした表情をするんですね。ここのキッカケ難しいですよね。なぜかっていうと、足遣いと上にいる主遣いってのはこの床を隔てて全く顔を合わせられないんですよ。合図も何もできないにも関わらず、喉に当てた瞬間にこの人形が目をつぶって喜ぶんですね。伝わってるとしか思えないというか、一心同体になってるとしか思えない演出なんです。この演出についてはいろんなことがいわれてい

［5］
確かに『曾根崎心中』を見てると、この縁の下の場面になると客席が水を打ったように静かになりまして、この足がピッと出て来たときにみんな前のめりになります、面白いぐらいね。だからぼくは『曾根崎心中』は、前で見ずに後ろで見てるんです、客が見たくてね。お客さんがみんな前のめりになって何とか足を見ようと。前の人が前のめりになると見えないから、後ろの人がまた前のめりになったりするんですよね。それでどんどんこうブロック崩しみたいにね、前のめりになって、お初の足を覗こうとするんですね。

ます。改ざんされただの、最悪だの、近松の作品じゃないだのって批評家の中にはひどく罵る方もいらっしゃいますけど、今現在ぼくたちが近松の『曾根崎心中』で見られるのはこれだけです。

歌舞伎は昭和二十八年に宇野信夫という方の脚本・脚色でこういう形で上演されたんですね。当時の二代目中村鴈治郎、今の坂田藤十郎さんのお父さんが徳兵衛を演じて、お初は当時中村扇雀だった三代目鴈治郎さん、つまり今の藤十郎さんが演りました。ものすごいキレイだったわけで、これで扇雀ブームというのがわき起こるんです。［下段6］

お初は近松の書いた想定年齢では十九、徳兵衛は二十五歳です。ここで大事なのは、十九も二十五も当時の厄年だということです。厄年にそういうことが起こるっていうジンクスをかついでるみたいなところもあるわけですが、実際にはお初は二十一歳だったそうです。近松のひとつのフィクション、いわゆる虚実皮膜《きょじつひにく》ってやつですね。虚と実をうまい具合にオブラートに包んで演出したってことで、十九歳にする必然性があったんですね。歌舞伎の世界では年齢はほとんどあってないようなもので、まぁそんなことはどうでもいいってのが歌舞伎の世界ですからね。歌舞伎の場合、虚実皮膜じゃなくて、ほとんど虚ですからね。虚だらけの芸能ですから、それを共有できるかどうかってことにかかってるんですからね。

［6］

中村扇雀という役者は当時まだ海のものとも山のものともつかぬという感じで、その頃上方にいて現代的な歌舞伎をプロデュースしてた武智鉄二って人がいたんですが、その武智さんの所にいたんですね。後の中村富十郎さんなんかもこの人の所にいた。古い本を使ってはいるけれども演出は非常に新しくて斬新な武智歌舞伎、そういう歌舞伎を作っていた方の元にいたんです。

大歌舞伎で扇雀を色んな相手役に使おうとしてたんですけどね、実はそんなに優れた女形ではなかったんですね。ところがこの『曾根崎心中』のお初を演じてからですね、一気に扇雀ブ話を戻して、扇雀のお初、あるいは『曾根崎心中』っていうキーワードがものすごい勢いで普及していきました。それは心中そのものが流行ったというよりも、『曾根崎心中』っていう作品そのものの中に、若い二人が道行っていう形で死を選んでいってしまうという悲劇的ではあるけども、十九と二十五歳という二人が短い時間に生きてた、その時間の厚みみたいなものをみたんでしょうね。昭和三十年でしょ、まぁ当時は高度経済成長のちょっと前ですからね。だんだん日本が資本主義経済の嵐になっていく手前の、ちょっとだけ情緒があった時代なのかなって思います。そのときに上手い具合に『曾根崎心中』の作品が歌舞伎あるいは文楽という形で復元されたっていうのが、やっぱり時代の要請みたいなものがあったんじゃないかっていう気がするんです。単に芸能の問題じゃなくてね。

　それで文楽の方はといいますと、先ほど申し上げたように歌舞伎の二年後の昭和三十年（一九五五年）に、今の四ツ橋の文楽座で上演されました。、西亭っていうのは、本名を野沢松之助といって、古い曲を復元する名人だったんですね。耳の良い方で、どんな曲も初見で一度聴いただけで全部三味線で弾けちゃうっていう方だったみたいです。さらに最後まで忘れなかったらしい。その方が脚色並びに作曲とポスターには載ってました。それから、鷲谷樗風《わしたにちょふう》。この方は当時の文楽協会の理事だった方で、もともと東宝だったかな、どこかのプロダクションに所属していた企画の方だったんですね。戦後の昭和三十年以降の多くの文楽公演の

ームがわき起こって、このすぐ後に中村扇雀写真集とか出てるんです。玉三郎でさえやってないことですからね。それはそれはすごい人気でした。当然テレビのドラマとかにも出るし、まだラジオも盛んな時代ですから、ラジオドラマをやったりもする。あるいは皆さんご存知ですか、「スター千一夜」とかね、あのへんの番組にもレギュラーで出ていたりしてました。そういうこともあって、これが新橋演舞場でやられる。その同じ年にすでに二回か三回、関西でもやられてますし中座でもやってますね。それでまぁずっとやられて、一九九五年の大阪中座で、お初上演千回というのを記録してるんです。当

プロデュースをされていました。文楽そのものにはプロデューサーって無いんですが、興行する際にはプロデューサーがどうしても必要なんです。いってみれば彼がお初の足を出させた人ですね。それで林扇矢《せんや》さんという人が振り付け。「天神の森の段」の道行がまことに美しい人形の動きなんですけども、人形の振り付けってのは難しいんですよ。初めに人形遣いに振り付けを叩き込むんです。当たり前ですね、人形に振り付けても人形動きませんからね。だから人形遣いの三人に浴衣を着せて、まず振りを教えるんです。それから人形を使って教えるってていう。振り付けを教える先生はなかなか大変なんですね。だって人形遣いの人たちは全部踊れなくたって良いわけでしょ、左手の部分だけ、足だけ踊れればいい。ただ三人で踊るとなるとチームワークが本当に大変なんですけれども、そういう形で振り付けがされたっていうことになりますね。

それからさっき申し上げたように、玉男先生が徳兵衛を遣っています。亡くなるまで徳兵衛でした。この役はほとんどどなたにも譲らずに、玉男さんが徳兵衛をやられてました。最晩年は文楽の世界では男の徳兵衛が残って、歌舞伎の世界ではお初が残ったなんてことを仰ってましたが。じゃあ両方でやればいいじゃんなんてぼくは思ってましたが、安っぽいプロデューサーならそういうこと考えるでしょうね。玉男演じる徳兵衛と、藤十郎さん演じるお初でね。その玉男さん曰く『曾根崎心中』は、「本読みしてみたら台詞が長いんです、生玉社殿でお初と時はまだ三代目鴈治郎を襲名した頃ですね、今現在千三百回を更新してるそうです。ただもう八十代ですから、なかなかお初は難しいかな。息子さんの翫雀さん（現四代目鴈治郎）のそのまた息子さんの壱太郎《かず》さんがお初を継いでます。だから当然この成駒家の、藤十郎だから山城屋だけども、旧成駒家の鴈治郎の家のお家芸になってるんですね。というのはこのお初を演じる人はこの家族しかいませんから。つまり今の扇雀さんがお初を演じるんですけど、他の方はほとんどやらないんです。徳兵衛をやるのも、昔は翫雀さんのおじいちゃんにあたる先代の鴈治郎さんだったんですけども、今は翫雀、ちょっお話ししてるときに、徳兵衛の台詞が長い、せやから仕草で同じことを繰り返さんように自分で工夫しました」と。「まぁ傘を持ったり着物を触ったりと色々やってますわ、そのへんは退屈しないようにね」っていうのは本人が退屈しちゃうからですね。ずっと人形持ってるのがね。だからやっぱり何か動いてないとダメなんですよ。人形遣いってそうなのかも知れませんね。

もう一度「観音廻り」に戻りますと、「観音廻り」の最後のところってのは「夢ならべし新御霊に」から入って、一番最後から三行目には「恋を菩提の橋となし」っていう言葉があって、「渡して救う観世音、誓ひは。妙に有難し」という言葉があるんですね、これを近松の専門家であった廣末保《ひろすえたもつ》先生なんかはね、彼は世話物といわずに世話悲劇っていう独特の言葉を使われるんですが、「恋と菩提を巧みに結び、お初、ひいては徳兵衛の死をも惨めさから救いたいという静かに抑制された鎮魂曲である」といっています。つまりこの「観音廻り」っていうのは単に、お初たち、遊女が観世音信仰で巡っているところを再現しただけではなくて、物語を見ている観客はこの二人が心中するってことが初めからわかってるわけですよ。なんたってタイトルが『曾根崎心中』ですからね、『曾根崎心中未遂』じゃないですからね。わかってるから、それだけに一番最初にお墓参りをしましょうってことです。それでこの観音様を巡ることによって、二人を鎮魂していく、弔いをしていく。初めに弔いをしてから回想シーンのように「生玉社

と前は翫雀、扇雀交代でお初と徳兵衛をやってるときもありました。いずれにしても成駒家（平成二十七年に四代目鴈治郎襲名を機に、屋号は「成駒屋」から「成駒家」に変更された）の芸ってことになってます。

ついでに申し上げますと、扇雀時代の藤十郎さんはですね、二十八年に『曾根崎心中』のお初を演じて大人気になった二年後に美空ひばりと『恋の曽根崎』なんてレコード出されてるんですね。お古い方、ご存知ですか？　一九五五年ってことはひばりちゃん二十歳ですか、この歳に映画に出た『ジャンケン娘』ってのもありましたね。その前の年には『伊豆の踊り子』

殿の場」が始まる。ところが物語としては一番最後の三十三ヵ所目が生玉さんですからね、生玉さんのところに行って、徳兵衛がたまたまそこを仕事で通り過ぎて、それでお初と出会うって所から始まります。ただ、この「観音廻り」っていう段が鎮魂の場、あるいは弔いの場であるっていう設定が必要なんじゃないかなってことを研究者はいってます。でも研究の上ではそうかも知れませんが、上演の上ではこれは面倒くさいんですね。巡ろうと思えば巡れないこともありません。まぁ太融寺から始めて、御霊さん（御霊神社）とかですね、太融寺は落語と繋がりがあるし、御霊さんは文楽と繋がりがある。まぁもともと寺社仏閣はみんな古典芸能と繋がりが強いんですけどもね、偶然ながら繋がってるなって感じがあります。この「観音廻りの段」っていうのは一番札所から三十三の札所までのお寺の名前が言葉として全部詞章の中に盛り込まれて作られています。チャンスがあればその詞章をご覧になって頂いて、いくつお寺があるか確認してみて下さい。ちゃんと三十三あるはずですからね。ただ「観音廻り」の最後の札所である生玉から舞台が始まるのも一理あると思います。二人の弔いが始めにあり、そこからまた二人の出会いが始まる。二人は永遠に循環しながらこの物語を生き続ける、というようにも考えることができます。その意味では「観音廻り」があれば、よりそのことが明確になるのではと考えられますね。

かつては若い恋人たちの「理想的な死に方」として心中が流行ったわけです

がありましたね。『伊豆の踊り子』は山口百恵で有名ですが、戦後最初にやられたのは美空ひばりですからね、まだ十八か十九ぐらいです。この曲は、西條八十作詞、古賀政男作曲ですからね、最高のナンバーですね。聴かなくても名曲ってわかります。しかも曲と曲の間に扇雀が台詞をいってるんです。とても良い曲なので機会があれば聞いてみて下さい。

が、現在では高校生のための鑑賞教室にも、この『曾根崎心中』が演目として含まれています。「観音廻り」に見られる生の循環性や、大坂商人の意気地といったこととは別に、近松作のすぐれた人形浄瑠璃として上演されている現状は、嬉しくもあり、残念な気もします。

聞きまさん〜…

第三話
京鹿子娘道成寺《きょうがのこむすめどうじょうじ》

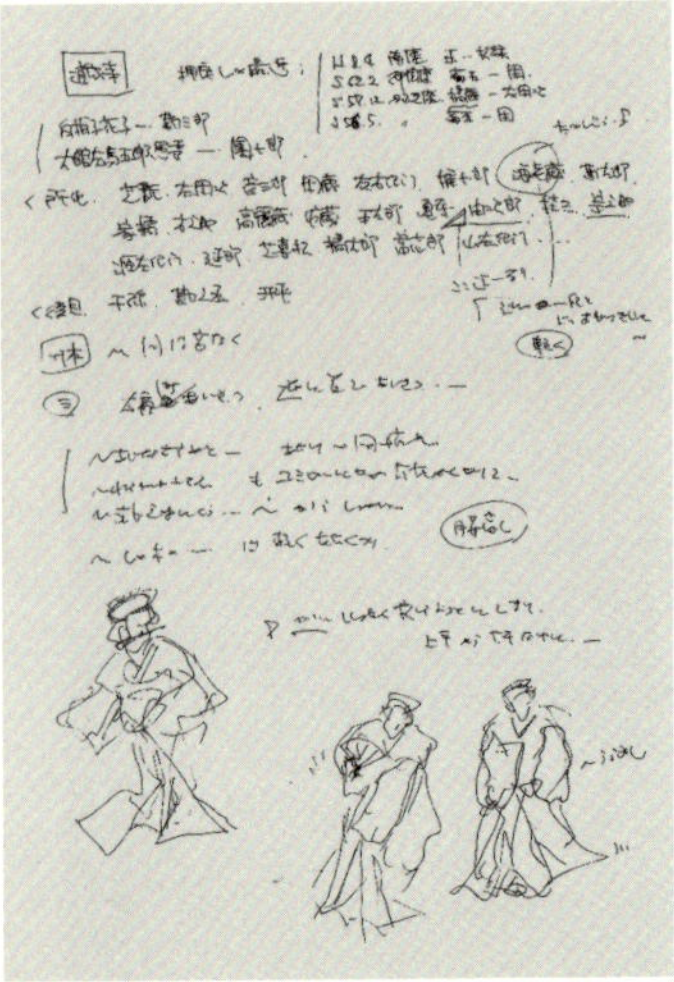

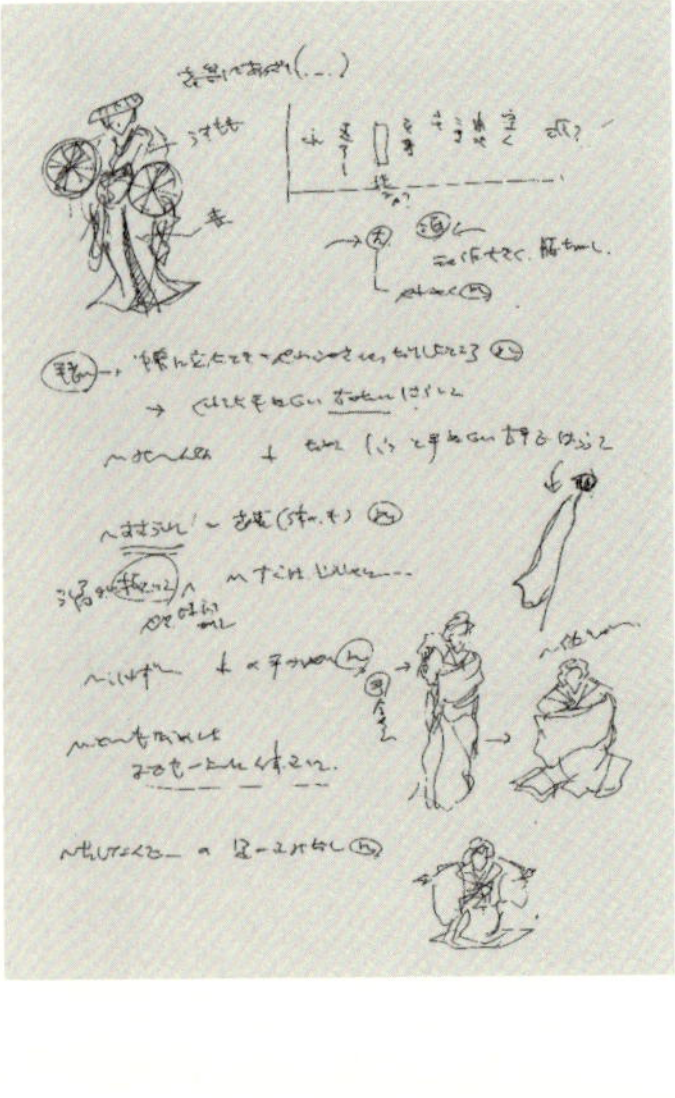

『京鹿子娘道成寺』の道成寺というのは、和歌山県日高郡日高川町にある、天台宗の古刹《こさつ》でございます。非常に古いお寺で、国宝級の千手観音があります。色んな仏像が国宝だったり重要文化財だったり、あるいは建物も重要文化財扱いになっているものが随分あります。ただ我々にとって道成寺というのは、お寺の名前以上に、舞踊作品、特に歌舞伎舞踊の作品としてつとに知られているものですね。そこに「京鹿子」っていう言葉がついているのは、宝暦三年ですから一七五三年のことですね。まぁ五代目の中村富十郎さんがお亡くなりになりましたけども、初演の初代富十郎という方は歌舞伎の歴史の中で最初の女形である芳澤あやめの子供さんなんですね。芳澤あやめには子供が随分いたんですけど、初代富十郎のお兄さんが二代目のあやめになって、弟が三代目のあやめになりました。自分は富十郎の初代としてこの後に継承されていくという。ですから根っからの女形の出なんです。主に上方、大坂と京都で歌舞伎役者、舞踊家として活躍されてたんですけど、その方が江戸に下る、江戸ですから当然上るじゃなくて下るですよね、その江戸に下ってくるときに、大坂でも京都でも何度か上演していて非常に好評を博していた『道成寺』を、京都・大坂のバージョンとはちょっと違った形の踊りを少し加えてみたりとかしてね、そういう完成バージョンを江戸の中村座に持って来て、そこで最初に踊ったのがこの『京鹿子娘道成寺』です。だから「京鹿子」っていうのは、要するに京都からこんな面白いもの持ってきましたよっていう意味で、京都土産の『娘道成寺』というわけです。これは「娘二八《にはち》で憎からず」なんて申しますが、平均寿命の短い時代だったときの名残ですが、十六〜十八歳ぐらいの娘さんの気持ちで舞う、踊るというのがこの『娘道成寺』の眼目なんですね。ですからこれは能楽の舞とは方向性が違った表現なんですね。京都からお土産として江戸に持って来た初代中村富十郎が娘を演じる歌舞伎舞踊ということです。

そういう色々な娘さんの素振《そぶ》りを見せる可愛らしい踊りなんです、実はね。そうはいっても一時間近い大曲、難曲ですからなかなかに体力もいるんですね。しかも「引き抜き」といいまして、着物を複数被せています。外側に被せたものと内側の着物を仮縫いで縫い合わせてるんですね、その仕付け糸っていうのを舞踊の最中に抜いて、それで上の着物を剥ぐと下の着物の柄に変わるわけです。「引き抜き」は江戸時代は無かったようなんですが、明治の九代目團十郎あたりで作られました。［下段1］

さて歌舞伎『娘道成寺』の舞台中央には雛壇がありまして、そこに長唄連中が並びます。両袖には所化《しょけ》といって道成寺の坊主がいます。これは道成寺の境内の中という見立てになってます。ここに紅白の綱があって、道成寺の鐘が上手側、右側のところにぶら下がっています。そして花道からひとりの白拍子、舞女がやってきて、道成寺の鐘が新しくなったので、その鐘を見に来たのだと。だけど道

［1］

少し話が逸れますが、『京鹿子娘道成寺』をずっと得意としていた成駒屋の七代目中村芝翫《しかん》さんが二〇一一年十月十日に亡くなりました。最後の舞台は坪内逍遥の『沓手鳥孤城落月《ほととぎすこじょうのらくげつ》』です。初日の一回だけやられて、二日目から休演なさって、息子さんの福助が代役を勤めましたけども、その後ちょっと臥せってそのまま亡くなられたんです。この方のお父さんというのは五代目の福助で、六代目の歌右衛門というのは叔父にあたるんです、五代目福助の弟ですからね。成駒屋の一門として舞踊を行う役者として、あるいは女形として非常に重要な場所をずっと占めてた方なんですね。

成寺は天台宗のお寺で女人禁制なんで、女の人を入れるわけにいかないって所化に断られるんです。白拍子というと踊りと春を売って生計を立てている女性のことなんですけども、ひとりのお坊さんが、そういうことだったらば踊りを見せてくれれば鐘を見せないこともないみたいなことをいってね、それで一差し舞うわけです。そのときに金の烏帽子を付けてですね、能掛かりといいますが、能の『道成寺』と同じような形で踊ります。ただ詞章《ししょう》、歌詞は『道成寺』じゃなくて『三井寺』っていうまた別の能の曲、鐘尽くしといって鐘をパロディーにした洒落じみた歌詞でできている作品から引用しながら舞うんですね。

・

『娘道成寺』はもともと「安珍清姫《あんちんきよひめ》」伝説が前提になっております。その後日談なんです。つまり我々観客は「安珍清姫」の話を本当だろうが嘘だろうが、とりあえず知っておいて、その清姫の霊が白拍子に憑いたっていう設定でいるわけです。[下段2]

白拍子が娘の気持ちで踊っているうちにですね、だんだん鐘のことが気になるんです。気になる高さにぶら下げてあるわけです。真後ろにあったら気づかないですからね。良い場所にあるんです。『二人《ににん》道成寺』という二人で舞うか、ある

非常に古風な、奇怪な女形さんだったんですけども、踊りに関してはとても力のある方でしたね。芝翫さんは二〇〇〇年の九月の歌舞伎座で「一世一代にて相勤め申し候」といって『京鹿子娘道成寺』を上演したんです。今日はその追悼の意を込めて話をしたいと思います。

[2]
安珍は修行のために和歌山の熊野で修行をしてたんですが、ある日一晩の宿を借りる、そこに清姫って娘さんがいたんですね。その清姫が安珍に懸想《けそう》するんです。懸想って良い言葉ですね、想いを懸けるって書くんですからね。まぁ一目惚れするわけです。それで逆

いは『男女《めおと》道成寺』で男と女で舞う場合は、真ん中にぶら下げます、とにかく一番目立つところに鐘があるのね。そこでちょっと鐘を見て、鐘に気づいた瞬間にその清姫のときの気持ちがガーッと出てくるんです。それで「鐘入り」［写真1］といって、鐘の中に入って行く。今は歌舞伎の『道成寺』では「鐘入り」のところで終わりますけども。

　その後に実は「押戻《おしもどし》」というようなシーンもありまして、それは蛇体になって、といっても蛇になるわけにいきませんからね、能の場合もそうですけどいわゆる般若の面ですね、鬼面を被ります。それで清姫の亡霊という形で、安珍をずっと探してさまよっているわけですね、それから僧侶たちとの戦いになります。歌舞伎の場合は大館左馬五郎という武士がひとり出て来て押し戻すんです。だから暴れることを防ごうとする。お互いを見合って、見得を切って終わるというのが、「押戻」を含めた歌舞伎の『道成寺』の完全版です。そういう意味では、我々に必要な情報は、まず「安珍清姫」の話があるってことですね。それから『道成寺』の鐘の伝説っていうのは、それはそれでずっと続いてあるってことですね。能『道成寺』っていう先行する作品があるとか、まぁそういうものを予め知っておいて頂けると、歌舞伎の『道成寺』は面白い作品かも知れません。

　ぼく、この何日か頭の中が『道成寺』だらけで準備してたんですね。するとストーリーや踊りの所作とかを説明させて頂くよりもね、この『京鹿子娘道成寺』

夜這いですよね、女性の方が男の安珍の部屋に夜這いをかけて、安珍もまんざらでもないもんだから、とにかく修行で一回お寺に行くんで、その用事が終わったらまたあなたの宿に戻るからなんてことをいっちゃって、明け方早くに逃げ出しちゃうんですね。それで朝になってみると安珍がいないっていうので、清姫が非常に慌てて追っかけるんだけども、安珍はずっと先の方に行ってしまう。

　ここからは色んな作品があるんですけど、日高川っていう幅の広い川を渡って、渡し守には女の人は乗せないように安珍が頼んで乗ってしまう。そうすると清姫がそこで蛇の精になってしまう。蛇っていうと

［写真1］『京鹿子娘道成寺』鐘入り前の五代目坂東玉三郎 ©松竹

色々なイメージがあるんですが、日高川を果敢に泳いで安珍を追っかけてという非常にグロテスクなものです。これは文楽人形浄瑠璃では『日高川《ひだかがわ》入相花王《いりあいざくら》』という作品で、実際に川の場面で蛇が泳いでいくっていうのをやります。それで、たまたまそこにあった道成寺というお寺に逃げ込むんですね。だから道成寺という場所は舞台ではなくて、安珍が逃げ込んだお寺だったんです。そこの住職に頼んで、女の人に追われてるから助けてって。それで助ける寺も寺だと思うんですけども、そこの住職がじゃあ隠れる場所は鐘の中しか無いからと、その鐘の中に安珍を隠すんです。もちろん蛇体となった清姫のという舞踊作品がどういう形ででき上がったかっていう方が、何かこう日本文化のひとつの断片を見るような感じがして、とても勉強になりましたね。今回はその一部を皆さんにお話しできればいいと思うんです。本当は話したくない気持ちも強いんですね、すごい勉強しちゃいましたから。

　まず舞台としては非常に華やかなんですね。背景は満開の桜の道成寺。道成寺は実際に桜の名所でもありますから、桜の季節に是非いらっしゃったらどうですかね。雛壇に乗っかってる長唄の人も、肩衣《かたぎぬ》といって三角形の衣装を付けます。その肩衣や袴とかも桃色で桜の柄なんですね。つまり非常に春めいた感じの舞踊作品として考えられてるっていうのを、ご理解頂ければ良いかと思います。

　先ほど少し申し上げたように、『京鹿子娘道成寺』という作品名で宝暦三年（一七五三年）、十八世紀の半ばですね。今から二百六十年ほど前に江戸の中村座というところで、初代中村富十郎によって上演されました。ただこれは舞踊作品として単品であるものではないです。一連の作品の中の所作事とか慶事に踊りのシーンをちょっと入れることによって物語を滑らかに進行させるためのひとつのクッションとしての機能があるんですね。それが『男伊達初買曾我《おとこだてはつがいそが》』といって、「曽我物語」を借りてきた話がまずあるんですね。その「曽我物」と呼ばれてきた話の三番目のところにこの『京鹿子娘道成寺』という舞踊作品、江戸の言葉だと所作事といいますが、そういう舞踊作品が入ってきた。当時の擦《す》り絵をみると所化

霊がそれをめざとく見つけて、その鐘の周りを六回り半とか七回りとかとぐろを巻いてですね、自然発火するんです。火を噴いて、そうすると鐘が溶ける。中の安珍も焼け死んでしまうんですね。灰も残らなかったって書いてあります。その後も色々と話があって、そのまま蛇になった清姫は死んでしまったって場合と、その後日高川の方に逃げて行って身を投げてしまったっていうのと、それから道成寺の僧侶たちによって調伏、祈り伏せられて成仏したという場合とがあるんですね。「道成寺絵巻」というのが和歌山県の道成寺に残ってる古い絵巻なんですが、それによると安珍と清姫の亡霊が住職のところに

が二人しかいないんですね。のちに九代目團十郎さんが所化が大勢出てくるものに改良されました。もともと所化が踊ってる花笠の踊りっていう部分があるんですが、そこのところは群舞、沢山の人で舞う踊りとして作られたものですから、それにはふさわしいんですけどね。

初演のときの擦り絵には、中村傳九郎《でんくろう》、市川八百藏《やおぞう》とありますが、この二人が中村座の座元と副座元なんですね。だから役者の中で一番位が上の人と二番目の人が、所化という形で友情出演するんですね。それで京都から来た富十郎さんを盛り立てている。そういう形になっているので、所化が二人であるということも、もちろん舞台の左右にシンメトリーに並ぶというような見栄えの問題もあるんですけど、この二人が座元とサブの座元っていう形で並ぶということが非常に重要なんですね。八百藏さんは三升の紋、團十郎の紋を着てる。富十郎さんは矢車です。「矢車会」っていう当代富十郎さんがやってた自主企画の会がありましたけどね。

我々が知っている『娘道成寺』では主人公の名前は白拍子の花子、濁りまして「はなご」というんですが、当時は違ってたんですね。真那古村の庄司左衛門の娘で横笛、という長ったらしい名前だったんですね。ただ、この庄司の娘である横笛はまた別の話でございまして、これは実は『娘道成寺』とは違うんです。横笛の性根といいますか、どんな人物だったかというと、愛する男の滝口小四郎、

降りて来て、自分たちは生前に随分とひどいことをやってたんで、なかなか成仏できないから助けてほしいというと、道成寺の僧侶全員で祈って、それでその二人が成仏して、まぁ何とか天の神様になっていくというハッピーエンドで終わる。その住職の夢枕にきれいになった二人が降りて来て、お礼をいいに来るってところまでが「道成寺絵巻」の特徴となってるんです。

これは要するに後の安珍にあたるわけですが、彼が女人禁制の高野山に出家して会うことができなくなったことを悲しんで入水してしまうんです。この場合、高野山でございますから、紀州和歌山ではないんです。道成寺でもないんです。高野山と書いてあって、まぁ密教である、つまり女人禁制のお寺であるってことに変わりはないんですけど、大事なことは、横笛のお兄さんが尾形三郎惟義《これよし》だということです。この尾形三郎は何かっていうと、尾形家は尾の形って書きますね。その祖先が蛇と契りを交わして生まれた一族なんで、蛇の一族なんです。体に蛇の尾の形が残るので尾形家。演目にはこういう神話の類とか、伝説がよく含まれたもんです。

　この尾形三郎とか、あるいは横笛とかが出てくる神話みたいなものは『平家物語』『曽我物語』から借りてきたんですね。だからふたつの軍記物に取材して、その中に出てくるヒロインの横笛という名前を借りて『娘道成寺』ができ上がっているんです。富十郎さんが最初に上演したときには、先行する作品である『平家物語』『曽我物語』に描かれた怨念とか怨霊っていうものがぷんぷんする、そういうものがまだ残ってたってことです。寛政二年に四代目の岩井半四郎が、『吾嬬鳥《あずまどり》娘道成寺』という作品を残します。白拍子花子、実はおしづですね、おしづの亡魂、亡霊というか、亡魂と名乗っていました。

　では、白拍子花子が実は「安珍清姫」の清姫の亡霊であるという設定についてです。これは宝暦九年（一七五九年）にすでに『日高川入相花王』という人形浄瑠璃で、完全に清姫の亡霊の恨みだけが人形化されたといいますかね、[写真2]すごいもんなんですけど、それを逆に歌舞伎が取り込むという感じで、歌舞伎と人形浄瑠璃が相互に主人公の設定みたいなものを上手いこと合体させたってことですね。当時の芸能の中で歌舞伎の『道成寺』は、色々な役柄やキャラクターであるとか、人形浄瑠璃の中に出てくるものの取り込み方とか、非常に総合芸能的な意味合いがあって、研究者によっては「道成寺物」といわずに「道成寺芸能」といったりします。ですから『道成寺』という作品を中心にして、江戸時代に色んな芸能が『道成寺』の作品の中に取り込まれているんです。[下段3]

要するに、白拍子とか清姫の亡霊とか、蛇体の変化とか道成寺とかね、大体四つぐらいのポイントがこの『京鹿子娘道成寺』に入ってるだろうと。白拍子については先ほども申し上げましたように、もともとは室町時代、あるいは平安の末期に存在していた女性のひとつの肩書きですね。舞うこと、踊ることを職業としながらも、自分の身を売るような形で生計を立てていた人でもあるし、それから「舞う」ってことは要するに神様の前で舞うという見立てですから、非常に特別な存在として崇められていた人たちですね。ただ、『京鹿子娘道成寺』の白拍子は、そういう室町や平安時代の存在をそのまま名前にしたものではなくて、当時の京の都で流行っていた、いわゆる舞妓の舞ですね。やっぱり「娘二八で」、み

［3］
以前、京都府民ホール・アルティで、「道成寺」についてのパフォーマンスをいっぱい並べる企画を夏にやったことがありまして、三日間ぐらいやったんですかね。能もありましたし、歌舞伎舞踊はもちろん、地唄もありました。それからフラメンコとかクラシックバレエとか、舞踏とかね。「道成寺」なら何でもいいのかって感じなんですが。そのときに、一番興味深かったのは組踊といって、琉球舞踊ですね。琉球舞踊にはすでに『執心鐘入』といって、執着心ですね、要するに心がそこに凝るわけでしょ。『執心鐘入』という作品が、十七世紀に作られてるんですね。実はこれも

［写真2］人形浄瑠璃『日高川入相花王』渡し場の段。安珍への想いがどうしても断ちきれず、嫉妬に狂う清姫。恋の執念は清姫を蛇体に変身させる。大きく口の開く「ガブ」という特殊な首が使われる。（国立文楽劇場）撮影者：青木信二

たいな、十代の半ばの女性のひとつのシンボルとして「白拍子」があるんです。ですから冒頭の場面で、着物を着た舞姿の花子がやってきますが、花子が白拍子なのか生娘なのかって、所化同士が争うシーンがあるんです。「白拍子、白拍子」「生娘、生娘」という。それで、本人に聞いてみた方が早いじゃんってことで、聞いてみると「白拍子でござる」って答えるわけです。生娘の場合は、踊ること、舞うことを生業としていないんですね。要するに処女であること以上に舞う存在ではないってことが大事なんです。ただし、踊りの中では白拍子と生娘の間ぐらい、やや白拍子寄りで踊った方がいいとか、これは生娘に戻った方が良いとか、難しい芸談が長い時代に残されてますので、我々はその真ん中ぐらいの存在だろうと考えて見ていたらいいんだろうなと思います。

実は能では『道成寺』よりも先行する『鐘巻《かねまき》』という作品があります。『鐘巻』って読んで字の如く道成寺の鐘を蛇が巻いてしまうってそのままなんですが、これは世阿弥の甥っ子の音阿弥《おんあみ》の息子、観世小次郎信光という方がお作りになってます。これは廃曲になってまして、今は上演することはほとんどないんですね。二〇一〇年に大槻能楽堂で復曲をしましたけど、現行ではどの流派でも『鐘巻』はやっておりません。で、この『鐘巻』のエッセンスをまとめたものが『道成寺』になっていて、少し物語は違うんですけど、どちらも女性の怨念、恨みなんですね。それを歌舞伎では白拍子の可愛らしい舞いと、生娘に近い白拍子の舞いと

『道成寺』に先行するものです。つまり歌舞伎の『道成寺』は富十郎さんが、能の『道成寺』から借りて来たってことをはっきりと仰ってますし、書かれてます。それは間違いないんですが、いわゆる『道成寺』という作品が色んな形で舞踊化されたときにはすでに琉球舞踊が「道成寺物」を取り込んでるんです。もちろん道成寺というお寺じゃありませんよ、沖縄ですからね、首里城の近くにある別のお寺さんです。これは要するに、お寺であるってことが非常に重要な要素なんですね。

して、いわゆる世俗化といって我々にわかりやすい形で踊りにしたんですね。能の『道成寺』は完全に怨念だけでできてます。［下段4］

で、この白拍子のイメージというのがぼくの言葉ではアテになりませんから(笑)、東大の歌舞伎研究者の古井戸秀夫先生の言葉を借りますと、「幾人もの娘が体験して来たであろう色々な姿の娘の恋、それを千々に乱れる娘心に託して描こうとしたのだ」となります。つまり複数の娘をひとりの花子という名前に象徴している、集めてるわけです。それに白拍子といっても源平の時代の古い白拍子ではなく、京の町に新しく生まれた舞子。［下段5］簡単にいいますと、派手な娘の姿で舞台に現れて色々な娘の姿を踊り子の芸尽くしとして踊ったのが『娘道成寺』だということも書いてあります。全くその通りでございまして、複数の娘の可愛らしい素振りというのを、笠を使ったり、鈴太鼓といって円形の箱の中に鈴が入っていて、はたくとチャカチャカ音がする打楽器とか、そういう色んな道具を使ったりして可愛らしく踊るというものです。

一方で、清姫の亡霊と蛇体への変化という問題が残ってるわけですけども、最後は蛇ですからね。しかもこの蛇はとぐろ巻いたり火噴いたりしないんです。この後、安珍は別のところで助けられてね、汗だくになって目が覚める。清姫は日高川を降りた段階で魂は死んでるんです。全部蛇に仮託しちゃってますからね。安珍は日高川の川津の所で、清姫が辿り着いた場所で死体を抱いてですね、非常

［4］

十年ぐらい前に中村勘九郎さん（十八世勘三郎）が『娘道成寺』を踊りました。そのときに、観世栄夫さんが能『道成寺』を歌舞伎座の舞台に、能舞台をしつらえて演ったんです。そのふたつの『道成寺』の場転というか舞台を転換する時間で瀬戸内寂聴さんが講演をしたんですね。来たお客さんはほとんど寂聴ファンだったような気がしたんですけども、ぼくはずっと一番前で聞いていたんです。寂聴さんはそんなに『道成寺』の話はされなくて、一番最後に自分でも何の話してんだかだんだんわからなくなってきて、時間がきちゃったみたいで、このことはいわなきゃいけないみたいな

に中途半端なことをしたと悔恨の念を抱くわけです。

ここで重要なのは、我々観客は、『安珍清姫』という話をラブストーリーとして見ているわけですが、もともとはその鐘があるお寺、特に天台宗系、密教系のお寺に女性が入ってしまうことがいけないと、女人禁制であるとか戒律の厳しさみたいなことを訴えるために『道成寺』っていう作品があったということです。もう一度説明すると、『道成寺』は「安珍清姫」伝説とは全く別のものというか、別系統で生まれてきたといえます。

少し歴史的な話をしますと、『安珍清姫』の話とは別に発生したものがいくつかあって、一番古いのは平安時代ぐらいにできた「大日本国法華験記《ほっけげんき》」っていうもので、その中に「紀伊国牟婁《むろ》郡悪女」、牟婁郡っていうのは今でもありますが、その「悪女」というものでね、何かちょっと狂言のタイトルみたいですね。こっちの場合には寡婦、未亡人なんですね。未亡人って言葉は今は使いませんけど。そういう女性が自分の家に一夜の宿を借りに来た僧侶に懸想してしまうと。明らかにこっちの方が悪いですね。

それからその僧侶と二人の関係については『今昔物語集』巻十四の第三にある「紀伊国道成寺僧 写法花救蛇語《ほふくえをうつしてじゃをすくうこと》」、あるいは「元亨釈書《げんこうしゃくしょ》」っていう歴史書の中で初めて、安珍という名前が登場するんです。単に僧侶って抽象的に書かれてるのもあります。

感じで「とにかくね、女の恨みは怖いのよ！」ってひと言いったんですよ。多くのお客さんが頷いているんですね。それが一番怖かったです、ぼくはね。その後の勘九郎の『娘道成寺』はあまりよく覚えてないんですけども、とにかく女の恨みなんですね。もしかしたら寂聴さんが仰る『道成寺』は古いタイプのものかもしれないですね、「安珍清姫」の伝説が残ってるときの『道成寺』ってイメージなので。実際は歌舞伎舞踊のイメージではなかった。そういう意味では、歌舞伎舞踊としての『娘道成寺』が明確になりました。

[5]
舞子の「こ」の字は「子」

あるいは道成寺にも収蔵されてます「賢学草紙」という同時代に書かれた絵巻草子であるとか。そういうものが全部まとまって「道成寺絵巻」という形になっています。絵巻の最後の方に近い場面では鐘の中に安珍を入れてしまいます。「安珍清姫」の話と、寺の鐘を守るといいますか、女人禁制のところに入ってはいけないお寺の戒律とか、そういう話がどっかでごっちゃになってますね。それで後の『娘道成寺』という形に変わっていったんじゃないかと思います。［下段6］

・

さて、能『道成寺』で特に有名なのは乱拍子ですが、その後に「急之舞《きゅうのまい》」といってとても早い舞が入ります。その後に「鐘入り」といって、執着心を持った霊が花子に取り憑きますからね、道成寺の鐘の中に入り込んでしまいます。

烏帽子を中啓で跳ね飛ばして、鐘の下に入ります。そして鐘の中で装束を全部変えて、この後に蛇体となるんですね。［写真3］能では蛇体というのはありませんから、鱗柄の留袖の装束を付けて、般若の面。能『道成寺』の場合、寺の僧侶たちによって祈り伏せられて日高川の方に逃げていって、フェードアウトする形で終わります。だから誰かが死んだりとか関係ありません。鐘は八十キロぐらいの重さがあるんですね。おそらく能楽の作品の中で最も重い小道具です。五人ぐらいの鐘

ですね。今の舞妓さんとは違いますからね。芸妓、舞妓の「妓」ではないんですね。当世風の白拍子です。まぁ当時の一番新しいタイプのギャルなんですね。ギャルって言葉がもう古いですね（笑）。当時流行のびらり帽子に振袖です。出場のときにびらり帽子というのをちょっと頭にかぶってるんですね。高島田の中ぐらいの高さなんで中高島田っていうちょっと難しい髪型なんですが、それにびらりの帽子を被って振袖という可愛らしいカッコで、赤い振袖にしだれ桜がバッと散ってるんですね。その霞みの部分は金刺繍で入っているという誠に豪華な物です。中に後の着物も重ねて着てますから、二十キロ以

［写真3］能『道成寺』（シテ：田茂井廣道）撮影者：吉岡恒法

上の重さだそうです。それをさっきの芝翫さんは七十二歳でやってますからね。六代目歌右衛門も七十二歳でやってますんで、まぁその重さだけじゃなく鬘がもともと重いですからね、ものすごい重労働なんです、これを一時間踊るというのはね。

［6］

蛇については今日はそんなにお話ししませんが、大事なことは、蛇は日本の文化において非常に大事なアイコンっていうか、シンボルなんで、二冊ほど本を紹介しておきます。民俗学者である吉野裕子先生が全国行脚して、蛇の伝説を全部集めてきた『蛇―日本の蛇信仰』。あるいはもうちょ後見という人たちがいてですね、その後見たちとシテが息も合わせないといけないんで大変です。聞くところによると首の骨を折ったり、下敷きになったりするってこともあったそうです。トントントトントントトと、自分が飛ぶのと鐘が落ちてくるのとの落差で、すごい高いところまで飛んでるように見えます。

後で出てくる蛇体も非常に迫力がありますね。般若の面の目の部分は特別に濃い金泥《きんでい》を塗っていますから、ロウソクの光で反射すると目だけが光るのは、蛇の目だけが光るのと同じような感じですよね。だからその怖さがあって、しかも鱗柄でしょ。今こんな明るい自然光で見るのに比べたら、昔の人はこれを恐怖、畏敬の対象にしてたと思いますね。恐らく昔の山岳信仰の場合には別の宗派から守ろうという設定で描かれているので、宗教劇みたいなイメージが『道成寺』の起源にはあると思います。

・

能『道成寺』には先行する作品があるということを申し上げたんですけど、それが『鐘巻』です。『鐘巻』は能『鐘巻』よりも山伏神楽といって東北に特に残ってるんです。面白いですね。琉球舞踊に残ってる『執心鐘入《しゅうしんかねいり》』という「道成寺物」とほぼ同時期に、出羽三山とか羽黒山とか山伏信仰が盛んな地域で『鐘

っと海外のものとかも入れると、小島瓔礼先生の『蛇の宇宙誌』も非常によくできた本です。蛇はたとえば古代ギリシャでは、患者さんを治す薬の象徴でね。だから扶桑薬品っていう大きい薬屋さんありますけど、扶桑薬品のマークは杖に蛇がまとわりついているとかね、とぐろを巻いてるってものですよね。あるいは正月のときのお供えの鏡餅ありますよね、あれは蛇のとぐろを形象化している。

蛇体への変化ってことでは、さっきも申し上げた文楽ですよね。『日高川入相花王』ってあります。これは清姫という役柄ですから、日高川っていう立て柱のところで顔つきが変わる。可愛らしい女性の娘の

巻』っていう作品がヒットしてるんです。一体誰が伝えたんだろう。だって当時琉球はまだ日本じゃなかったですからね、全く別の王国だったですから。そういうところで同時期に行われているっていうのも非常に面白いんですね。

　あるいは山形県にある「黒川能」という、世阿弥の能よりも古い、六百五十年続く民俗芸能があって、地元の人たちがそれぞれの役回りでね、代々ずっと伝わっています。上座と下座と両方あり、装束もほとんど同じです。岩手県の早池峰神社に伝わる烏帽子神楽の『鐘巻』。これ面白いのは鐘が黒い羽織なんです、黒羽織を鐘に見立てている。だから鐘の中に隠すというか鐘に入るときに、羽織を着ちゃえばいいんですね。すごい簡単なんですね。しかも赤い帯が蛇のとぐろなんです。すごくわかりやすいんです。

　能というのはかなり象徴化っていうかシンボル化されていますからね。だから本物の鐘を使わなくても、つもりでいいんですよ、見立ててね。『葵上』なんて作品がありますけど、あれは六条御息所《ろくじょうのみやすどころ》の生霊が葵上を憑り殺しにくるんですが、葵上は絶対出てきません。葵上が身につけていた薄衣だけがそこに「置き衣」として置いてあって、葵上が寝ているという見立てになっている。能の一番古い形を良い形で継承しています。二〇一〇年の二月に大槻能楽堂で『鐘巻』が復元されましたが、これが般若の面でやってますね。[図版1]人形と全く同じですね、口の所が耳まで裂けて。あんまり上演されることありませんし、『道成寺』を見て顔がですね、こうパッと口が裂けてね、目を剥いて真っ赤になって角が出てくるんですね。人形浄瑠璃の場合は人形の頭の部分を首と書いて「かしら」と読むんですが、これは「ガブ」っていう首なんですね。

　この作品は非常に短くてわかりやすいものですから、文楽劇場でも鑑賞教室でしばしば上演されます。演者の数も少なく、しかもダイナミックで子供さんは喜びますね。ぼくは小さい頃見て怖かったですね、怖いけど見たい。しかも最後は赤い蛇の格好してますから八百屋お七とずっと間違えてた（笑）。八百屋お七が雪の中でガブになるんじゃないかってずーっと子供のときは混同してましたしまえばもう良いんじゃないかっていうところもあります。ただ古い形なので、女性の怨念よりも前に、女人禁制のところに女が来たってことで僧侶たちが慌ててね、できるだけ鐘の供養をさせないように、鐘に近づけないようにするっていうところがひとつの見所ですからね。

そういう形で『道成寺』というのは従来の素朴な宗教劇である、つまり女人禁制のところに鐘供養に来た女性を追い出す物語です。女性であるってことは、要するに煩悩の象徴です。ということは、自分たちの宗派の敵です。だからそういう悪いもの全般のイメージだったのではないかと思います。またストーリーに、観世小次郎信光が『道成寺』の本流の由来となる真砂の女の物語、これはさっきの横笛伝説という「平家物語」の話を挿入して、現行の『道成寺』はその代わりに道成寺伝説の後日談という体制になったものと推測されます。そうして作られたものなので、『鐘巻』に

〔図版1〕能『鐘巻』チラシ（提供：大槻能楽堂）

ね。でもこれは人形だけにいえることで、歌舞伎にも『日高川』ってちゃんとあるんですけど、顔だけをこういう風にするわけにいきませんでしょ。だから全体でちょっと恐怖を見せるってんで、鱗柄の銀色と白の三角形の乱れた柄の襦袢を着たりとかね、それが蛇の見立てになってます。これもう蛇とかどうだっていいですからね、ただただ怖いという。

文楽は人形を遣ってますから、ある意味技巧的に、形である種の怖さを見せていくっていうところがあると思いますね。

はなかった話を信光が加えて道成寺の伝説をつくり、「安珍清姫」の話とかを前提とした後日談を作ったのではないか。ですから先ほども申し上げたように、『娘道成寺』を見るときにもこの後日談であるという前提から見ないと、何でいきなりそんな変わってしまうのということになりますね。あるいは何でそんなに鐘を睨むのとかね。「鐘に恨みは数々ござる」っていう長唄から始まる名曲ですけども、そういう所はこのあたりから理解頂かないとなかなかわからないです。「道成寺絵巻」ではこうやって火を噴きますね、［図版2］これ鐘ごと溶けちゃう。自分も死んじゃうじゃないかと思うんですけど。日高川に火を消しに行くじゃないですか？　自分の体についているのをね。でも現実的に考えればね、そのまま息絶えてしまったんじゃないかと思いますけども。

・

まとめますと、恐らくですね、『娘道成寺』の原形は、修験道者、山伏信仰をやっていた連中が自分たちの布教のため、信仰を伝えるために、読み書きできない人たちに説話というわかりやすい形で色んな例えを使ってお話ししたということです。だから宗教が大事だと、特にうちの宗派は大事だから

［図版2］「道成寺縁起」下巻・部分（道成寺蔵）

入信しなさい、信者になんなさいっていう形で広報活動をするわけです。山伏の広報活動というのは誠に見事だったみたいで、行ったその地元の説話とか伝説とか物語をうまいこと取り込んで、それを説明するもんですから、地元の人たちはすごくハマりますよね。そういう中に色んな伝説、神話の類とかを取り込んで、最終的に黒川能の『鐘巻』とか能の『道成寺』の形になったんじゃないかっていわれています。山伏は、どうも琉球まで行ってたみたいですね、記録が残ってますから。琉球まで行ってた山伏たちの話がうまいこと踊りに取り込まれて、琉球舞踊である組踊の『執心鐘入』っていう話になります。明らかにこれは「執心」が入ってますから、恨みが入ってますね。それから山伏神楽、黒川能の『鐘巻』といったような民俗信仰の中で、あるいは民俗芸能の中で出てくる「道成寺物」があります。一方で芸能の形で舞台上で展開されるのが能の『鐘巻』であったり、それが形として洗練された『道成寺』であったりね。あるいは初代の富十郎さんによって上演される前の、先行する「道成寺物」っていくつもあって、これは歌舞伎役者によって演られたものもあれば、能楽師によって演られて今は廃曲になり残ってないものもあるんです。そういうものがいっぱい一緒になって、最終的にこの『娘道成寺』っていうものが生まれたんだろうなと思います。

　歌舞伎の『道成寺』の構成ですが、舞踊ですから色んな場面があるわけです。大きく分けますと十四の場面に分かれています。これは渡辺保さんという批評家が書かれた『娘道成寺』に出てくる図です。［図版3］ぼくが唯一信用している批評家ですね。渡辺さん以外を信用していないってわけじゃないんですけど、大抵間違いないことをおっしゃる。何がすごいかっていうと、最初に出された『娘道成寺』で誤った記述があるところを全部直して改訂版を九〇年代に出すんですね。そういうのを全部変えて出すっていうのはなかなか物書きには難しいことです。自分がいったことを変えたくはありませんからね。間違いを指摘されてもなかなかゴメンナサイっていえない職業なんです、芸能の批評家ってのはね。自分のことをいってるわけじゃありませんよ（笑）。ですからそういう形で非常に潔い方なんですね。

［図版3］渡辺保『娘道成寺』改訂版、駸々堂出版、一九九二年

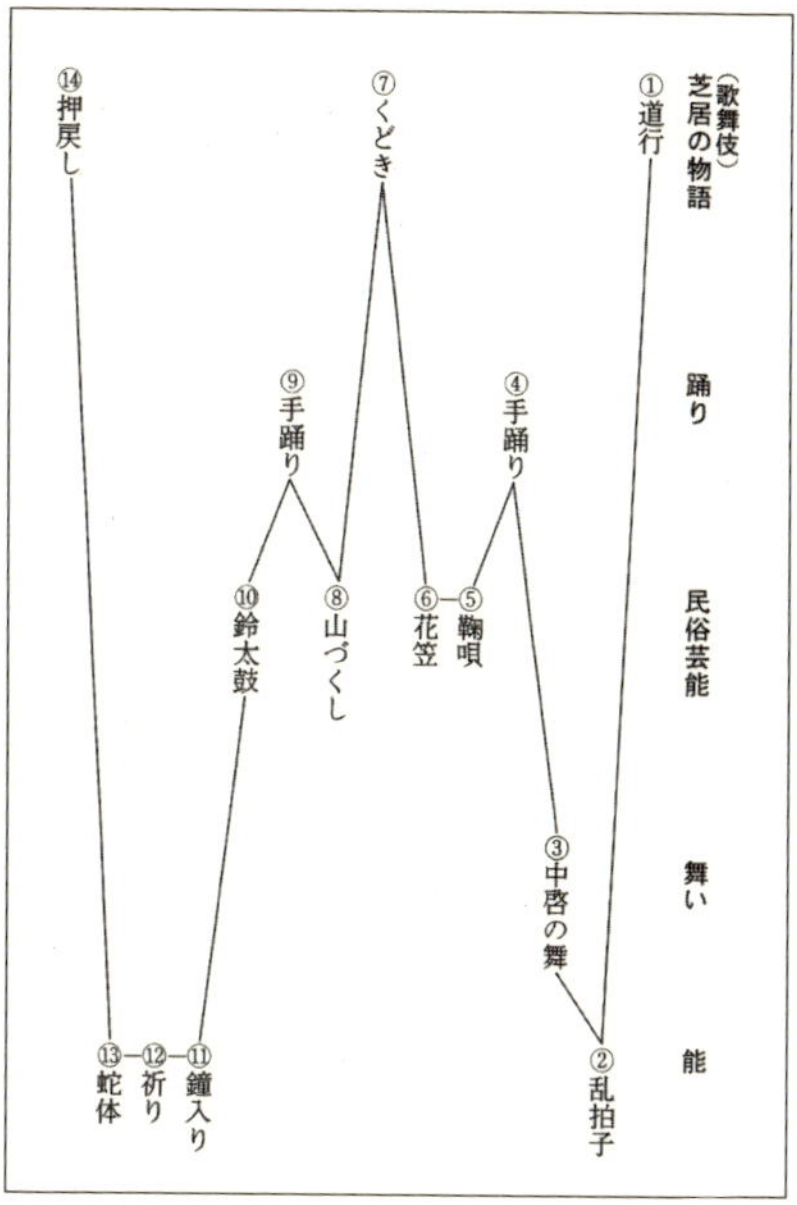

すべて上演するとなると、「鐘入り」の後に三つの場面、「祈り」と「蛇体」と「押戻」がありますが、現在はほとんど上演されることがありません。とてもめでたい襲名興行であるとか、あるいは新しい劇場のオープニング、こけら落としのときに上演されます。「押戻」は歌舞伎の十八番のひとつですから、本来なら十八番を演じていいのはどなただと思いますか？　市川宗家だけですね、つまり

十二代團十郎か海老蔵しかいないわけですよ。だからそういう方たちが出てくると非常に華やかなものになります。実際は最初に「道行」で出て来た後、能の形を真似た「乱拍子」がありまして、「中啓の舞」まではほとんど能と同じです。「乱拍子」以下は、役者の家によって違いがあります。

今日の講義が始まる前に流していた音は長唄の『道成寺』なんですね。亡くなった七代目の芳村伊十郎さんて長唄の名人がいらっしゃって、その方の音なんですけど、そのときには「道行」は入ってない。何故かというと「道行」は義太夫、竹本なんです。一般に成駒屋の中村歌右衛門系と音羽屋の尾上菊五郎系は、そのときに浄瑠璃、義太夫を使いますけど、坂東三津五郎系はそこに常磐津を使ったりして、ちょっと音を変えている。いずれにしても「乱拍子」に至っては音が違うんですね。ここまでは能の場面構成と同じです。そして「手踊り」からずっと長唄のシーンになって、いくつかの場面があって、「鞠」、まぁ鞠は出てきませんが、鞠の見立てでね。それから「花笠」、それから手拭いを使った「口説き」です。[下段7]それから「山づくし」。鞨鼓《かっこ》といいますが、胸のあたりに固定して両側を叩くことができる太鼓があって、それを短いバチで叩くんですね。踊りとしては一番難しいんじゃないかと思います。というのも、鞨鼓を叩きながら調子をとって踊らないといけないですからね。その後は「手踊り」、ここの踊りは「踊り地」といって、一つひとつの所作に意味はありません。たとえば雨が降

[7]

今はなかなかいいませんね、男の人が女の人を口説くなんてのは。口で説くといいますからね、まぁいってみればぼく今、皆さんのこと口説いてるんですね。でもそうは使わない、この場合の「口説き」っていうのは歌舞伎の世界でしばしば使う言葉で、踊りの世界では体の動きをそう見せるってことで音は出しませんよね。だけど男の人が女の人に甘い言葉を出すとか、女の人がちょっと男の人に憎たらしいことを愚痴るとかね、ちょっと色っぽい場面に出てくるような動きのことを「口説き」といいます。踊りの中では眼目《がんもく》といいますけど、一番の見所になってるところですね。全

っていたら傘を持つ素振りとか、そういう当て振りではなく、踊りのための踊りであって、そういうのを「踊り地」といいます。地が踊りなんですね。それから「鈴太鼓」といって楕円形の銀の円盤があって、その中に鈴が入ってるやつを両手に持って叩いて、それから「鐘入り」です。

体のちょうど真ん中にあたるところですね。

・

舞踊家の坂東三津江さんは「白拍子といっても、実は怨霊ですから、ただ美しいだけではいけません。人間でなく、化生《けしょう》の性根がなければ駄目です」とおっしゃってますが、歌舞伎の女形は、すでに「女を演ずる」という点において「化生の性根」を持っているわけで、数多くの女形がこの『娘道成寺』を踊ったのはむしろ必然といえるかもしれません。ちなみに、ぼくが敬愛してやまない六代目中村歌右衛門は昭和二十八年（一九五三年）、昭和天皇・皇后両陛下の前で『京鹿子娘道成寺』を、病いを押して演じています。作品の成り立ちから考えても、この『京鹿子娘道成寺』は複雑な舞踊です。ただ舞台では、次から次へと「女」のイメージを変化させつつ踊りが展開されるわけで、わたしたちはその変化を愉しむことがまず重要です。歌舞伎は、時代物であっても、こうした所作事であっても「変化」を好みます。『道成寺』の花子などは、すでに男性の歌舞伎役者が演じているわけですから、これ以上の「変化」はありません。六代目歌右衛門が病身という現実をおして花子を演じたのも、そうした「変化」に潜む強いパワーを信じていたのかもしれません。それは、劇場が持つパワーであり、歌舞伎劇が持つパワーなのです。

第四話
仮名手本忠臣蔵《かなでほんちゅうしんぐら》

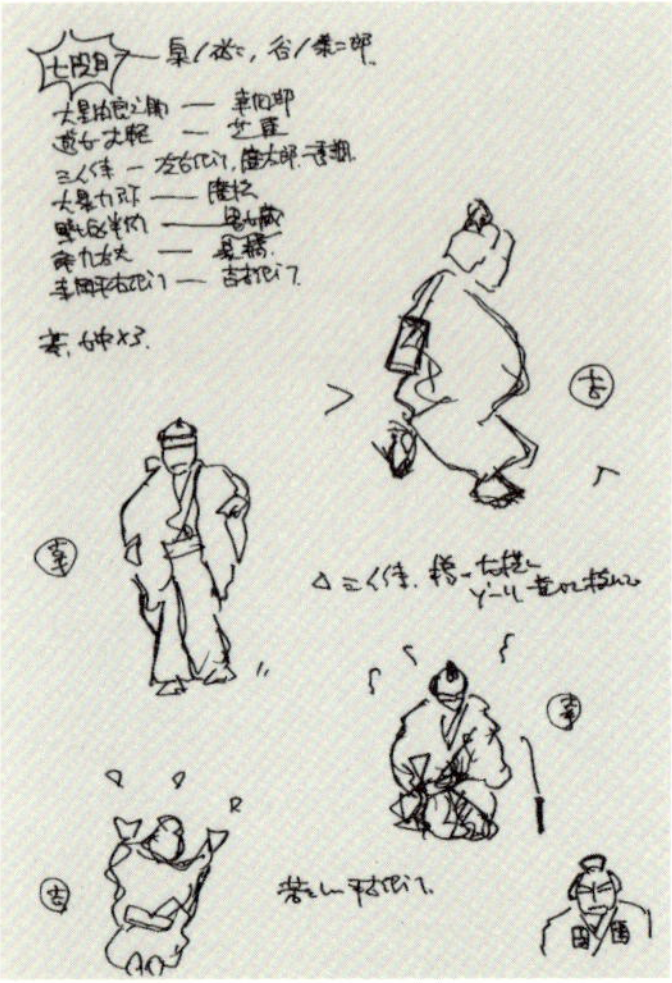

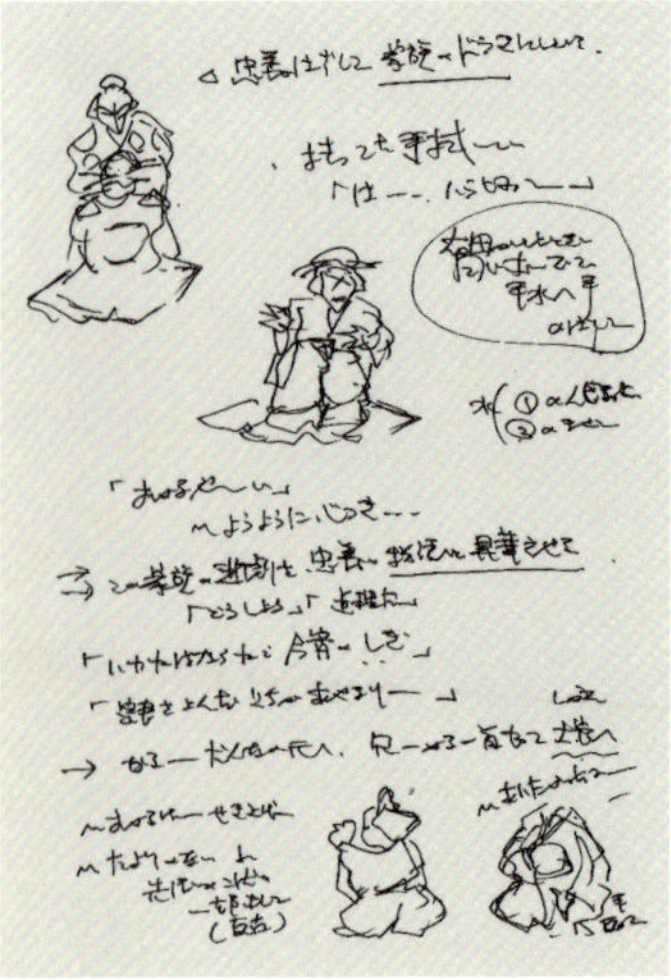

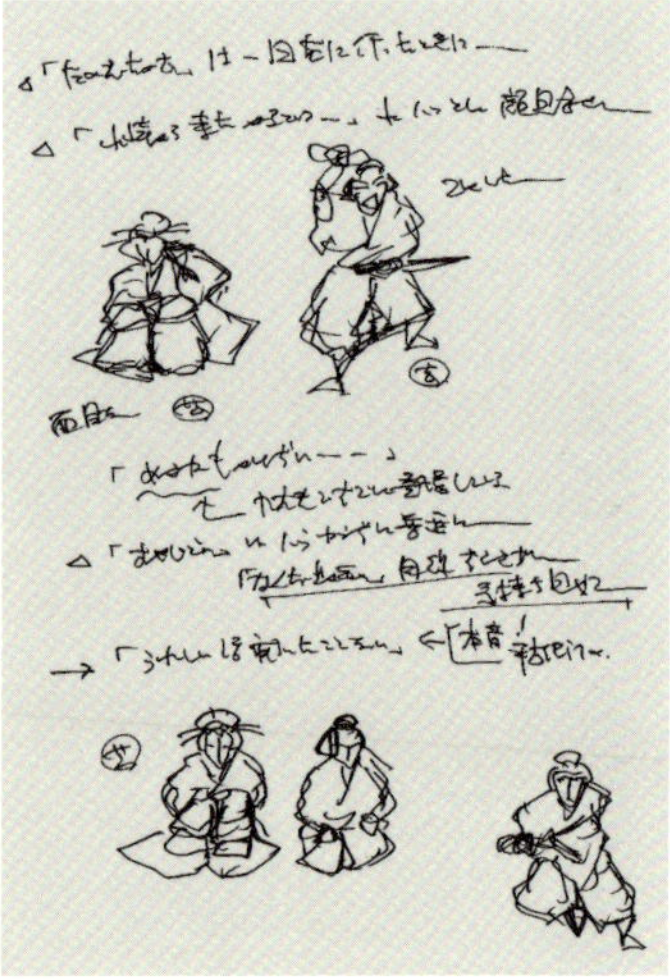

今日は十二月十四日でございます。元禄十五年、旧暦ですから実際は一七〇三年一月三十日ですが、暦《こよみ》でいえば本所松坂町の吉良邸に大石内蔵助以下四十七士が討ち入りして、見事本懐を遂げた日です。今から三百年前、江戸時代の今日、だいぶ雪がひどかったみたいで、夜半になって雪が止みだして、日付が変わる時分に勝負がついた。

『仮名手本忠臣蔵』には「仮名手本」とありますが、なぜでしょうか。仮名手本、つまり「いろは」は平仮名で四十七文字、その手本となる忠臣蔵という意味です。忠臣は色んな意味あいがありますが、臣として忠実であるという武士の考え方というのかな、江戸時代らしい倫理観といいますか、人間観といいますか、それが沢山詰まっている「蔵」という意味での忠臣蔵です。大石内蔵助の蔵の字も兼ねていて、こういうのをダブルミーニングといいましてひとつの言葉に色んな意味が発生しています。四十七にもこだわっていて、実際に事件が起こってから四十七年後に人形浄瑠璃の舞台になりますし、それから大序という一幕目で定式幕を開けるときには、柝《き》が四十七回打たれながら、ゆっくりゆっくりやるんです。

『仮名手本忠臣蔵』は三人の書き手によって作られた作品です。人形浄瑠璃の作品がわずかな時間で歌舞伎になったわけです。大抵の歌舞伎は人形浄瑠璃がもとになってます。人形の動きを肉化するというか、生身の人間が演じるような形にかえていって、歌舞伎化していくわけですね。

今月（二〇一三年十二月）の国立劇場では中村吉右衛門さんが「知られざる忠臣蔵」という企画でめずらしい作品を出しています。まぁ本当に知られていないいんです。ぼくも『弥作の鎌腹』くらいしか知らなくて、『忠臣蔵形容画合《すがたのえあわせ》』なんて黙阿弥が作った作品で、大序から十一段目まであります。それがちゃんと黙阿弥の解釈になってる『忠臣蔵』なんです。ぼくもこれは見た事ないんですけどね。それから『主税《ちから》と右衛門七《えもしち》』とか、このへんは別の人が主人公になってるのね。

こういうのを「忠臣蔵物」といいます。桃中軒雲右衛門《とうちゅうけんくもえもん》という、明治時代に一世を風靡した浪曲師がいらっしゃいましてね。彼はずっと『義士銘々伝』といって、要するに赤穂義士の色々な人たちをフィーチャリングしてスポットをあてた。その人の生活ぶりとかそこから見た討入の話とかね。あるいは討入に行けなかった人、あるいは討入に行く義士たちをサポートした人たちもいますよね、天河屋義平とか俵星玄蕃とかね。そういった人たちを『銘々伝』といって、扱って演っているんです。雲右衛門さんは九州から来たんですが、電車で降りるところ降りるところで浪曲を広めていって、大阪に来たときには、歌舞伎の『忠臣蔵』に来る客の方が少なくて、みんな雲右衛門の浪曲の方に行っちゃったんです。その噂を聞いて東京はもっとでかい劇場を使わせてね、歌舞伎座でも演ってますね。先々代の歌舞伎座でも雲右衛門は公演してます。結核で四十代で亡くなってしまいますが、物語をちゃんと解釈して自分の喉から出していくということができた人で、ごくわずかながら音源が残っています。

「忠臣蔵物」ではまず、『忠臣蔵』というストーリーがありますよね、赤穂浪士四十七人が吉良邸に討ち入って本懐を遂げたと。実はその前にもうひとつ事件があったんです。浅野内匠頭長矩《あさのたくみのかみながのり》が、吉良上野介に斬りかかったという、松の廊下の殿中「刃傷の場」、それが最初の事件です。その事件が無い限り、討入はあり得なかったわけです。ですから『忠臣蔵』はふたつの事件によって構成されている物語なんです。それが浪曲や講談になったり、当然ながら歌舞伎や文楽、そして映画や落語にもなったりしています。あるいはアニメーション映画の『忠臣蔵』もあるんですよ。お古い方はご存知かも知れませんが『わんわん忠臣蔵』（一九六三年）とかね。手塚治虫原作です。ただ、台本を見たんですけどちょっと話が違う。「キラー」という虎がいて、虎が雌の犬を殺してしまうんです。その息子の「ロック」がお母さんの敵を討つという。全く『忠臣蔵』じゃないんですね、敵討ちっていうキーワードだけが『忠臣蔵』と共通してるわけです。手塚さん考えましたね、キラーは吉良で、キラーってのは殺人者の意味もあるでしょ。ロックはもちろん大石の意ですね。それで町のゴロツキの犬たちがいて、その動物たちと一緒になってキラーを倒すと。キラーは動物園にいますから、キラーのバックには象とか大きい動物がいっぱいいるんですよ。それに対して犬たちが戦

っていくという、非常に良くできたムービーになってます。［下段1］

さて、『忠臣蔵』は本来の意味合いを離れて、仇討ちとか敵討ちとかでうっぷんを晴らすみたいな、見ている人間のストレスを解消させるというものが、一九六〇年代に沢山映画化されています。実は五〇年代、六〇年代っていうのはいわゆる普通の『忠臣蔵』が沢山あるんですが、忠臣蔵物も沢山撮られています。六〇年代は映画の時代ですから、テレビ番組はまだ生放送ばっかりで、ニュース、スポーツくらいで、ドラマはそう多くは無かったんです。チャンネルも多分そんなに無かったと思います。ということで、人は皆、映画館に足を運んだんですね。そこに『忠臣蔵』という、日本人にとっては普遍的といいますか、馴染みのある物語があると。まず「忠臣蔵」という言葉が入ってくると、仮にそれが現代物であっても、シチュエーションが全然違うものであっても、何か仇討ちとか、弱いやつをいじめている悪いやつがいて、悪いやつを弱いものに代わって成敗するみたいなね、そういうストーリーが予測されるわけです。

同じ六〇年代で手塚先生の『わんわん忠臣蔵』のちょっと前に作られた映画がふたつあります。ひとつめは『サラリーマン忠臣蔵』。これは森繁久彌、加東大介、小林桂樹が出てるいわゆる「社長シリーズ」というのがあって、その「社長シリーズ」のひとつです。東宝は「サラリーマンシリーズ」をいっぱい撮っていて、これはそのシリーズの百本目なんです。社長シリーズとしては八作目だった

［1］
制作会社の東映動画って東京の神楽坂に本社があるんですけども（二〇一三年に中野に移転）、動画はセル画といって、止まった絵を何万枚も作って、それをパラパラっと動かす事でアニメーションになるんですね。今はCGとか使うんで違うんですけども。当時、東映動画には宮崎駿さんも勤めていらっしゃいました。そしてこの映画は六三年ですから一番いいときのもんだったと思います。

かな。これは時代劇ではなく現代劇で、森繁のやっている専務の名前は大石専務で、会社を乗っ取られるというお話です。会社を乗っ取って社長におさまるのが丸菱銀行の頭取で、東野英治郎が演じています。それで赤穂産業というのが狙われるんですね。社長は二代目で浅野社長です。運転手が寺岡運転手で小林桂樹が演ってるんですけど、当然、これ寺坂吉右衛門ですよね。役割の名前だけがそうなってるだけなんです。設定も何となくそうなってるんだけど、『忠臣蔵』は現代に移し替えるだけの解釈の多様性っていうかな、表現の自由度みたいなものを持ってるってことですね。［下段2］

もうひとつは『ギャング忠臣蔵』。片岡千恵蔵ですよ、高倉健ですよ、鶴田浩二ですよ、すごいですね。何か全員、吉良上野介みたいですね、でもちゃんと悪いやつは別にいるんです。安部徹とか丹波哲郎とかね。役名でいえば、浅野は高倉健、大石は片岡千恵蔵、吉良は安部徹、さらに勘平を梅宮辰夫が演じています。逆に『ギャング忠臣蔵』の方が解りやすいですよね。昔のいわゆる藩というものは、要するに〝何とか組〟なわけでしょ。だから当然ながら浅野組と吉良組がいるわけです。そして浅野組がけちょんけちょんにやられてしまう。赤穂という自分の縄張りでね、その縄張りに吉良組が入って来ちゃうわけですね。それに対して浅野組の傘下にいた連中が集まって来て復讐を遂げるというような話になりますから、『忠臣蔵』をやくざ映画に変えるのはそう大変ではないんです。こ

［2］
『サラリーマン忠臣蔵』には続編もあってですね、本編だけ見ても討ち入りというか敵討ちまでいかないんです。続編は、『仮名手本忠臣蔵』でいうと塩谷判《えんやはん》官《がん》がいじめられる前に、高《こうの》師直《もろのう》にいじめられてた桃井若狭之助というのがいましてね。これはちょっとアベコベみたいな感じで、桃井若狭之助はちゃんと賄賂を渡したので、逆に賄賂を出さなかった浅野がモデルになってるところの塩谷判官が高師直にいじめられることになるんですね。ですから『仮名手本忠臣蔵』では若狭之助ってのは三段目までてこないんですね。だけど『続・サラリーマン忠臣蔵』は、桃井さんという

の後にも、『やくざ忠臣蔵』とか『極道忠臣蔵』とか色んなものが撮られていて、「忠臣蔵物」だけでも百本以上の映画があるわけです。

他に『忠臣蔵』を扱ったものでは、たとえば古川緑波《ろっぱ》がやった『珍説忠臣蔵』（一九五三年）ってのがあってですね。伴淳三郎が吉良でね、エンタツさんが吉良側の鴨坂辰内（歌舞伎では鷺坂辰内）っていう変な名前の役どころなんです。これは吉良が完全に悪いっていう前提でできてるんですが、『仮名手本忠臣蔵』の場面をかなり正確に踏襲しています。

喜劇人が作ってるから面白いんですよね。古川緑波の内蔵助だけはちゃんとやってるんで、だから面白いんですよ。伴淳三郎の吉良とか最高です。それと田崎潤って、痩せ侍というか安っぽい浪人を演らせると天下一品の役者さんです。不破数右衛門という役で浅野内匠頭に勘当されたという設定、まぁ後に許されて四十七士に入ってはいるんですけども、それに当てています。四代目鶴屋南北の歌舞伎にも『盟三五大切《かみかけてさんごたいせつ》』というのがあるんですが、その中に出てくる侍のモデルが数右衛門です。この『珍説忠臣蔵』は、赤穂浪士の討ち入りがベースになった幕末の話になってるんですけども。内匠頭が押さえられるんじゃなくて、不破数右衛門が殿中で押さえられちゃうんですね。それで怖くなった吉良は、自分とそっくりの役者、つまり影武者を雇って生活するので、一人二役演っている。舞台上の吉良上野介も入れたら一人三役です。結局それを見つけられち

のがですね、桃井産業という形で赤穂産業の肩入れ、資金援助をするんです。その社長が三船敏郎です。その後に『大忠臣蔵』で大石内蔵助をやりますね。森繁さんも日本テレビの年末時代劇スペシャル「忠臣蔵」で、里見浩太朗が内蔵助をやったときの吉良上野介ですからね。

やって、討入が成功するという、ストーリーは完全に『忠臣蔵』のお話になってる。そういうところは非常によくできている。このような感じで実に沢山の「忠臣蔵物」といわれる作品が展開されています。

・

さて「忠臣蔵物」をいくつかご紹介してきましたが、当然本来の『忠臣蔵』もたくさん映画化されています。まぁ映画会社によって『忠臣蔵』っていうのは必ず撮られてるんですね、日活、松竹、東映、大映、東宝ね、それぞれがしのぎを削って。とにかく大事なのは大石内蔵助と吉良上野介の役を誰に決めるかっていうことね。日活の一九三八年版『忠臣蔵』では山本嘉一って新派の俳優さんが吉良をやって、内匠頭は片岡千恵蔵ですね。片岡千恵蔵は後に昇格して大石内蔵助になりますけど。阪東妻三郎が大石内蔵助です。これはなかなか立派なもんです。

それから戦後になって、一九五四年に松竹も『忠臣蔵』を撮る。これは八世松本幸四郎、今の幸四郎（現白鸚）さんのお父さんね。こちらはかなり正確に『仮名手本忠臣蔵』をトレースしています。吉良は滝沢修。滝沢修は松竹だけじゃなくて、東宝でも吉良を演ってます。テレビでもやってます、一九九一年のフジテレビだったかな。劇団民藝の大滝秀治の師匠にあたります。大滝秀治も吉良やってますけどね、確かあれは仲代達矢が大石内蔵助やったときかな。

こういう組み合わせも見ていくのも楽しみのひとつかなと思います。歌舞伎も同じ演目だけど演者が違うことの面白さがありますよね、これは映画でも同じです。しかも『忠臣蔵』だからそれほどストーリーは変わりません。吉良が助かっちゃうとか、大石が逆に討ち入りされて清水一学に斬り殺されるとかね、そういうメチャメチャな事は無いわけですよ。

たとえば片岡千恵蔵が浅野内匠頭をやってたのを好きになると、今度は大石内蔵助になってたりとかね、どっちかっていうと吉良が一番似合うタイプだと思うんですけど、そういうひとりの役者だけに着目して見ていっても面白いと思います。歌舞伎の楽しみ方と少し似ていますね。

で、一九五七年、五八年と松竹、大映でも続々と『忠臣蔵』が撮られています。松竹は大石内蔵助が初代市川猿翁です。八世幸四郎が今度は浅野内匠頭。一九五八年になると、実は一番有名な映画なんですが、大映で長谷川一夫と滝沢修のベストコンビで演られてます。大映になると長谷川一夫がお出になってるものが色々やってるわけですね。息子の大石主税役は、デビューしたばっかりの川口浩がやってますね、十九歳ですか、だから本当の主税に近い、初々しい役をやったりなんかしてます。

一九五六年ぐらいに、当時は京都に東映ってあったんです。ここで撮られたものに『赤穂浪士』という映画がありました。大石内蔵助は市川右太衛門がやってましたね。そのときの吉良上野介は月形龍之介なんですね。月形龍之介はその四年くらい前に水戸黄門をやっていて、黄門さまからいきなり吉良ですから、すごいですね。でもやっぱり芸達者な人たちですから、こういうことができたりするわけです。内蔵助役者みたいなのは恰幅がよくってね、昼行灯といいながら非常に誠実な感じってのが印象深く残るんで、だから千恵蔵が晴れてね、内匠頭からだいぶ昇格して抜擢されています。このときの吉良上野介は進藤英太郎、まぁ悪そうなおじさんです。東宝の「サラリーマンシリーズ」でも悪い会社の社長とかで賄賂もらっちゃうタイプでして、ちょびヒゲなんか生やしちゃったりしてね。晩年、お父さんの役になってからは良かったんですけども、若いときはだいぶ悪役が多かったみたいです。

それから一九六二年になって、ようやくこのへんから監督主義になって、監督の名前がドカンと出るようになります。稲垣浩って有名な映画監督で『無法松の一生』を戦前・戦後と二度撮ってますが、彼が撮った『忠臣蔵』は、東宝に移籍したばっかりの八世松本幸四郎の第一作目の『忠臣蔵』だったというわけです。ちなみに吉良は八世市川中車。この人は初代市川猿翁の弟にあたります。猿翁、中車、小太夫の三兄弟だったんですけども、この中車も意地悪でしたね。これは滝沢修とタメを張る意地悪さです。実は歌舞伎の舞台ではあんまり高師直を演ってないんですが、実録ものではやってるんですよね。

テレビ『大忠臣蔵』って一九七二年くらいですかね。三船敏郎が内蔵助をやったときの最初の吉良は八世中車だったんです。ただ、中車が急死したため、弟の小太夫が代演しました。小太夫が代役をつとめるときは、番組の冒頭で口上のようにあいさつされていて、何か古典の奥深さを感じました。

一九六二年の東宝の『忠臣蔵』を最後に、一九七八年までの十五年ぐらい「忠臣蔵物」はテレビの時代に移ります。ＮＨＫの大河ドラマでは、第二作が大佛次郎原作の『赤穂浪士』で、長谷川一夫の大石でした。そして一九七八年の萬屋錦之介が内蔵助をやった『赤穂城断絶』というヤクザ映画、深作欣二が初めて時代劇を撮った作品が忠臣蔵映画においてはひとつのしめくくりでした。

・

話をやっと本来の『忠臣蔵』の方に持っていきますが、渡辺保さんという歌舞伎の評論家が書かれた『忠臣蔵』という、それはそれはいい本があるんです。この中で渡辺氏は、『忠臣蔵』の現代的解釈を四つにまとめています。

ひとつ目は「ひとつの政治的事件が個人の生活をおびやかしたドラマ」。刃傷沙汰と討ち入り、ふたつの政治的な事件ですね。江戸城において幕藩体制をゆるがすような事件が起こったわけですから、そういうふたつの政治的事件が個人の生活をおびやかしたというか、個人の生活に集中してるのが『忠臣蔵』です。ですから『忠臣蔵』そのものが政治的な身振りを持ってたり、あるいは幕藩体制を批判するというのではないんです。明らさまな幕府批判はできませんから、個人の物語として構成するってところが大事だったんでしょうね。

そういうわけで、いくつかの家族が出てきます。おかると勘平、九段目の大星由良之助と妻のお石という夫婦。あるいは、おかると兄の平右衛門という兄妹。由良之助と力弥という親子。そういう形で何組かの家族関係がそれぞれドラマを持っていて、つまりこれは自分の主君が刃傷沙汰に及ばなかったら成立しないドラマです。そういうドラマが複数同時に走ってるものとして扱われている、それが『忠臣蔵』の新しさです。夫婦の歴史とか兄妹の情愛とかは普遍的にあるわけで、そういう普遍性に持っていったところが恐らくこの作者たちの天才ぶりなんでしょう。

で、ふたつ目は「忠義を相対化する仕掛けをもったドラマ」。とはいっても、忠義というものだけでは如何ともしがたいってことを、『忠臣蔵』では結構いっています。『忠臣蔵』の忠は忠義の忠で、忠義だけではなかなかうまくいかないが、武士が持たなきゃいけないのは忠義ですよね。ところが今申し上げたように、『仮名手本忠臣蔵』っていうのはどちらかというと脇役であったり女性であったりする人が、結構悲劇的なものを被ってますよね。だって討入が終わった後、生き残るのはほとんど女の人ばっかりじゃないですか、おかるだったり、おかるのお母さんのおかやだったりね。与市兵衛も勘平もどっちの旦那も死んでますからね。由良之助のところは、奥さんお石は旦那も息子も失ってるわけでしょ。常に女の人が残っちゃう、ということになるので、後に『女たちの忠臣蔵』（一九七九年）なんてのを橋田壽賀子が書いたりして、テレビや舞台でやってましたけど。そういう意味では、「忠義」というと男の侍っていうイメージが強いんだけど、『仮名手本忠臣蔵』では忠義は男の側だけではなくて女性にも必要とされている。女の忠義ってあんまりいわないですけどね。ただそういう可能性があるんだよっていう意味での相対化です。つまり誰に対しても忠義っていうものを発揮できる、あるいは持つ事ができるし、本来は忠義があるっていうことですよね。そういうことをいうためのドラマとしている。

　そして三つ目が、「恋と金というものが引き起こすドラマ」。結局『忠臣蔵』は恋と金なんです。そしてこのふたつのキーワードがあったら大抵のドラマは成立しちゃいます。もともとは塩谷判官の奥さんである顔世御前にラブレターを渡して何とか思いを遂げようとした高師直が全ての始まりですね。手紙を袖の下から渡すわけです、当時の手紙はラブレターといっても古今和歌集なんかの古歌を書いて、その返歌、歌を返してもらうんですね。恋の歌の懸想文を贈るわけですが、顔世の方は旦那がいるわけで、返歌することはできないので、お断りの手紙を出すんです。そのお断りの手紙を返す場面が松の廊下で、高師直は旦那である塩谷判官に逆恨みで何かいう。つまり、「横恋慕」。横恋慕っていい言葉ですね、横っから恋し始めて、恋慕るってことですからね、なかなかできないことです。要するに、ひとりの年寄りが若い人妻に一目惚れしてフラれたんで、その人妻の旦那を苛めたってことです。事件は恋から始まるんですね。

そして金というのは歌舞伎でいう五段目、六段目の勘平腹切りの場面です。勘平という人は、一回は主君の死に目に出会えなかったって腹を切るっていうんだけども、おかるに連れられて山崎のおかるの実家まで来る。ささやかながら夫婦の生活をしますが、何とか四十七士の仲間に入りたい。武器とか色々調達するために、お金が必要なんですね。それを察した養父の与市兵衛が娘のおかるを祇園、花街に売って、その半金の五十両を持って返ってくるときに斧定九郎っていう半端じゃない悪者によって殺されてしまうんです。『忠臣蔵』の中では高師直に並ぶ悪役です。暗闇だからよくわかんなくて、勘平は猟師だったから鉄砲を持ってたんです。猪が出てきたと思って撃ったら、与市兵衛から奪った五十両を持った定九郎に当たっちゃうんです。定九郎が倒れているのを介抱しようとしたら胸元から五十両が出てくるんで、そこでちょっと勘平は出来心をだす。その五十両を持って家に帰ってきちゃうんですね。ところがいうまでもなく、その五十両は義理の父親である与市兵衛が、自分の娘おかるの身を売って得たお金なんですね。つまり、どっちみち勘平のもとに届くべき五十両であったわけです。しかし勘平は、もしかしたら自分が与市兵衛を撃ち殺してしまったんじゃないかと思って、責任をとって腹を切るんです。後にそれが斧定九郎によって殺されたってことが判明して、血判を押して討入のメンバーに加われることになるんです。

ですからこの六段目の勘平腹切りの場面は、金という文字が四十七回くらい出てくるらしいんです。金、金、金に満ちた話になっています。有名な台詞で「色に耽ったばっかりに」っていうのがあってですね。要するにおかると良い仲でいちゃいちゃしてたもんだから、自分の主君の切腹の場面にも立ち会えなかった、それはある程度体面上のものであって、結果的には自分の嫁を売ったお金だけどお父さんから奪ってしまったと勘違いして死んで行くわけです。そこはお金というのが大事になるので、「恋と金」というのは『仮名手本忠臣蔵』の重要なキーワードなんですね。最初は横恋慕から始まりますが、金を巡って家族が分裂、分解されてしまうという物語になりますから、やっぱり恋と金っていうのは恋故に失敗する、金故にうまくいかなくなるってことがあります。いま申し上げたおかる・勘平は、そもそも「殿中松の廊下」が起こってるときに逢い引きをしてたわけです。三段目の「裏門」ってほとんど上演されることがないんですが、主君の悲劇を知りつつも、勘平はおかるの故郷へと逃げのびることになります。これが全ての悲劇の発端になるわけで、六段目で勘平は死ぬ事になるし、七段目に勘平が死んだってことをおかるが知って、自分も死を選ぶ、まぁ結局死なずに済むんですけどね。［下段3］

それから四つ目は少し付け足しみたいな感じですけど、「四季という『詩』をおりこんだドラマ」。実は『忠臣蔵』そのものは一年八ヵ月ぐらい、二年近くかけて討入を果たす事になるから、実際は一年じゃありません。ただ、『仮名手本忠臣蔵』は一年という時間に圧縮して、舞台を設定しています。だから桜の記述が当然ありますよね、「風さそふ花よりもなほ我はまた春の名残をいかにとやせむ」という辞世の句を浅野内匠頭が詠んだりするわけです。それは歌舞伎には出て来ないけどそういう設定で、討入のときには当然雪の松阪町でしょ。四季が非常にきれいに描かれてる。それは歌舞伎の醍醐味みたいなところがあるので、劇場の内部ながら、季節の到来を我々は知る事ができるのが非常に重要です。おかる・勘平の道行きなんかは、夏に近いです、桜はあるんですけどね。五月くらいの設定で落ちのびていくと。これ真冬だったら山崎街道を通るの嫌ですよね。だから「五段目」は六月の時雨の季節です。小雨が落ちそぼる中で五段目があって、斧定九郎が破れ傘をさしてやってくるわけです。この、季節感がすごく濃厚に出てくるのが『仮名手本忠臣蔵』の面白いところ、良いところじゃないのかなという気がしますね。［下段4］

［3］
今の歌舞伎だと三段目の「裏門」のところで腹を切ろうとする勘平を止めて、とにかくひとまず逃れるために、両親がいる山崎に少し身を潜めましょうとおかるにいわれる、完全に女性本位ですよね。勘平は何も考えてない、腹切ることしか考えてませんからね。それをおかるがなだめて連れて行くわけです。ですから、本来は三段目の「裏門」の後に道行きがあってもいいんですが。今は演出の都合上ね、何といっても大事なのはやはり判官の切腹でしょ。切腹、評定、城明け渡しとなって、その後に「道行旅路の花聟」が上演されます。

さてさて、次は落語の方です。「忠臣蔵物」というのは、実は大序から十一段目までそれぞれに相当する落語が全部あるんです。要するに歌舞伎の色んな場面を味わってもらおうという若干教育的な態度が落語にもあったんです。『忠臣蔵』は江戸時代も明治時代にも沢山上演されていました。数十年間で二百回ぐらい上演されてますから、日本全国のどっかの歌舞伎小屋で必ず『忠臣蔵』がかかっていたんです。

たとえば浪曲や講談だと語り物になりますので、節に合わせて語っていくので『忠臣蔵』そのものの話、あるいは『忠臣蔵』の表筋には出てこない外伝とか銘々伝とかそこに近い人物も登場できます。そういう関連人物がいっぱい出てきて『忠臣蔵』を盛り立てるやり方は、浪曲や講談が得意とするところですね。浪曲や講談の『忠臣蔵』では、そのままの人物や事件や事柄やエピソードが描かれてます。ところが落語はやっぱり落語ですから、最後は噺を落とさなきゃいけない。必ず落ちとか下げがあります。

新しいものもちょっとあります。たとえば『元禄女太陽伝』ていうのは春風亭小朝師匠が作った話で、それまでは八段目に相当する落語は無かったんですね。

［4］皆さんはご覧になりました？『47RONIN』。溝口健二の『元禄忠臣蔵』の英訳が『47RONIN』なんですけど、「浪人」が普遍的な言葉で概念だから、それが四十七あるってことなんで複数形にしないんですね。あるいは長谷川一夫先生が出た一九五九年の映画は『AKO RONIN』だったのかな、英訳が。『47RONIN』は一応『忠臣蔵』をモチーフにしてるとはいってるんですけど、なかなか理解しがたいところがあってですね。この映画を日本の歌舞伎や時代劇の視点から見れば、それはもう四十七個は言いたい事がありますね（笑）。たとえば刀一本にしても、

八段目そのものが上演されることがほとんど無いですからね。

　あとは大体江戸時代に作られていて、『天河屋義平』なんてのは歌舞伎で上演されることは二十年に一回あるかないかです。この落語は小咄っていうか、噺のマクラぐらいにしか使いませんね。内蔵助が天河屋義平の家に行って武器の調達を頼んだときに一泊するんです。そのときに義平の女房が別婿なもんで夜ばいをかけるんですよ。夜ばいをかけて、布団の中に入って「いいではないか」って内蔵助がいうと、中には女房と寝間を交換した天河屋義平が入ってて、「天河屋義平は男でござる」ってね。今いったように五秒で終わる話です（笑）。これで引き延ばすのは難しいんで、小咄にして忠臣蔵の『淀五郎《よどごろう》』とか『中村仲蔵《なかぞう》』とか四十分ぐらいかかる人情噺に持っていくときに使うのが『天河屋義平』です。こういう小ネタもありますし、小朝師匠が作った『元禄女太陽伝』なんてのはちょっと下ネタなんで、紹介するのはためらわれますが。

　ちゃんとしたものというと四段目、五段目あたりの『淀五郎』とか『中村仲蔵』とかね。これは実在した歌舞伎役者の名前ですが、澤村淀五郎っていうのはあまり履歴が明らかじゃないので、名前しかわからない役者でして、澤村ですから紀伊国屋なんですね。中村仲蔵というのは初代で、踊りの名人でもありましたし、仲蔵振りなんていって、所作に名前が残されています。歌舞伎の世界でまず有名になって、それから落語の世界でも有名になりました。


地面に刀を刺すなんてのは刀の持ち主が死んだときだけですからね。キアヌ・リーブス扮する異国の人が浅野内匠頭に拾われて育てられた剣術の名人なのね。どこで剣術習ったかっていうと鞍馬の天狗に習ったっていうんです、それは義経じゃないかと思うんですけどね。しかも動きとかはほとんどカンフー映画に近い。刀のバランスとかね、柄の部分とかね。ちょっと反ってますからね、まるで『アーサー王と円卓の騎士』とかで使う両刃の剣です。

　それから、田中泯という舞踏家が浅野内匠頭をやってるんですが、七十のおじいちゃんが内匠頭ですよ。娘を柴崎コウがやってんですが、完全に衣裳が中国。

あるとき仲蔵は、もう名人の位についてたんですけども、狂言作者の金井三笑という男と仲が悪くなってね、いじめを食らうんです。彼だったら、高師直であるとか由良之助役を当然演って良かったんです。そこに斧定九郎って役を与えられちゃうんですね。[下段5]しかも定九郎の一役しか仲蔵は与えられなかったんで、明らかに金井三笑の意地悪だということはわかってたけど、そこで諦めたりね、辞退なんかしたら負けですから、だったらすごい定九郎を演ってやるとなるわけです。ただ、どうやって役付けしていいかわからなくて絶望的になって柳島の妙見さまにお参りに行ったんです。そしてご祈祷して、帰りに雨が降ってきたんで蕎麦屋に寄ったんです。食べたくもない蕎麦を食っていたら、土砂降りの雨の中でびしょ濡れになったひとりの浪人がやってくるんですね。月代《さかやき》がもう伸び放題でね、石川五右衛門の頭みたいになってて、非常に野蛮な感じがするぐらいのね。その格好がちょうど定九郎にピッタリだということで、それを演出に使ったんです。

これは現実の話で、この定九郎っていうのはそれまでは端役の人しか演じなかったんですが、今の歌舞伎では立派な役者が演ってますよね。初代仲蔵がそういう役作りをしちゃったもんだから、みんな演りたくてしょうがないですね。

二世左團次は明治時代、あるいは昭和初期にかけて定九郎を演ってます。十三世守田勘弥とか色男の十五代目市村羽左衛門とかも演ってます。羽左衛門さんは

何よりもすごいのは当時の将軍であった綱吉公が直々に赤穂城にやってきて、何やかんやいうってのがすごいですよ。

さらにふたつだけダメ出しをさせて下さい。ひとつはね、畳の上を歩くシーンでわざわざ足音の効果音を入れるんです。畳の上を歩くときは音を立てるなっていうのは、ほとんど常識と考えてよろしいですよね。

もうひとつは、この映画は一回も侍が正座をするシーンがありません。みんな中腰あるいは直立です。将軍綱吉の前で直立して、三秒分だけ頭を下げるんですね。しかもそのお辞儀も全然腰が入ってないので、首と背中がただ前に傾いているだけなんですね。お辞儀

随分演ってますね、勘平も演ってますしね。それから、亡くなった十三世片岡仁左衛門さんね、まだ二代目我當だったときですけど、名人上手がみんな定九郎を演じるようになってます。亡くなった十二代目市川團十郎も良かったですね。由良之助も定九郎やってましたからね、すごかったです。若手だったら中村亀鶴とか獅童、これからいい定九郎役者になるでしょうね。それから中村信二郎から錦之助を襲名したときの彼はとてもいいですし、今は中村梅玉なんかも定九郎役者って感じですね。市川海老蔵も、それから松禄とか片岡愛之介なんかも演っています。仲蔵のおかげで、また名人が生まれるかもしれません。

・

『仮名手本忠臣蔵』は、全部で十一段の場面に分かれてます。[参考1] また、『仮名手本』ですから実際の「忠臣蔵」とは違っていて、浅野内匠頭も吉良上野介も登場しません。浅野内匠頭に対応するのは塩谷判官ですね。それから吉良上野介に対応するのは高師直です。これは二人とも一四〇〇年代に実在した人物で、江戸時代の元禄年間の実際の人物と一七〇〇年代の事件よりも三百年前に実在した南北朝の人たちということですね。大石内蔵助は大星由良助というほとんど間違えてしまうようなギリギリのネーミングになってますけども、名前を変えてます。

するのってなかなか難しくて、腰が入ってないといけない。主役の真田広之や舞踏家の田中泯、それとキアヌまではまぁサマになっていますが、他は皆ダメですね。ただ、偉い人に対して正座しないで頭を下げるだけっていうのは、何だかなぁとずっとぼくは映画見ながら思ってたんですね。ヤクザ映画かよって。
　言い出すと止まらなくなるので、ぐっとこらえますが、本当は百四十七ぐらいはダメ出ししたい所あるんですけどね（笑）。それでも良い映画ですからね、ぜひお楽しみ頂ければと。

[5]
斧定九郎ってのは五段目の中でも一番軽い役なんで

なぜ変えているかというと、赤穂浪士の討入は当然ながら江戸幕府にとっては最大の事件だったわけで、元禄というのは泰平の世ですから、仇討ちなんていう言葉はすでに古くさかったんです。それが徒党を組んで四十七人がひとりの老人の首をはねたってこと以上の意味を、江戸時代には持っていたということもあって、これについて語ること、触れることすら禁じられていたんです。ですから当時、討入があったってことは瓦版とか、号外のような形で出版物・刊行物が随分出てたんでしょうが、多分すぐに差し押さえられて情報操作がされていると思う

［参考1］

『仮名手本忠臣蔵』全体構成

①大序　鶴ヶ岡社前の場
②二段目　桃井館の場［建長寺の場］
　第一場　桃井館上使の場〈力弥使者〉
　第二場　桃井館松切りの場〈松切り〉
③三段目　足利館門前進物の場〈進物場〉
　同　殿中松の廊下の場〈喧嘩場〉
　同　裏門の場〈裏門合点〉
④四段目　扇ヶ谷館の場〈判官切腹〉〈評定〉
　同　表門の場〈城明け渡し〉
⑤五段目　山崎街道の場〈鉄砲渡し〉〈二つ玉〉
⑥六段目　早野勘平住家の場〈勘平腹切り〉
⑦七段目　祇園一力の場〈茶屋場〉
⑧八段目　道行旅路の嫁入
⑨九段目　山科閑居の場〈雪こかし〉〈雪持竹〉
⑩十段目　天川屋見世の場
⑪十一段目　師直屋敷討入の場

す、ほとんど台詞が無くって。与市兵衛っていうおかる・勘平のお父さんにあたる人が、おかるが身を売ることによって得たお金を届けるときに、その五十両を狙って与市兵衛を惨殺して自分が五十両手に入れるんです。ところがたまたま猟に出ていた勘平が、いのししと間違えて定九郎を撃っちゃうんですね。そして定九郎が金を持ってるんで、勘平は喜んだけども、実はお父さんが死んで自分のところに五十両があるっていうんで、間違えてお父さんを撃ったんじゃないかと、暗闇なんで勘違いしちゃうんですね。そういう場面に出てくる人物ですが、重たい役じゃないんで、昔はこの五段目は「弁当場」とい

んですね。

作家たちはこういう話を実際に舞台にあげたいっていう、そういう動機というか熱情みたいなものがあったと思うんですね。けれどもそのままの形で舞台にあげることは控えていた。いま我々が舞台で『仮名手本忠臣蔵』という形で見ることができる作品は、多分作者たちも気を遣ってすこし上演を控えていたんでしょうね。初演は実際の討入があった年から四十七年後です。四十七という数字にきわめてこだわった形になってるのですが、作るのにそれだけの時間がかかったというより、かなり早い時期に作られて、恐らく幕府の権力の網みたいなものをくぐり抜けるのに四十七年かかったんだと思うんですね。それで、もう過去のものになったってことで、四十七年後にようやく舞台化されることになるんでね。

『仮名手本忠臣蔵』というのが、歌舞伎あるいは人形浄瑠璃のタイトルになりますが、この時代、討入があった後、あるいは赤穂城が断絶されたときとかには「忠臣蔵」という言葉はなかったはずです。実際に本所松阪町で吉良上野介の首がはねられたときは、「四十七士」、あるいは「赤穂義士」といわれてたんです。「赤穂浪士」という言葉が出てくるのは、大佛次郎が戦後になって書いた物語、あるいはそれがＮＨＫの大河ドラマになったときで、「赤穂義士」という言葉は実は割と新しいんです。「忠臣蔵」という言葉が出てくるのはまだ後です。

それで「忠臣蔵」というのは何なのかってことになりますけど、これも諸説あ

われてました。つまり塩谷判官が切腹しますね、それまでみんな息を詰めて見てるわけです。四段目は「通さん場」といって、幕が開いたら客が入れないんです。途中から出入りできないぐらいだったんですが、その後は「弁当場」といって、要するにみんなお弁当食べたりお茶飲んだりお酒飲んだりするという、舞台なんか見ちゃいないんですよ。勘平はちょっと出てくるんですよ、でもどうでもいいんです、いのししと同じ扱いですからね。それともうほとんど変わらないような意味付けでしかない。六段目になるとこれは「勘平腹切り」ですから、おかるも出てくるしね。舞台の中では重要な場面なんで、

って、実は作家自身も言葉を遺してないのでなぜこのタイトルをつけたのかはわからないので、予想とか願望でしかないんですけどね。

「忠臣」っていうのは自分にとっての大名とか殿であるとかね、そういった目上の人を命を賭して守っていくっていう封建的な構造の中での上下関係、単なるこれは雇う、雇われるっていう労使関係じゃなくて、それよりもっと深いところにある精神的な関係みたいなものがあるんです。給料貰ってるから社長を守ってあげてるってわけじゃないんですね。ですから忠臣の中で最も優秀だったのは大石内蔵助だったので、忠臣の大石内蔵助、ってことで、真ん中の蔵の字を取ってね、それで『忠臣蔵』としたって説があるんですね。

ただし蔵という字を使ってる人物が他に『忠臣蔵』の世界にいてですね、まさしく「九段目」で活躍する加古川本蔵です。［下段6］この方は実際は梶川与惣兵衛っていう人がモデルになってるんですけども、実は『忠臣蔵』で最も忠臣だったのは加古川本蔵なんです。九段目で本蔵は死んでしまって舞台から去ることになるんだけども、加古川本蔵には娘がひとりいるんですね。小浪というんですが、この小浪は大星由良助の一子であり四十七士のひとりだった大星力弥、現実には大石主税ですけども、その力弥の許嫁なんです。だから別々の家の家老の子供同士が許嫁関係だったんです。ところが、大星由良助が仕えていた大名の塩谷判官の想いを遂げさせることを途中で辞めさせたのは誰かっていうと、加古川です

お客はみな食べ終わってから次を見るわけです。

［6］
個人的に印象深い場面を紹介します。『忠臣蔵』の「九段目」、『仮名手本忠臣蔵』では上演される頻度が最も少ない、戦後でも一番少ないものなんですけども、「山科閑居」という題がついていますが、これは主人公は由良助ではなく加古川本蔵という人物です。塩谷判官が高師直を斬りつけたときに、その後ろで判官をはがいじめにして押さえた男ですね。これは桃井若狭之助という大名の家臣であった男なんですが、この加古川本蔵を主役にした話というのが「九段目」です。これはなかなか難しい

よ。これは浅野家、塩谷判官の家来にとっては敵中の敵。そこの娘なんか貰うわけにいかないってことを、由良助、あるいは由良助の女房のお石、本当はりくっていう人ですが、反対するんです。ところが加古川本蔵には戸無瀬という女房がいて、この方は後妻なんですが、小浪っていう娘とはなさぬ仲っていうか本当の娘ではないので、ますますその娘のことを可愛がっているわけです。だからそういう婚約破棄が納得いかないと、娘と連れ立って山科に逼塞している由良助の家に行くんですね。そして婚約を破棄することをもう一回考え直して欲しいっていうんだけど、由良助の奥さんはなかなか気丈な方で、旦那の加古川本蔵の首を三方に載せて差し出せば結婚させてもいいと無茶なことをいうんですね。つまり首を差し出すってことは、自分の旦那が間違いを犯したことを奥さんが認めるってことですからね。このへんがなかなか難しいんですが、そのときに本蔵本人が登場して、力弥に討たれるという形で、実際は力弥の槍を使って自分の体を貫くんです。それによって本蔵は力弥に敵討ちをさせたんですね、塩谷判官のね。そういう意味では加古川本蔵という人が一番、忠臣という形では死をもって自分たちの家族を守ったと。主君である桃井若狭之助という大名を守っただけではなく、家族を守ったのが本当の忠臣じゃないかということで、加古川本蔵の蔵なのではないかともいわれています。ということで、ぼくはこっちの方がストーリーとしてよくできてるかなという気がします。

段で、他の場面ともちょっと色味が違うところです。

たとえばもともとの文楽でも、義太夫の浄瑠璃の語り手がいないんです。戦前戦後を通じて最高の語り手だった、豊竹山城少掾という方がいらっしゃいますけど、この方は生涯「九段目」を語ることなく終わったんですね。『仮名手本忠臣蔵』はほぼ全段語ってるんです。音源も残ってるんですが、「九段目」だけは決して語ることをしなかったんです。歌舞伎の世界でも九代目團十郎は『忠臣蔵』をほとんどやってるんですが、この方でも「九段目」だけは難しくてあんまりやりたくないといって、上演頻度が非常に少ないんです。プロフェッショナルもともとは明治時代によくいわれていたのは、四十七士はみんな忠臣の義士ということで、ちょっとはあこぎな連中もいないわけじゃなかったんですが、基本的に四十七人みんな真面目な忠臣だったわけで、それがまとまってるってことで、蔵ってことばで表現されてたんですね。米が沢山あるのは米蔵、お酒が置いてあるのは酒蔵といいますよね。で、忠臣がいっぱいいるのが忠臣蔵。忠臣だらけ、要するに忠臣ボックスってことです。騎士、ナイトがいっぱいいるところはナイトボックスですからね、「忠臣蔵」の英語はナイトボックスです。蔵というと昔風の蔵のイメージです。[下段7]

・

この『仮名手本忠臣蔵』では本当はもっと沢山死ぬんですけど、メインの亡くなっちゃう人っていうのは三人です。まず「四段目」で塩谷判官が自害します。それから「六段目」で早野勘平が早合点して腹を切ってしまう。勘平は大名じゃありません、浪人です。「勘平腹切りの場」といいますね。塩谷判官は「切腹の場」です。身分の違いというのがタイトルにも出ています。もうひとりはさっきもお話しした「九段目」の加古川本蔵。この三人が死んでるわけです。

それ以外に着目すべきは五組の夫婦です。これはあまり『忠臣蔵』で語られた

が苦手がるくらい奥深い世界観を持っているんでしょうね。

[7]

「仮名手本」というのは、平仮名まじりの文章でわかりやすく忠臣たちの物語ってのを語っていくんだっていう作家たちのセンスの表れですよね。これはいろは四十七文字ですから四十七士なんだってことだったんですが、明治になると、何かそれだけじゃ足りないってんでもっと解釈を沢山作りたい研究者がいっぱい出て来て、このいろは四十七文字の七文字目の文字と「えひもせす」の最後の「す」のところをずーっと縦に読んでいくと、「とがなくてしす」と読むんです

ことがないんですが、その五組の夫婦の離合集散みたいなものを描いています。あるいはその夫婦に子供があったりして、たとえば加古川本蔵と戸無瀬の下に小浪がいますね。大星由良助とお石の下に、力弥がいますね。そういう親子関係みたいなものがあって、家族が討入のためにどんどん綻んでいく物語です。これは『菅原伝授手習鑑』もそうです。松王丸の家とか、あるいは武部源蔵の家とか、特に松王丸の家は自分の一子小太郎の首を、菅秀才、菅原道真の子供の身代わりとして差し出すわけです。そういう意味で家族が忠臣ゆえに壊れていくって話になるんですね。そういう見方を『忠臣蔵』でもできます。

それから二・八・九段が、十一段の中で一番上演されにくい。「九段目」は先ほども申し上げたようになかなか難しいので上演されないんですが、「八段目」というのは「九段目」に行く前段、序段になってるんですが、要するに加古川本蔵の奥さんの戸無瀬と娘の小浪が婚約破棄を元に戻してもらおうと思って、鎌倉から京都山科まで東海道をずっと西へと行く道行ですね。これは「道行旅路の嫁入」というタイトルがついていますが、所作事（踊り）の場面です。だから「八段目」だけ独立してやられるってことはまず無いです。「八段目」があったら「九段目」に続きます。それから小浪と力弥の関係が「九段目」でいきなり出てくるんですが、実はすでに「二段目」に出ています。力弥が桃井若狭之助に、塩谷判官の命令を受けて書状を届ける場面があって、若狭之助は大名ですから直接

ね。咎なくて死す。つまり罪が無くて、責任が無いのに死ななくちゃいけないって、これは塩谷判官のことを象徴してるんですね。ほとんど暗号解読みたいになってますね。もうちょっと近代になってからの明治の人の解釈じゃないかと思います。ただ何となく納得できてしまうところは、我々が近代人だからですかね。多分、江戸時代の人はそんなこと思わないんでしょうし。

それからもうひとつ反証というか、この『仮名手本』で「とがなくてしす」っていう読み方をすれば、すでに『菅原伝授手習鑑』のときにですね、菅原道真ってのも咎無くて死んだでしょ、太宰府に流されてね。

届けることはできませんから、家老の本蔵に届けるんですね。本蔵が受け取るんで、その娘である小浪がそこにいるわけで、力弥と小浪はすでに「二段目」の段階で恋仲になってるんですね。その話が続くので、二、八、九段を全てやると、『仮名手本忠臣蔵』の中でも小浪と力弥の関係というちょっとスピンオフ、番外編の物語として際立ってくるんですね。二十五年ぐらい前に国立劇場で、この「二・八・九」が上演されたことがあります。ただそのとき見たものは、今まで知っていた『仮名手本忠臣蔵』とは違った世界でした。小浪と力弥という未来を繋ぐべき二人の若者。ところが当然ながら力弥は討ち入りしてしまいますから、最期は腹を切って死んでしまいます。小浪ひとりだけが残ってしまうわけで、これ、多くの女性が残る物語なんです。先ほども申しましたように遺された、由良助の女房のお石や戸無瀬、小浪、あるいは勘平の女房のおかるなど、これらの人はいわゆる寡婦、未亡人になってるわけです。結局この物語は男たちのドラマなんで、舞台上もあんまり女の人が活躍する場面が無いんですね。その意味では、「九段目」は非常に重要ですし、「七段目」ではおかるが一力茶屋で遊女になってるわけで、そういう場面は華やかな場面として必要なわけです。ですが物語上は女の人はみんな孤独に残されてしまう。

一番可哀想なのはおかるのお母さん、おかやですよね。旦那の与市兵衛は斧定九郎に殺されてしまうし、義理の息子の勘平は腹を切ってしまうし、おかるは一

そのときすでに使われてるんですね。いってみれば使い回しなんですよ。そうだとすると、『菅原伝授〜』書いた作者と『忠臣蔵』書いた作者は一緒ですよね。ですからまた使ってる、使い回してるってこともあるんですね、だからどっちが正しいかぼくにはわかりませんが、ただ物語として読んでおくときには、この「とがなくてしす」っていういろは四十七文字の最後のところが非常にある種の塩谷判官の恨みみたいなものがこの『仮名手本』という柔らかい言葉の中に隠されてるんじゃないかということをね、それだけで話終わっちゃってもいいぐらいなんですけどね。

力茶屋に遊女に行っちゃってるしね。だからおかやさんって一番気の毒なんですが、文楽では名前すら無いです、「与市兵衛女房」ってね。文楽は大体、中年の女房には役の名前もほとんど無いんです。歌舞伎ではしどころもなかなか難しいんですけど、ちゃんとした老け女形の方が勤めることになっています。

・

最後に『仮名手本忠臣蔵』の世界、背景とする素材の時代は十四世紀、つまり原作のさらに三百年前の『太平記』の時代だということです。南北朝の時代、つまり楠木正成とかが暗躍しているような時代をモチーフにしています。『太平記』は全部で四十巻、成立年代はよくわかってないんですが、十四世紀の中頃にはほぼでき上がっていたといわれています。『太平記』は実録もあれば虚構もある、そういうものがごっちゃになっています。当時は琵琶法師や僧侶が法話でお話しする形でどんどん伝えられたわけですが、その二十一巻で「塩冶判官讒死《ざんし》の事」とあるんですね。これは先ほども申し上げた横恋慕です。高師直が顔世御前に一目惚れして、何とか顔世御前を自分のものにしようと思うんだけども、すげなくフラれたんで、塩冶判官を苛めに苛めて、結局塩冶の家を全て滅ぼしてしまうんですね。実際『太平記』でも、敵討ちというのは出てきませんが、これをモチーフにしているということがあります。だから『太平記』の読み物みたいなものが明治時代にあるし、御前が行水をしているところをこっそり垣根のところから覗いている高師直の絵とかもあります。そういう非常に好色な男だったわけで、それが災いしたということもありますから、そのへんをもうちょっと格調高く『仮名手本忠臣蔵』の中では位置づけています。先行作品としてはすでに近松門左衛門が実際の討入があった四年後に、『碁盤太平記』というのを書いてね。この名前だけだと討入かどうかなんて全然わからないですね。ただしここに出てくる主人公は大星由良助って名前なんです。だから大星由良助という名前はすでに近松が一七〇六年に『碁盤太平記』という作品の中で設定している。これはもともと人形浄瑠璃ですが、最近は歌舞伎でもなかなかやりませんね。今の藤十郎さんのおじいちゃんに当たる初世中村雁治郎が明治時代に演じていました。この方は小柄ながら、根っからの由良助役者で、たいそう人気がありました。この『碁盤太平記』という作品は直接関係はないんですが、大星由良助って名前が主役の名前として出てきたって意味では先行作と呼べる作品です。

あるいは『忠臣蔵』の「忠臣」って言葉は同じ並木宗輔が一七三〇年代、つまり『忠臣蔵』ができる十年前、『忠臣金短冊《ちゅうしんこがねのたんざく》』、これも討入ものなんですがすでに出てきている。「四十七」も『大矢数四十七本《おおやかずしじゅうしちほん》』に出てきてますから、必要な言葉と素材からすればすでに実際の『仮名手本忠臣蔵』っていうものが上演されるよりも前に成立しているってことです。

歌舞伎の引き出し――其の壱

知り合いの学芸員で、小学生のときからランドセルを背負って銀座のギャラリーを廻っていたという「伝説」を持っている者がいる。その頃のぼくはランドセルは持っていなかったが、ギャラリーではなく神田神保町の古書街に足繁く通っていた。歌舞伎や落語の本を読みたいと思うようになったのは中学に入ってからだったが、そのときによく寄る古書店が「豊田書房」だった。「社長」と呼ばれていた店主は、いつも背広（スーツよりもこの表現が似合っていた）を身に着けていて紳士に見えた。古典芸能関係の本について何も知らないぼくは、自分なりに調べた情報を頼りにほしい書名を言うのだが、社長はぼくをギロリと睨むだけで、横に坐っていた若い店員さんがいつも応対してくれていた。たまに社長がひとりのときもあったが、そんなときは本の名前を言い終わる前に「ねぇな！」とひとこと、にべもない。

何年も通った。多少は歌舞伎について知識のついた浪人生の頃、店内に入ったぼくはいつものように歌舞伎関連の書籍が並んだ書棚から一冊とりだして立ち読みを始めた。客はぼくひとりだ。社長は、昔の書店主がよくやるようにはたきをパタパタとさせて近づいてきた。まだちゃんと口をきいてもらったことのないぼくは、「ああ、ぼくが邪魔なんだな、ロクな本買わないしな……」とひどく卑屈な気分になったのだが、読んでいた本がおもしろかったので、はたきの動きを横目で置いながら書物に集中していた。すると突然、社長が声を放った。一瞬、何を誰に話していたのかわからなかったが、店内にはぼくしかいないので、その声はぼくに向けられたものだっただろう。「さっきな、大成駒が来たんだよ」と言っていたようだった。その頃（いまでもそうだが）ぼくは六代目歌右衛門の熱狂的なファンであり、三島由紀夫編による講談社の写真集は高価で買うことはできなかったが、何度となく豊田書房で歌右衛門関連の書物を購入していた。それを社長はよくご存知だったのかもしれない。いや、話の内容よりも、ぼくに話しかけてくれた、という事実のほうがそのときのぼくには重大なことだった。驚いて振り返ると、社長がニコニコとこちらを見ていた。

それ以来、社長とは「口をきく」ことができるようになった。店が暇なときはレジのあるテーブルで差し向かいに坐って、いろんな話をうかがうことができた。冷たい麦茶を出してもらったこともある。丸い粗末な椅子をギシギシさせていると、「あんたが坐っているそこにな、志ん生が坐ったこともあるんだよ」と、感動的なことをのたまわってくれる。落語の話で盛り上がったときに、二階から奥さんの声がしている、何やら昼ご飯のことで言い合いになった。曰く、社長は素麺でいいと主張するのだが、奥さんは鰻が食べたいと譲らない。そのやりとりが、まるで志ん生と奥さんのりんさんとの夫婦ゲンカのようで、可笑しくて、懐かしくて、美しくて、涙がでてきたこともあった。（続く）

第五話

義経《よしつね》千本桜《せんぼんざくら》

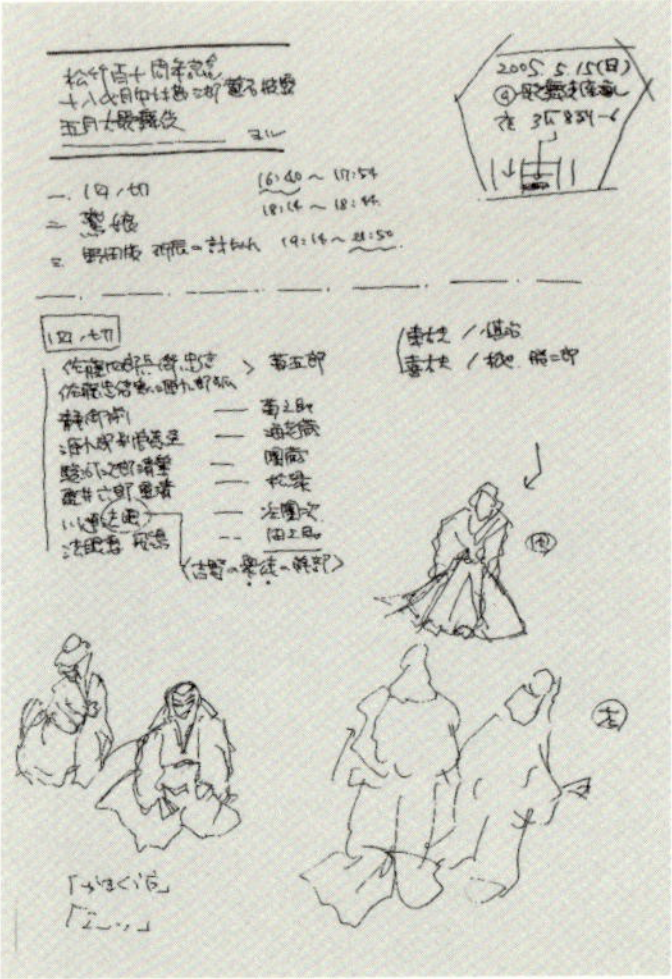

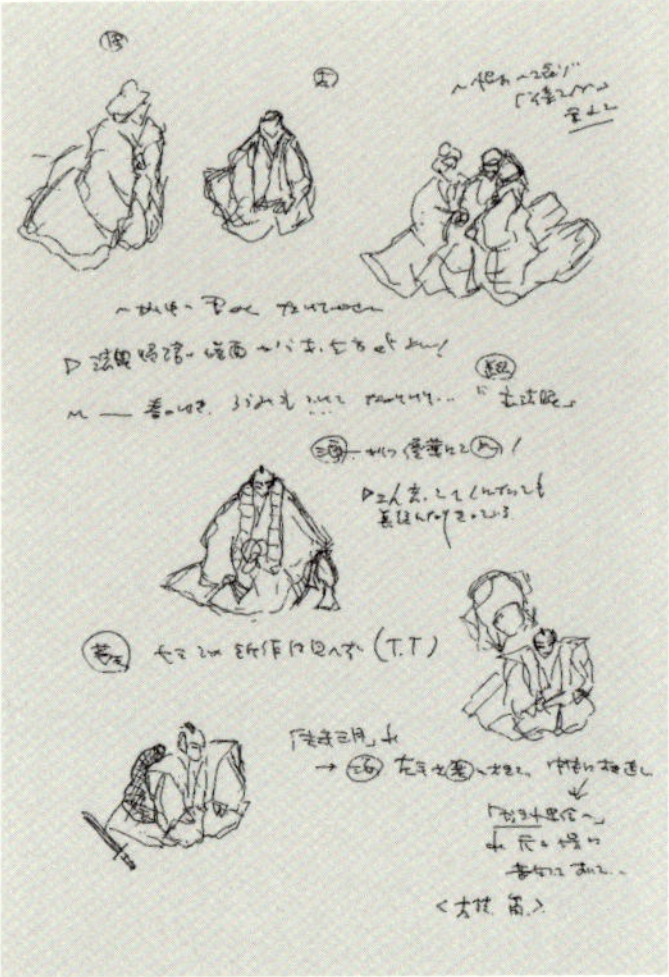

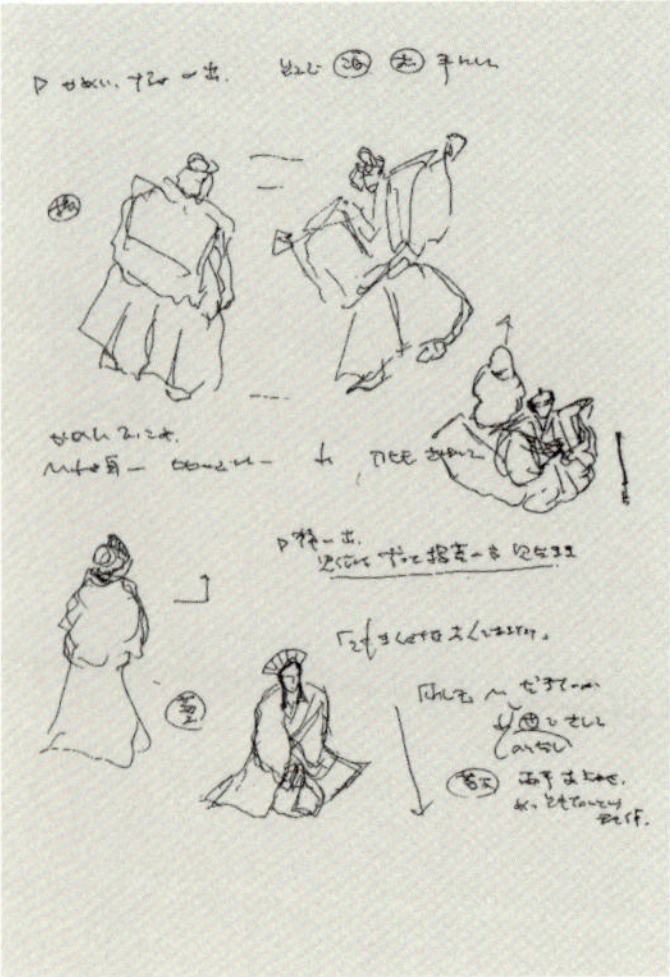

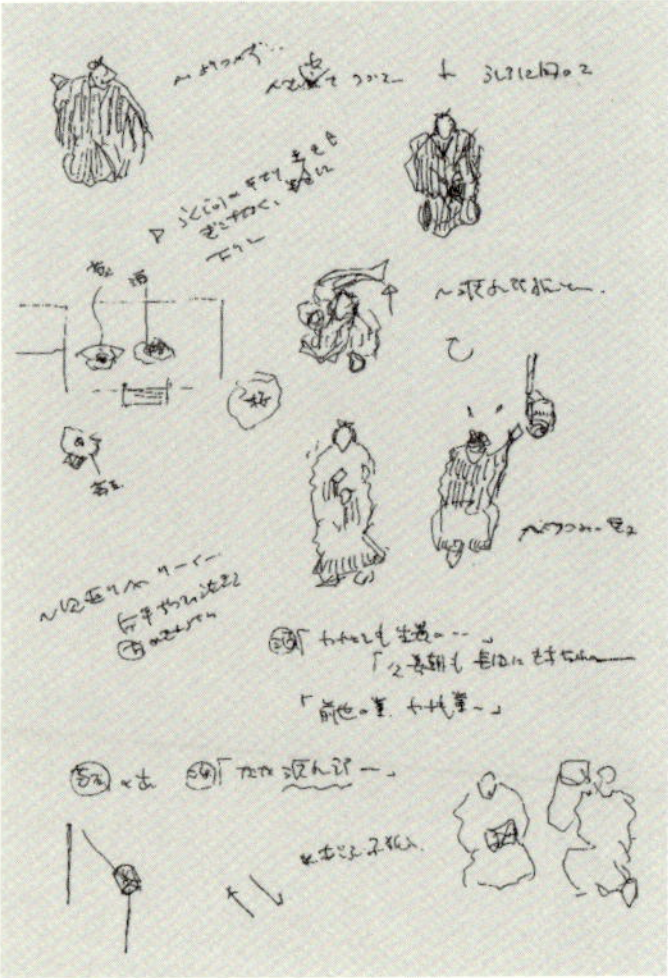

『義経千本桜』は五段物といって、人形浄瑠璃ではもともと五つの段に分かれていました。だからあの有名な狐の場面、先代市川猿之助（二代目猿翁）の宙乗りで有名になりましたが、あれは四段目の一番最後ですから、四段目のキリということで「四《し》ノ切」と呼ばれています。今はもう「四ノ切」といえば、この『義経千本桜』の四段目の「川連法眼館《かわつらほうげんやかた》の段」の最後の場面のことです。

場割りについては、今申し上げましたように原作の文楽の人形浄瑠璃では五段物ですが、歌舞伎では七幕物なんですね。ですから、有名な「川連法眼館の段」は第七幕、「四ノ切」といいながらも幕でいうと七幕目なんです。まぁ、そういうことでちょっと歌舞伎と文楽では、場割りが違います。ただ、文楽でしか上演されていない場もずいぶんありますね。

批評家の戸板康二《といたやすじ》さんという方と木谷蓬吟《きたにほうぎん》という明治時代の批評家がいたんですが、そのお二人の文章を並べています。［参考Ⅰ・2］あらすじや内容をお知りになりたい方は、今はインターネットで調べることもできます。どんなに簡単な本でもこの『義経千本桜』、『菅原伝授手習鑑』、それから『仮名手本忠臣蔵』は必ず解説が載っています。この三作は同じ作者によってわずか三年の間につくられていて、三大歌舞伎と称され、圧倒的に上演頻度の高い演目です。もちろんほかにもありますよ、新作もあるし、スーパー歌舞伎もありますよ（笑）。ですが、やっぱり圧倒的に日本人という国民の、ある種の精神性というか、情緒というか、そういう

［参考Ⅰ］

ぼくは「千本桜」の主人公は忠信であるという説をもっている。大序冒頭に、「忠なるかな忠、信なるかな信」という事からもそれは察せられるのだが、結局この四段目が、人形としてもすぐれた効果をもち、一番面白い場面だ。

不幸な武将――敗れた平家の知盛、維盛、教経はいうも更である。勝者の義経さえ、不幸な流浪をつづけ、吉野から更に落ちてゆかねばならぬ。その人々の運命と、さかりの短い桜とをむすびつけ、義経という名に、武将の不幸を代表させて、『義経千本桜』とは、よくも名づけた外題であった。（戸板康二『丸本歌舞伎』、講談社文芸文庫、二〇一一年）

ものを刺激するんでしょうね。そういうこともあって、非常に多く上演されています。

さて問題なのは、『義経千本桜』という作品のタイトルなんですね。たとえば『菅原伝授手習鑑』っていうのは、まぁ「手習鑑」ですから、菅原道真の行いみたいなことをみんなで学びましょうっていうことで書かれました。あるいは『仮名手本忠臣蔵』は忠臣蔵を「仮名手本」、仮名書きで誰でもわかるように説明しましたということで、タイトルにそれほど秘密はないんですね。それに対して『義経千本桜』っていうのは、まずひとつは、人名が出てくる。人名が出てくるという意味では『菅原伝授手習鑑』も同じです。ただ、義経がこの『義経千本桜』の中でどれほど大活躍をするかというと、ご覧になった方はおわかりのように、まぁほとんど活躍しないんですね。というか、これは実に興味深いことなんですが、源義経ってのは日本の中で最大のヒーロー、なんていうか悲劇のヒーローですね。「判官贔屓《ほうがんびいき》」という言葉もあるように、判官といえば歴史上の判官って山ほどいるわけです、ただの役職名ですからね。ところが歌舞伎で判官といえば、九郎判官義経のことですよね。

義経は三十一年という短い生涯でした。自害したらしいんですが、彼の生涯というのはよくわからないところが多いだけにミステリアスです。鞍馬で天狗と修行したとか、伝説がいっぱいあるわけです。まぁ伝説の多い歴史上のヒーローは

［参考２］
…静忠信道行の段は、孰れも桜花爛漫の吉野山になっているが、これは本文と違っている。現に文楽座でも太夫の語るのを聞くと「桜はまだし枝々の梢さびしき初春の空」と云っている。その場所も大和路であって、吉野ではない。道行の最後の文章にも「土田六田も遠からぬ野路の春風吹きはらい、雲と見紛う三吉野の麓に里にぞ着きにける」で、ヤッと麓へ着いたことに描いている。それがいつの程にか舞台効果の勝れた花の盛りの吉野山に変ったのである。これも狐の仕業であろう。（木谷蓬吟『義経千本桜』と狐」、『浄瑠璃研究書』第一書房、一九四一年）

義経ひとりではないんですけどね。なぜか特権的に「ミステリアスな生涯」というのが義経には与えられていて、いまだに人気が高いですよね。

ただ、歌舞伎に限っていうと、義経が出てくる作品の中で、源義経が大活躍するものは、実はそんなにないんですね。たとえば歌舞伎十八番の『勧進帳』。この作品では、大きくは登場人物が三人しかいません。義経と同行する弁慶と、それを阻止する関守の冨樫の三人だけですね。でも義経はほとんど出番はないんですね、舞台上にずっといるわけですが、身分を隠して強力《ごうりき》となって笈《おい》を背負って、金剛棒を持って、笠で顔を隠して、舞台下手寄りにずっと座している。あれ、非常にしんどい格好なんですよ。だけどずっと我慢しないといけない。「ころす」といってですね、舞台で目立ってはいけないんですね。かといって、誰もいないのと同じではいけないんです。だから「ころす」というのは存在を見せながら見せないっていう非常に難しい役どころなんです。台詞がないから存在してないというわけではないですからね。

義経の役は、大抵そういう我慢や忍耐のしどころが多いんです。『義経千本桜』でもそうですね。全体の役者のなかで、台詞の数も一番少ないかもしれないですね。三段目のいがみの権太が出ている「すしや」の場だけおりませんが、序の段から最後の段まで、必ず義経が登場するんです。義経はほとんど背景になっている、義経が必ずいて物語が進行するところが『義経千本桜』の特徴なんだろうなという気がします。江戸時代において、義経っていうのはなんでしょう、神格化といいますか、ヒーロー化されてね、作品の中にもしばしば登場して、物語を見守る存在のようであるということが、この作品のタイトルからもわかると思います。

で、タイトルとしてもうひとつ問題は「千本桜」です。「千本桜」というと桜が満開というイメージだし、京都の桜というより、奈良の吉野が有名ですね。ただし、吉野に「千本桜」というのがあるわけではないんですね。見渡す限り桜がたくさん咲き茂っている場面のことをそういうふうに表現したんです。目の前がこう、ずっとピンクになっているという、そういうイメージだと思うんです。ですから、もともとの文楽の原作で、「桜」というものが舞台の中で登場するという演出はないんですね。そして、歌舞伎になってからも、書割《かきわり》（背景）に桜が描かれたり、桜の造花が並べられたりすることもありません。だから、本当の桜と全く無縁の作品であるにも関わらず、「義経とたくさんの桜たち」というタイトルになっているわけです。これは特に四段目のところで重要になってくるんですが、狐が出てくる、でいなくなって桜を咲かせるという場面があって、この狐が非常に重要なんですね。

『菅原伝授手習鑑』『仮名手本忠臣蔵』『義経千本桜』の三作品は、一七四六年、四七年、四八年に続けて書かれています。これすごいヒットメーカーですよね。

合作でつくったとはいえですね、三百年以上経つのに、いまだにちゃんと上演されている作品をわずか三年でつくっていたわけですから、大変なことです。

『菅原伝授手習鑑』でも『仮名手本忠臣蔵』でも狐なんて出てきませんね。『菅原伝授手習鑑』は、菅原道真が神になっていますから、狐のような神の使者といった存在を出す必要性がなかったんでしょうね。それから『仮名手本忠臣蔵』はあまり神格化されなくてもですね、四十七士の忠義というものが大事なわけで、べつに狐に助けてもらわなくても物語は進行するわけです。ところが『義経千本桜』の場合は、なぜか狐が出てきて、その狐が義経の家臣のひとり、佐藤忠信という武士の姿を借りて化けて出てくる。狐があちこちの場面に出てくるわけではないんですが、狐という存在が隠れキャラとして物語を進めているのではないかと思われます。

参考文献として、まず戸板康二さんの『丸本歌舞伎』をお薦めします。とくに三大歌舞伎について詳細に書かれています。それから、評論家の渡辺保さんが一九九〇年に出された『千本桜』。今申し上げたような、なんで花がないのに千本桜という語がタイトルになっているのかみたいなことを書いています。とても優れた本ですので、今回の話でも、だいぶ参考にさせていただいております。お読みいただくのが一番いいんですが、「いや読むのはめんどくさいから結論だけを言え」という方がおられたらですね、はい、申し上げます、こんなことですね。

文楽の方の『義経千本桜』の五段目の奥の段の一番最後のところは、こういう詞章です。「源九郎義経の義（よし）といふ字を、訓（よみ）と音（こえ）。源九郎ぎつね付添し、大和言葉の物語」。これ、どういうことかっていうと、つまり訓読みで読むと「義経＝よしつね」ですね。当然ながら源九郎義経といえば、源義経、人間のことを表します。ところがこれを音読みで読むと、「義経＝ぎけい」なんですね。つまり、「ぎ＝義」と書いて「つね＝経」で「ぎつね＝狐」というふうに発音するんです。まぁ、ほとんど駄洒落に近いんですがね。要するに狐が化けているというだけじゃなくて、義経と狐は全く同じ読みの字によって構成されているのだっていうことですね。これを義経の二重性という言い方で表現しています。

それと、『義経千本桜』の「千本」というのは、先ほど申し上げたとおり沢山の桜ということですが、京都に千本通ってございますでしょ。あれはなぜ千本通というか諸説あるのですが、北野天満宮に向かうための参道に近いものでしたから、その先にお墓がたくさんあったみたいです。そこに向けて塔婆をいっぱい立てた。昔は一万本立てたという話もあったみたいですけども。いずれにしてもたくさんの塔婆があったから、千本塔婆のある千本通りといわれています。

ですから「千本桜」も、実は桜と関係ないのではないか。千本桜は、つまり千本の桜ではなく沢山の塔婆、墓場であって、それをある時期から桜と言い換えるようになった。桜と墓場、塔婆っていうのが非常に近い関係にあるんですね。西行の歌に「ねがはくは　花の下にて春死なむ　その如月の　望月の頃」というのがあるように、「花の下に」と歌人が詠んだら、その花はチューリップとかコスモスとかじゃないんです（笑）。これは絶対に桜なんですよね。日本人にとって桜が重要な意味をもつようになるのは、江戸時代の後半以降からだと思うんですが、そういうこともからみあって、この作品ができあがっています。［下段1］

渡辺保さんにいわせると、『義経千本桜』は「狐の千本卒塔婆」あるいは「狐の鎮魂歌」という表現で論じています。いずれにしても狐が人間の姿を借りて、狂言回しで人間の不幸をいろんな形で強調していくというか、輪郭づけしていたのではないかなと思うんです。

ぼくなりにこの『義経千本桜』の成功要因をあげていきます。『菅原伝授手習鑑』『仮名手本忠臣蔵』と、『義経千本桜』は違った意味で大成功を遂げたわけですが、その成功の要因を四つほど挙げます。

まずは、作中に庶民が気になるキーワードをちりばめたということです。たとえば「義経」とか「桜」とか。あるいは三段目の吉野の「すし屋」とかね。吉野の「弥助」というすし屋、ご存知ですか？　今でも奈良の下市にあるおすし屋さんなんですね。創業八百年ですから、すごいですね。つまり『義経千本桜』が上演される、四百年も前からあったたっていうわけですから。まぁ、起源は定かでな

［1］

そう思いましたらですね落語の『天神山』で、これはまぁ別の狐の話がモチーフになっていますが、主人公がですね、みんなが花見に行くというと、ちょっとひねくれた男ですから花見といわず、墓見に行くというんですよね。花見と墓見というのは「な」と「か」の違い、ちょっとした駄洒落になってるんですが、よく考えると、『千本桜』を踏まえて原作がつくられているのではないかと最近思いました。もともと『天神山』は、『蘆屋道満大内鑑《あしやどうまんおおうちかがみ》』という狐の話です。これは竹田出雲が『義経千本桜』よりも二十年近く前に書いた話です。だから彼は狐を主役にした物語を書くの

いですが。いずれにしても江戸時代には既にあったおすし屋さんです。［下段2］とにかく「すし屋」とか「桜」とか美味しいものとか、作品中に当時庶民を喜ばせるキーワードがちりばめられているんです。それがヒットの要因だと思います。

それとふたつめは『平家物語』の中でも特に愛された平家方の知盛《とももり》、維盛《これもり》、教経《のりつね》が出てきます。この三人に共通するのは、知盛の父である平清盛です。清盛は悪行というかね、世の中に対してかなり悪政を敷いてきたと、この三人は清盛を否定的に非常に苦々しく思っていた。べつにそういった文献が残っていたわけではないですが、『義経千本桜』では誰も清盛の味方をしていません。平家なのにね。義経とは敵同士でありながら、戦うことを巧みに避けているんですね。三人とも直接の対決をしないで、義経方ではないけれども清盛方でもないっていうことになっています。それはたぶん清盛への反抗みたいなものがあって、歴史的な解釈が江戸時代の人にとってはわりと通用するものだったんじゃないかなと思いますね。

平知盛はですね、二段目では「渡海屋《とかいや》」という船宿でですね、真綱の銀平という主人をやってたんですね。それが実は知盛の隠れた姿。それで、義経がここの船に乗ってですね、なんとか九州の方に逃げようとするんですね。大物《だいもつ》ですから、今の尼崎、阪神電車の大物駅のあたりからですね。で、そこから船に乗って九州に逃げるってのは大変なことで。実際には大嵐があって、まぁ吹き戻されて

は、得意中の得意だったんですね。まぁ狐だけじゃなくていろいろなものも書いていますが、そういうこともあって竹田出雲が落語の『天神山』をつくったわけではありませんけども、誰かがそれをアレンジしたんじゃないのかなと思ってます。

［2］

この「すし」の字も、「寿司」と書いたり、旨みの「鮨」と書いたりしますよね。でも「鮨」はなんか違うらしいですね。塩辛かなんかのことをもともと指してた言葉らしくて。これはちゃんと裏をとっていませんが、ぼくの印象だと、関西は「寿司」、関東や東京では「鮨」を使うことが多

しまって、結局吉野を通って東北の方に逃げることになります。

知盛は波が荒いときに「自分が船長だから大丈夫」と義経一行を安心させて船に乗せます、自分は壇ノ浦で死んだことになっていますからね。そして知盛は白装束で出てくるんですね。白い狩衣に銀の鐘、銀の兜、つまりは幽霊の姿ですね。幽霊の知盛が義経を殺そうとする。これ、もともと能にある『船弁慶』の原作に従っていますね。で、そのときに「そもそもこれは桓武天皇九代の後胤《こういん》、平知盛の幽霊なり」と名乗る。自分で幽霊だなんていっちゃうんです。桓武天皇は平家の中でも、一番直系の由緒正しい先祖です。桓武天皇九代です。でも九代の後胤は九代目という意味じゃないんですね。九代目のさらに末裔という意味ですね、清盛の嫡男がこの知盛で、長男が重盛で、その子どもが維盛です。いずれにしても清盛の完全な血族なわけです。その連中が義経と戦わずして、いろいろな運命をたどっていくという不思議な話になっています。三人の武将は壇ノ浦で入水して果てたといわれていますが、都市伝説がたくさんあって、維盛なんかは、高野山に入って徳の高い僧侶になって船に乗ってですね、西方浄土めざして海の向こうへ行ったとか、いろいろいわれるわけです。そういう話を組み込んで、三人の亡くなった武将を実は生きていてというカタチで作品に落とし込んだのがポイントです。歴史的には、竹田出雲一派と同じ三人あるいは四人で書かれてますから、当然ながら『菅原伝授手習鑑』の構造がよく使われています。翌年

い気がするんですよね。歌舞伎の場合は、平仮名で「すしや」と書きますね。

ただ弥助では、つるべすしっていって、桶みたいなものにね、まぁ、馴れずしですね、ご飯いれて魚をいれてぎゅっと圧縮してね。当時防腐剤とか酢とかなかったですから、それで腐りを防いでいる。お米は発酵するので液体になっちゃっているんですよね。その液体の中に、魚がぷかぷか浮いている、そういうものが出されてたようです。だから今みたいに握り寿司ではない。握りは江戸にはあったみたいですけどね。

に書かれた『忠臣蔵』へとつながるような構造です。物語の時代設定とかはもちろんちがいますよ。でも構造は同じつくり手が集まってつくるので、似てくるのでしょうね。

三つ目は先代の市川猿之助（現二代目猿翁）さんの存在ですね、「外連＝ケレン」です。通常の演劇とは違ってですね、観客を驚かすような形でみせることです。具体的には早替りであったりね、あるいは宙乗りであったりね。ああいうものは、普段の歌舞伎にはなかなか出てこないんですよ。舞台の装置があってどこでも宙乗りできたわけじゃありませんからね。それを導入するようになったのは、やはり先代猿之助だったのですね。

本流の歌舞伎から外れるという意味でも、ケレンというんですね。だから役者のなかでもこのケレンを大変嫌う方もいます。昔の役者さんは、こうした見世物っぽいものを一段低く見ていたわけですが、今は早替りや宙乗り、それに派手な立廻り、アクションのある歌舞伎劇がたくさん上演されています。

本水《ほんみず》といって、水を舞台で使うのもケレンだったんですね。要するに波幕は黒衣が波のように幕を動かすと、本物の水のように見える演出だったんです。水を使ったり、炎を使ったりするってのは、やはり迫力がありますね。炎を使ったりするのは、なかなか難しいですけどもね、消防法で禁じられているので今は。蝋燭くらいかな。今、そう珍しくないのは、何もかも先代市川猿之助の力かもしれません。
　で、特に「四ノ切」と呼ばれている、四段目の「川連法眼館の段」にはいろんな形のケレンが出てきます。ここで狐忠信に化けていた狐、佐藤忠信本人が帰ってきちゃう、もう化けてられないってことで本性を現すわけです。まぁ、毛縫《けぬい》といって、白い生地に白い絹糸をよじって刺繍した衣裳に変わります。そして白い狐がワイヤーで吊り上げられる。手には初音《はつね》の鼓を持っています。この鼓の皮というのが狐の両親の皮ですね。千年以上生きている男狐、女狐の皮。これ、もともと雨が降らなかったので雨乞いのために長生きしてる狐の皮を使って鼓をつくり、その鼓を鳴らすと雨が降るだろうということで親狐は鼓にされたんですね。で、天皇家が大切にしていた鼓なんだけれども、それを後白河法皇が義経に渡されたわけです。義経はこの鼓を打たなかった。打てば「頼朝を討つ」という意味になると思われていたのですね。で、義経は静御前に形見として分けたんです。その初音の鼓を静が打つ。それでこの鼓の音に吸い寄せられて、この狐忠信が出てくる。この鼓は最終的に義経が狐に渡します。[下段3]
　これを三代目猿之助が初演したのが、昭和三十九年（一九六四年）、東京オリンピックの年ですね。このときはまだ宙乗りをやりませんでした。昭和四十三年四月にですね、三世實川延若《じつかわえんじゃく》のアドバイスを受けて、その四年後、国立劇場で『義経千本桜』を通し上演したときにこの四ノ切で初めて宙乗りをします。以後、五

[3]
　これよく考えたらたいへんなことなんですよ。法皇からもらったものを最終的に動物にあげちゃうんですね。この鼓の存在は重要ですね。今でもこの初音の鼓は奈良県に残っているらしいです。ただ皮はなくて、もう胴体のところしかないとか。今みたいに紐でくくっているものではなくて、胴体がちゃんとあってね。その胴の部分しか残っていないそうですが、あるにはあります。

　ちなみに今の小鼓の皮は馬が多いですね。江戸時代までは羊とかを使っていたらしいんですが。昔は三味線も猫の三味線とかいってましたけれども、今は猫はあまり使わない。犬を使っ

千回くらい宙乗りしているそうです、五千回ですよ。アメリカの新聞なんか見てるとおもしろいですよ。「この人は陸よりも長い時間空にいる」と書かれたくらいです。しかも飛行機でアメリカに来てやってましたからね。ずっと空にいるというなかなか洒落た新聞記事でした。

先ほど申しましたとおり、今ではもういろんな劇場に宙乗りするための装置が当然あってですね、猿之助さんだけでなくいろんな人が宙乗りをしています。ケレンじゃなくて、もう作品の演出の中に入っているわけです。狐忠信は文楽が原作ですので、文楽にも宙乗りがあるんですよ。宙乗りといっても花道とかございませんから、舞台の下手から上手に移動するだけですが、ぼくにいわせるとこれは宙吊りですね（笑）。

そして四ノ切ではケレンはいろんな形があって、最初の狐忠信の出のところ、「三段」という二重の舞台があってその舞台に階段があるんですけども、その階段がガラッと回転して、誰もいなかったところに突然、本当に突然、白狐の格好になった忠信、つまり源九郎狐が出てくる。そして、御殿のところに欄干があるんですが「欄干渡り」といってそこを素早く歩く。欄干ってのは見た目は非常に細いわけですね。実際は八センチくらいの板が貼ってあるそうですが、それでも八センチですからね。まぁそういうところもおもしろい。あるいは、一度引っ込んだ後にですね、もう一度義経が静に鼓を打たせて、いなくなった場所とまった

たり、馬を使うことが多いようです。

く違う天井の欄間から降りてくる。これを「欄間抜け」といいますが、うしろが滑り台のようになっていて頭から滑って欄間から姿を現すわけです。しんどさでいえば、宙乗りよりキツいかもしれません。それ以外のケレンは、早替りだったり、替え玉とかがこの四ノ切に出てきます。替え玉を使うとパッと着替えられるでしょ。お客さんの目線をそっちに釘付けにしておいて、スッポンあたりからドロドロっと出てくるとかね。まぁいろんなやり方があるんですが、そういう演出がたくさん出てくるっていうのが特徴ですね。

少し話が戻りますが、猿之助に宙乗りを教えたのは、三世實川延若です。不遇の俳優といわれています。ケレンというものを猿之助より早く導入していたんですけれども、自分の歳に近いくらいの世代、七代目幸四郎とか、そういう人たちがいたもんですから、その影に入ってしまって、上方の歌舞伎役者だったんだけども、東京に来てからなかなかいい役がもらえなかった。ただ非常に器用な役者だったから、女方もできれば立役もできる、そして踊りの名人でもありました。［下段4］

・

それから、『義経千本桜』の成功要因の四つめは、なんといっても安徳天皇の

［4］

上方の俳優さんは、ひとつの作品の中であらゆる役を演じることができる。俳優にとって大事なことは相手方の気持ちになるってことなんですよ。おかるになっていると勘平の気持ちがわかる。勘平を演っているとおかるの気持ちがわかる。だから両方演らなきゃいけない。非常に理にかなった習得方法だと思うんです。延若さんはずっとそれをやられていたんですね。

でまぁ、延若さんに直接じゃないですけども上方の影響を与えたのが、幕末の大俳優だった初世市川右團治でした。市川斎入っていう隠居名になりますが。天保四年から明治の中頃にかけて活躍した人で、芸域も

存在です。安徳天皇は清盛にとっての孫になります。数えで四つ、六才四ヵ月くらいで壇ノ浦に入水したといわれてるんですが、この方もわりと諸説ありまして、乳人に連れられてやっぱり高野山の方に連れていかれて出家したんじゃないかとかね。ただこの肖像画ね、［図版1］安徳天皇を描いた唯一の肖像画なんですが、これおもしろいんですよ。拡大するとね、鼓みたいなもの（実際は独楽かも）をもって

［図版1］安徳天皇画像（泉涌寺所蔵）

広い人でしたが、ケレンの名人だった人です。で、右團治と三世延若の間にはお父さんの二世延若さんがいて、同じ風貌なんですけどね。『石川五右衛門』とか、実事《じつごと》といってわりと写実的なことが得意だった方なんですけども、息子はそれだけじゃ飽き足らず、ケレンみたいなものに影響を受けている。で、東京に来て少しそれをやっていたのですが、それをおもしろがっていたのは、若かったときの勘三郎さんのお父さん、十七世勘三郎ですね。今考えてみると、それはぜんぶつながっていますよね。猿之助さんの影響を受けて、四代目猿之助になる亀治郎さんでしょ。それから勘三郎さんもそうでしょ、だから

いるんですよね。これを初音の鼓にしたら、なかなかおもしろい話になるなと、ぼくは勝手に妄想してしまったんですけどね。

　肖像画をみて予測がつかれるかもしれませんが、女の子なんですね。女帝なんです。当時は今とちがって、女帝は珍しいことじゃありませんでしたが、清盛は自分の孫である安徳を男の子と偽って天皇にしたんですね。これはなかなか大変なことで、それが天の怒りを買って平家が壇ノ浦で滅亡したのではないかっていうのが、この『義経千本桜』に登場する三人の武将の共通見解でもあります。だからこの物語の中で、女帝という問題や天皇制といった話題に触れてるんじゃないかといわれていて、そういうところが江戸時代の人たちをおもしろがらせたのかもしれません。

　で、安徳帝をなんとか助けてあげたい、せめて物語の中だけででも救ってあげたいという国民感情というものは鎌倉時代からずっとあったようです。知盛はですね、安徳帝を守っていたんですね。ところが、義経が安徳帝は自分が面倒見るから大丈夫だっていうんですね。そうすると知盛は、義経をなんとか倒そうとするんですが、安徳帝自らの言葉でね、これからは義経のところで世話になるから、ほんと世話になったなと「朕を供奉し、永々の介抱はそちが情、今日またまろを助けしは、義経が情けなれば、仇に思うな知盛」といわれる。要するに別れの言葉を告げられちゃうんですね。ここで知盛は一気に生きている意味を失ってある意味ではちゃんとつながっているところがあるんですよね。

　勘三郎の得意だった『法界坊』も、二代目市川右團治が演出に工夫を加えたものでした。なおかつおもしろいのが、今の市川宗家の海老蔵もね、先代猿之助に直接影響を受けて指導を受けている。たとえば『義経千本桜』の通しとかね。猿之助というのは、あの香川照之の息子さんが襲名する團子《だんご》っていうのがもともとの名前なんですよね。團子っていうのはこれ、「團十郎の子」という意味ですからね。つまり澤瀉屋《おもだかや》はもともと團十郎の一門だったんですね。九代目團十郎の弟子だったのが、初世市川猿之助、三代目猿之助さんのしまう。安徳帝のために平家のために義経を討伐しようと生きてきたわけなのに、頼みになっていた安徳帝に「義経に世話になるからね、悪く思わないでね」みたいなことといわれるわけですから。ここでふっきれるというか、もう諦めてしまう。で、岩場のところを登っていくんです。

現尾上松緑《おのえしょうろく》が演じた知盛がよかったのは、安徳帝が気になってしょうがないというところです。上手にいた安徳帝と義経一行は、知盛がこの岩にあがると下手に移動するんですが、必ず岩場に行く前にまず安徳帝を見るんですね。ただし見下ろすっていう形だと天皇なんで失礼だから、ちょっとこそっと見るんです。岩場の端あたりの角でまたこう見て、また切り替わるところで客席には胴体を見せているけれどもまた横目で見る。で、岩を持ちあげるときも見てる。

片岡仁左衛門の演出はすごいです。知盛は戦った後たくさん出血して脱水症状をおこしてますから、ものすごい喉が乾くんですね。ですので、体に刺さっている矢を抜いて、矢についた血を飲むんです。これすごい演出ですね。自分の血を飲むというのは、自分の血統を確認するという意味もあるから、非常に重要な行為ではありますが、いささかグロテスクですよね。そして、そこで、知盛が餓鬼道・修羅道・畜生道の三道の話をするんですが、能『大原御幸』の中で建礼門院が後白河法皇が訪れたときに愚痴をいうんですね。愚痴のなかにでてくる台詞をそのまま使ってるんです。やはり能の影響が強いですね。

ひいおじいちゃんにあたります。名人だった猿翁さんのお父さんです。九代目團十郎に無断でですね、『勧進帳』の弁慶をやっちゃったんですね。今でも許可が必要ですけども、当時、歌舞伎十八番っていうのは市川家の許可がないと、上演することはできなかったんですね。だけどそれを無断でどこかの小芝居で演っちゃったみたいで、それが九代目の逆鱗に触れて破門されるんです。当然江戸にいられなくなって、上方に流れていくんですね。

上方でも名前が知られてるから、次から次と名前を変えて、いろんな小芝居に出ていたらしいんですね。そのときに名前っていうか、存在を覚えてもらうそして、だんだん視界がせまくなって、安徳帝のことも義経のことも見えなくなってくる。岩場にのぼり、大きな碇の綱を体に巻きつけます。ふつうは後見とかがやってくれそうですよね。でもこうやって自分で結ぶ事により死への覚悟を深めていくんですね。清盛に対する恨みの念も、義経に対する気持ちに反比例して高まっているのかもしれません。

そしていよいよ、その碇を舞台後方の海中へと投げ入れます。沈む碇の重さでグイグイ海の方へと引っぱられる。知盛は力強く合掌したまま、ついに後方へと跳びはねて入水するのです。文楽では足遣いが客席に背を向けて高く掲げた知盛の足を徐々に岩場の向こうへと消してゆきます。それを見送った一行が花道から去ってゆき、最後に弁慶が法螺貝を吹いて知盛の魂を鎮魂します。もともと「怨霊」であった知盛ですから、二度死んだと解釈するよりも、本来の場所に帰っていったと考えるべきでしょう。海はどこまでも穏やかであったはずです。

ために、宙乗りをしたり早替りをしたり本水を使ったり。それで上方で大変有名になったので、九代目團十郎も許してですね。破門も解かれて、初世猿之助となります。そういう意味では、市川海老蔵が先代市川猿之助に、指導を受けるということはですね、とても歴史的におもしろいことですね。かつての緊張関係を越えて、とにかく純粋に見てて面白いと思って海老蔵は猿之助のところへいったのだと思うんですね。これから延若、猿之助の後継者が出てくるんじゃないかなと思います。

義経千本桜

第六話 人情噺文七元結《にんじょうばなしぶんしちもっとい》

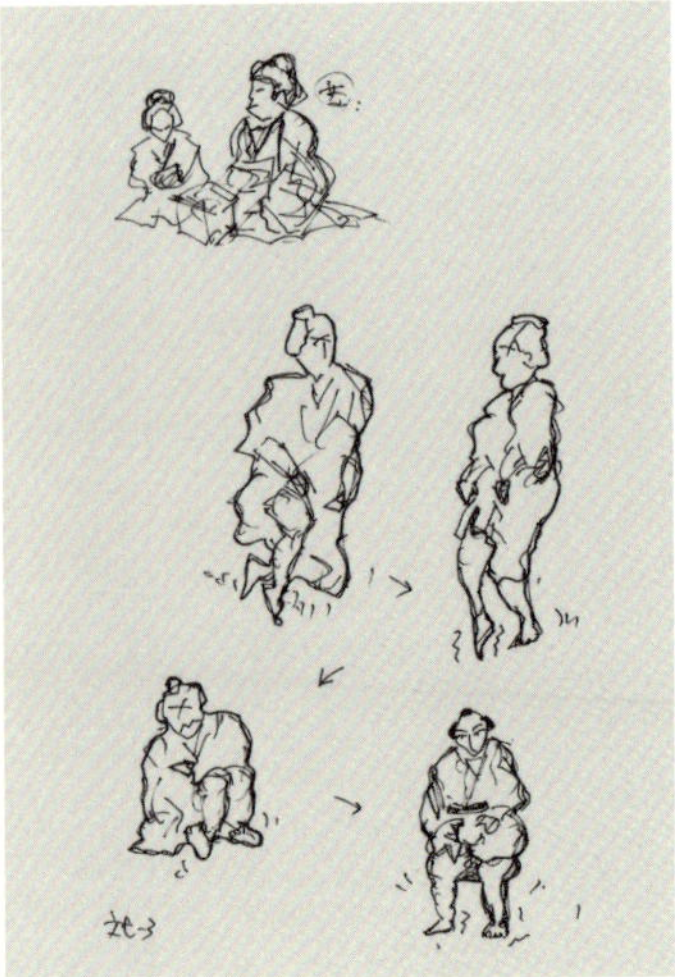

持ってきな
五十両、

今日は落語『文七元結』を原作にした歌舞伎の『人情噺文七元結』です。明治時代に五代目尾上菊五郎という方の意向によって、当時の狂言作家の榎戸賢治《えのきどけんじ》という方が歌舞伎に変えました。落語の方の原作者、三遊亭圓朝が作ったはなしは色んなジャンルがあるんですけども、その中でも「人情噺」というジャンルがありまして、口偏に新しいと書く「噺」、いかにも落語らしい表現ですね。あるいは口偏に出ると書いて小咄なんかもあります。研究者によっては落語家と噺家を分けたりする方もいて、ぼくは割と落語家というより噺家という表現をよく使います。何となく噺家の方が口からどんどん新しい事をいってるという、動的なイメージというか、色々喋ってる感じがしますでしょ。

人情噺というのは、落とし咄というものと違いまして、いわゆるオチとかサゲがないんですね。結末のところで面白おかしく終わっていくというのが無くて、つまりひとつの物語を語っていくようなものが人情噺なんですね。だからこれは、その後の物語を簡単に申し上げて終わってもかまわない。途中で切って、後に文七とお久が一緒になって元結屋を開き、繁盛したのでございました、とかいって終わらせればいいんですね。ところがサゲとかオチがある場合には、そこまで行かないとお客さんが納得しないですよね。人情噺の場合は、「物語る」という事が大事なんですね。

落語の世界でいうと大阪・京都・神戸でやられてるのは上方落語といいまし

て、この人情噺は東京でやられている江戸落語です。上方に人情噺というジャンルは無いんです。上方はどちらかというと爆笑ネタで、まぁ関西人の気質がそうなんでしょうね、笑わせないと落語じゃないみたいなとこがあるんでしょうね。要求水準が高いのか低いのかわかりませんが、特別な要求水準を持ってる方が多いので、人情噺なんてシンミリしたものを聞かされたあかつきには金返せってことになるんでしょうね。なおかつこれはぼくの意見ではなくて、桂米朝師匠の意見なんですけども、師匠が仰るには、「もともと大阪には文楽人形浄瑠璃があるやろ」と。人形浄瑠璃がいってみれば上方の人情噺ですよ、全部じゃないけど多くの場合ね。恋愛物があったり、心中物もありますよね。ですからそっちでお客は十分泣いてるわけですよ。だから何も落語に来てまで泣く事ないだろうということで上方落語には人情噺が無いというのが師匠の意見なんですね。

『文七元結』は、近代落語を始めた人、あるいは江戸落語をまとめた人として知られる三遊亭圓朝が明治二十二年（一八八九年）に「やまと新聞」［図版1］という当時の地方紙に速記で連載を始めたものです。この速記というところが大事で、当時の表現形態としては非常に重要かつ最新のメディアだったんですね。今だったら録音とか録画とかで記録が取れます。ただ当時はそういう機械がありませんから、生身の人間が直に聴いて、聴いた内容をそのまんまの口調で文字化するんですね。この速記というのは非常に簡素な記号の連なりで、その人の言葉を口調や

［図版1］『圓朝全集』七巻、岩波書店、二〇一四年

間、雰囲気まで完全に複写するんです。もちろん新聞ですから、それをもう一度活字に変えて発行する。圓朝さんは理由があって後半の人生では寄席の高座に立つことが無かったものですから、もっぱら速記という形で自分の新作のネタを発表してるんです。だから『文七元結』という作品が圓朝によって実際に高座で上演されたという記録は見つからないんです。速記だけ、つまり書き物です。ただ、書き物だけど喋った内容が文字になってますから、いわば口語体なんですね。明治時代には、いわゆる言文一致という言葉がありますけど、書き言葉と話し言葉が一緒の表現になるという、時代としては境い目のところでした。江戸時代までは書き言葉と話し言葉は別々ですよね。圓朝という方は速記という伝達、翻訳手段を使って見事にそれら両者を一体化した方、ということで、文学の伝統にも大きな影響を与えた方です。

落語は古い言い方で「舌耕《ぜっこう》」といいます。なかなか良いですよね、耕すというのは当然これで食っていくってことですよ。落語だけじゃありません、浪曲であったり、講談であったり、あるいは色んな面白い話をする人は沢山いますから、そういう芸能全体を総称して「舌耕者」あるいはそういう人たちの行う表現のことを「舌耕芸」といいました。[下段1]

一方で「話芸」というのは、話術によって楽しませる芸のことです。だから話芸の場合は、別にそれで食わなくても良いんですね。生計立てるなんて野暮なこ

[1]
「舌耕芸」というのは辞書的にはこうあります。「講義・講演・講談など、弁舌によって生活の道を立てること」あるいはそれが文章になったものを「舌耕文学」とあります。いま皆さんの前で喋ってるぼくは「弁舌によって生活の道を立て」てますから「舌耕者」のグループのほんの末席の末席を汚してることになりますね。しかし、舌で耕すというのは良い言葉ですね。非常に古い中国の文献にも「舌耕」という言葉があります。

とをいわないのが話芸の良いところです。落語、漫談、講談など、いわゆる今の笑いのほとんどが話芸ですね。もちろん漫才とかコントもこの中に入れていいかもしれませんが、コントというのはかなり演劇的な身振りが強いので、話す事よりも、振る舞う、アクションするということに重きが置かれているということでは少々違うかもしれません。この話芸という言い方、意外に新しく、昭和三十年代後半から使われるようになりました。当時佛教大学におられた関山和夫先生が、この話芸の名づけ親です。［下段2］

こういう人たちはもともと特に京都や大坂などで「辻噺《つじばなし》」といって、道とか路地の四つ角に座って、通行人に声をかけて観客にしていました。通行人は通行することが目的であって噺家の話を聞くことが目的ではありません。その目的を変えさせなきゃいけないんで、見台《けんだい》の所を小拍子でバンバン叩いたりしました。バナナの叩き売り、といっても今の若い人には分からないかもしれませんが、大きい音で驚かせて注目させるわけです。これはいわゆる大道芸の域に入るんで、お坊さんがお寺で檀家さんに向かって仏様の有り難いお話をするというようなものとは全然違うんですね。今日のぼくの歌舞伎の話を四条通とかで話したら大変ですよ、みんな桜を見に行くので忙しいんですから誰も聞いてくれない。ですのでいまだに上方落語というのは、見台、膝隠し、小拍子が使用されていて、そういう伝統が残ってるんですね。

［2］

関山先生もいわれてますが、「話芸」には三つの歴史的な伝統がありまして、「説話」と「咄職」と「説教」になります。

「説話」とはいわゆる「昔話」「御伽話」です。そういうものは口で言い伝えていくわけです。書き言葉で伝えていくわけじゃないので、歴史的にどこの地域にもあるものです。観光地にお出かけになれば、お土産物屋さんなんかで、ご当地の昔話にちなんだグッズが売ってたりしますよね。

「咄職」というのは「御伽衆」とか「噺衆」ともいいまして、特に太閤秀吉の戦国時代に、そういう将軍とか大名の傍にいる人間で、暇な時間に色々面白い話や一方で江戸の落語は、蕎麦屋とか鰻屋とかの二階の座敷で、ごくごく少ない人数のお客を相手に喋るところから始まってますから、街角で人を呼ぶ必要がありませんでした。三笑亭可楽（もと山生亭花楽）という方が料亭の二階で定期的に行っていまして、初めての専門の落語家といわれています。それまでの噺家というのは、何かの職業に就いている方が多くて、まぁこの方も、もともと櫛職人なんですが、そういう方がその仕事を辞めて噺家として一本立ちしたんですね。一本立ちというのも実は落語の世界の言葉なんです。［下段3］

・

『文七元結』は落語の系譜の中で人情噺というグループに入り非常に正統派の落語、江戸落語の真骨頂といえます。

ついでながら、ぼくなりに落語っていうのはどんなもんなんだろうなって考えたところ、いくつかの「落語は○○」でいえるんじゃないかと思うんですね。まず、いうまでもなく「落語は話芸」ですね。言語を使って話します。もちろん例外的に手話落語であるとか、外国語落語、中国語、英語、韓国語とかを使ったものもありますが、基本的には日本語で、大坂だったら上方言葉で、江戸だったら江戸っ子弁で話していくものです。

役に立つ話をして、退屈をしのぐという役割がありました。身分の高い人の退屈しのぎのために雇われていた専門職の人間を咄職というんですね。たとえば、秀吉のときの咄職の中で、曽呂利新左衛門であるとか安《あん》楽庵策伝《らくあんさくでん》といった、後の落語というジャンルの創造者になる人たちも秀吉の傍にいたりするんですね。彼らはプロなんです。だから「舌耕者」のプロというのはこの「咄職」なんですね。「説教」というのは、これはお寺さん、お坊さんですね。当時はまだ読み書き能力が低かった時代ですから、面白おかしく、そしてわかりやすく地獄の話とか仏様の話とか有り難いお話とか、今では「法話」といぼくはもともと東京の人間で、大学入学で大阪に来て、今は大阪に長く住んでいますが、なかなか関西弁が身に付かなくてね。大阪の言葉を覚えるようになったのは上方の落語に足を運ぶようになってからです。だからぼくが喋る大阪弁ってちょっと古いんですね、だって春団治師匠とか米朝師匠が話される上方の言葉ですから、背負うを「せたらう」とかいってしまいますからね。せたらうは今では大阪人でもあまりいいませんよね。ただそういう言葉は非常に生きた芸能ですからね。もし皆さんの中で江戸っ子の言葉を覚えたいと、いまお使いになる人ほとんどいませんけど、そうするとやっぱり東京の落語を聞かれるといいですね。ただ、本当はあまりよくありませんけど、ちゃんとした江戸弁を喋る人っていうのはほとんどいらっしゃらない。けれどその跡を継いでいるわけです、系譜としてね。芸の内容だけじゃなくて喋りそのものをちゃんと伝えていかないといけないのかなと思います。

それから、「落語は上半身だけで表現する身体表現」です。新しい言葉でいえばパフォーミングアーツですよね。

それから「落語は想像力」。体の動きが制約されていますし、ひとりで演じますから、聞いている方は頭の中で登場人物を自分なりに想像しなきゃいけないわけです。噺家はそんなに声色を変えませんから、若い娘の役でも歳取った隠居の役でもほとんど同じ声色ですよね。亡くなった古今亭志ん生なんて人は、女形の

う言葉がありますが、そういうものを行う。現在でも「説教節」「説教話」という形で伝統的に残ってます。

こうしたもともとの源を言葉で伝える、とにかく口で話すという行為そのものを総称して「話芸」という風に関山和夫先生はおっしゃってるわけです。興味ある方は、関山先生の『話芸の系譜』などをお読みになってください。

[3]

この可楽という人からいわゆる江戸落語の伝統が始まることになります。当時は落語ではなく、「落とし話」とか「小咄」とかね、そういう言い方をしておりました。明治に近づくと、落語だけだとやっぱりどう

役やるときには声落としますからね、普通は高くするでしょ、でもわざと落とす事によって観客が「オッ」って聴くのね。芝居じゃないですから、「女の人が話している」という状況が伝わればいいんですね。だからそのあたりの想像力が必要です。そういう意味では「落語は非常に不親切な芸」だともいえます。これは好意的にいってるんですよ、全部を見せてくれないんですね。ただし考えてみますと、古典芸能、伝統芸能は想像力が必要ですし、かなり不親切ですよね。途中で辞めちゃったりしますからね。黙阿弥とか南北の歌舞伎なんてのは、やっと敵討ちが達成すんのかと思ったら敵味方二人とも刀置いちゃって、「まず本日はこれきり」とかいって終わっちゃいますからね。そういう意味では相当不親切なんですが、そうであるが故に観客は想像力を駆使して楽しむ事ができるんですね。だから大事な不親切です、何でもサービスすればいいってもんじゃないってことですよ。

　それから、もちろん時代による変化が要求されますから「落語は変化する芸能」ですね。時代の流れとか、あるいは聴いてる世代であるとか、場所であるとか、そういうものにちゃんと適応していく体力を持っている。ただ今日の『文七元結』はなかなか上方で上演されるのは難しい。たとえば地名ですね、色んな土地の名前が出てくるんで、それをそのまま大阪にずらそうとしてもできないんですね。浅草寺ってお寺が出てきますが、これは上方だったら天王寺に動かせるん

も退屈だといわれるようになってきたんでしょう。面白おかしい話をするだけでは落語家本人も退屈だったのかもしれません。そこで今だとほとんど滅んでしまったんですが、大きなアクションをするとか、珍しい自分の特技芸を見せるとかね、いわゆる「滑稽咄」とか「珍芸」とかいわれる派手派手しいものが行われるようになりました。たとえば座布団の上に着物を着て座るという作法すら変えだすんですね。たとえば立ち上がって話をするとか、いきなり踊りだすとかね、あるいは着物じゃなくてステテコだけでやるとか、何かそういうコスチュームを変えたりすることでね。

　この伝統がわずかに昭和

です、そう大変ではないんですね。ただ浅草の全体の土地が出てくるのが『文七元結』なんで、これを全部上方に置き換えるのはなかなか難しい。もちろん工夫は可能ですよね。そういう意味での変化ってのもぼくは面白いと思います。

今こうやってぼくが話してるようなことは、研究の対象になるっていうか、別に落語学って学問があるわけじゃないんですが、落語というものが色んな勉強になるということです。ほんとはぼくは落語を研究の対象にしたくなかったんですけどね、寄席に行って聴いてるだけでいいんじゃないかって感じがあるんですけど、何か調べ出すといつの間にか研究になっちゃうんですね。だから、どなたかが歴史的なこととか演出の違いとかね、やったらいいんじゃないのってことで。たまたまぼくは東京の江戸落語をきいていて、大阪に来てから上方落語をきいたんで、変な言い方ですが落語でいえばバイリンガルなんです。これはなかなか少ないんですね。噺家でも今両方できる人はいないです。昔、四代目の三遊亭圓馬という噺家がいたんですけど、この方は大阪と東京の言葉を両方使えるバイリンガルだったんですね。

・

圓朝の話に少し戻しますが、谷中の全生庵っていうところにお墓がございます

まで残ってたのは先代の林家三平師匠だけでしょうね。三平師匠は大抵座布団の上に座らない、スタンドマイクですからね。着物は着ていらっしゃいました、紋付袴ですね。でも話は全然古典落語じゃないですからね。お客さんをいじりますからね。今の綾小路きみまろさんが大体その系譜を継いで、漫談の系譜になっていますけど、あれは「滑稽」とか「珍芸」とちょっと違って、ひとつのジャンルになるんですね。見事なもんです。

ただ、これではやはり話芸は荒んでいくだろうということで、圓朝さんなんかが「人情噺」とか、あるいは「芝居噺」といって、ちゃんと起承転結がある話、

けども、明治二十年代、ちょっと事情があって、席亭と大喧嘩しちゃうんですね。席亭ってのはその寄席のプロデューサーみたいなものですから、その人と喧嘩しちゃうと寄席には出られなくなっちゃうんですね。今だったら弟子一門全部連れて辞めちゃうかもしれませんが、この当時ですから、圓朝さんだけが辞めて、弟子たちは出られることになったんですね。

彼は十七歳のときに圓朝になってから、二十歳の段階でもう人情噺を演ります。しかし当時は、道具入りで演じたりして、プチ歌舞伎みたいな感じだったんです。このやり方は亡くなった八代目林家正蔵師匠がずっと演っていました。道具を使ったり早替りで着物をぶっかえたり、あるいは書き割りの背景を変えるとか、かなり大掛かりなことをやるんですね。圓朝の「道具入り芝居噺」は、落語を超えるところもあったんで、政府の方からあまり派手なものは良くないと指導が入ったりする。それでもう圓朝の方が「いいや」という感じで、その後、明治に入ってからは「素噺《すばなし》」という、いわゆる純粋落語の形態ですね。座布団の上で着物を着て、扇子と手ぬぐいだけを小道具にしてね、それで全てを演ずると。こっちの方がかなり難しいわけですが。

同じ頃に圓朝は禅の修行を始めます。義理の兄がお寺さんのお坊さんだったたってこともあるんですけど。あるいは山岡鉄舟なんていう明治時代の豪傑がいるんですけど、鉄舟と交流を結んで禅の修行を始めたりして、最終的に彼は「無舌《むぜつ》」「噺」をするんですね。沢山の登場人物があるんですが、それをたったひとりの話者が上半身の動きだけで演じ分ける。そういう割と現在の落語の伝統に近いものができ上がってきたわけですね。これが最終的に古典落語というものになったんです。

もとより、「古典落語」という言葉自体が新しい言葉で、昭和二十八年ぐらいまでは無いんですね。TBSがラジオ放送をするときに、落語っていうだけだとどうも座りが悪いということで、「古典落語の夕べ」とかね、今だとそう珍しくもないネーミングなんですが、そういう言葉を使うようになってようやく古典落語っていうのが定着したわ

といって、何も語らなくてもすべてがわかるという境地に入ってしまう。［下段4］

圓朝は必ずしも言文一致を大成させたわけではありません。たまたま圓朝が喋ったものが速記になって新聞に掲載されたから、書き言葉でありながら話し言葉なんです。話し言葉のまんま活字にした、そういう伝統が文学の世界に無かったんです。

若い文学少年がたくさんいた明治時代ですが、ひとりの男が、当時の文学者の中では神様といわれた坪内逍遥先生に相談に来るんです。これは二葉亭四迷という、「くたばってしまえ」をそのまま漢字にしたふざけた名前の作家なんですが、ロシア文学の専門家の彼がなかなか物が書けないって悩んでるときに坪内先生が、それなら圓朝の高座と速記を見て、話し言葉で小説を書けばいいんじゃないのってことで書いたのが『浮雲』なんですね。ですから近代日本文学、明治文学の基礎っていうのは圓朝が間接的に作ったといっても間違いではない。

いうまでもなく読み書き能力が上がってきた明治の庶民ですから、また江戸が東京になって都市ができたわけですから、新聞の発行部数がかなり延びたんですね。これによって最終的には古典落語というのは、速記で表現するものになったんですね。つまり録音できませんから、SPレコードもごくわずか数分しか入らないので、人情噺みたいに長いものはできませんから、昭和の半ばぐらいまでは速記という形で残ってます。今でも小三治師匠なんかは速記になったもの、正確

けです。それまでは単に落語っていってたんですね。あるいは落語を行う場所である高座といいます。お坊さんが座るところも高座っていいますので、仏教的な伝統が名前の中に残ってるわけです。また古典落語に対しても創作、新作といって、上方だったら六代桂文枝を襲名された桂三枝さんなんかが新作落語（創作落語）をいっぱい出してますね。あの方は古典は一切やらない、新作だけですね。東京でも、古典一本という噺家もいれば、古典と新作の両方を高座にかける噺家もいて色々ですね。

［4］
この時代だったらもしかしてSPレコードで音源が

には録音したものを文字化したものでちゃんと記録が残ってます。だから読む落語というのがあります。読む落語と聴く落語と観る落語と三つあるんですね。そういう順番でメディアというものが変化していきます。文字の情報、音の情報、映像の情報。メディアの発達と落語の発達っていうのは非常にオーバーラップするところがあるんです。そこは面白いテーマですよね。もちろん、演る落語というのもあるかも知れませんが。

圓朝は速記という形で実に多くの作品を残されています。特にその中でも落語として名高いのは『鰍沢《かじかざわ》』。これは山梨県の鰍沢が舞台になっている、非常に珍しい地方ネタです。それから『大仏餅』『黄金餅』『死神』『心眼』などはよく知られております。『死神』というのはもともとグリム童話から圓朝が翻訳を使って日本風に翻案したものです。あとは『芝浜』、今回は扱いませんが、この『文七元結』と並んで歌舞伎でも落語でも、特に年末に上演される演目です。

・

落語と時代の関係にふれたあとで、ようやく歌舞伎の『人情話文七元結』に入っていきたいと思います。

本所達磨横町に住む左官の長兵衛というのが出てきて、この長兵衛が博打です

残ってるんじゃないかと思われる方は歴史的に非常に正しいんですね。つまりグラモフォンっていうドイツのレコード会社が日本にやってきて、SPレコードって厚さが七〜八ミリはあって落ちるとガシャンって割れるんです。ガラスのようなものだったんですから。それを竹の針で再生して蓄音機で聴く。グラモフォンが日本に来たのはちょうど一九〇〇年、明治三十三年のことです。

圓朝はその年に亡くなってますから、SPの録音の時期には間に合わなかったんですね。もう一年早くグラモフォンがレコード盤を持ってきてたらと悔やまれます。片面三分程度しか入りませんから、歌舞伎とか

っからかんにすっちゃったんで、フンドシ一丁と半纏一枚だけで登場します。当時は博打で身ぐるみ剥がれた場合にはお情けで半纏だけは貸してくれるらしいんです。フンドシ一丁で年末の大晦日間近の夜の街に立つっていうのはあまりにも気の毒だっていうんで。半纏だけ貸してもかえって寒いような気がするんですけどね。ほぼ素っ裸なんですね。家に帰ってきても真っ暗です。家にはお兼という奥さんがいて、落語ではあんまりこの名前は出て来ないんですけど、歌舞伎ではお兼という名で出てきます。

　このお兼の話を聞くと、娘のお久が行方不明になったということで、長兵衛は慌てるんです。夫婦で慌てているところにひとりの身なりの良い男がやってくる。これは新吉原からの訪問者です。つまり浅草浅草寺の裏手に吉原という歓楽街、遊郭があって、一回焼けて場所が移ったんで新吉原というんです。テレビや映画に出てくる吉原というのは新吉原の方です。そこの大籬《おおまがき》というんですが、最も大きい老舗ですね、佐野槌《さのづち》（角海老）という店があった。［下段5］やってきた番頭に呼ばれて長兵衛さんが行くとですね、女将がいて、歌舞伎ではお駒っていう名前になっているけれど、お久を預かってるんですね。

　お久は自分の意志でこの新吉原にやってきたと。長兵衛は角海老の左官をやってたんです、仕事としてはいい職人なんだけど、酒と博打にうつつを抜かすとんでもないという、江戸の典型的なダメ男のパターンですね。だけど完全なダ

オーケストラは無理なんですね。三分っていったら「小咄」か「小唄」でしょ。大きいスピーカーに向かってダーッとがなるように喋るわけです。だからもし圓朝が長生きするか、SPレコードの録音技術が日本に一年早く入ってきていたら、肉声が聞けたかも知れないってことですね。

　そして速記としては、若林玵蔵《かんぞう》さんていう方が、速記学校の第一期生です。速記というのは、国会で予算委員会とか審議とかがあったときに、それをちゃんと記録するということが大目的だったんです。すでにアメリカやイギリスの閣議ではそういう速記の人たち、ステノグラファーというんですが、大活躍してたんで

メ男じゃなくて職人としてはいい腕をもっている。『芝浜』に出てくる主人公も、酒にはだらしないけど、魚屋としての腕はいいんですね。多くの人はそれ見て「あぁ俺もいいんだ」って安心してるんですけど、腕が悪いってことは、仕事やらせたらピカイチってことですから、なかなかぼくらはここまでたどり着けないんですが。まぁ落語のキャラクターの作り方の皮肉なところですね。それで、お久はあまりにおとっつぁんがだらしないもんですから、おっかさんのことが気の毒だというんで、自分が身を売って代金をもらおうとする。これが五十両、原作では百両になってますが、百両は高すぎるというのが歴史的にあるそうで、江戸の相場でいうと一両が大体八万円ぐらいですから、五十両で四百万、百両で八百万、まぁそんなもんかも知れませんね。身売りをしてどのぐらいの相場になるのかって、時代によって違いますから難しいんですけど、とにかくお久は自分の意志で角海老へ行って女将と交渉をするんです。

　長兵衛はそこに呼ばれて、この女将から散々怒られるんですね。それでお久を預かる変わりに五十両貸すから、これで年末の借金を全部返せというわけです。返済は一年待つ、と。この五十両は貸したお金だから、角海老の方に返してくれればお久を返すと。この一年を一日でも過ぎたらお久を店に出す、つまり遊女にする、と。一年間は猶予期間ですから、女将の傍に置いといて、小間使いにするんです。だから悪い病気にかかるとか遊女特有の不幸に巡り会うことは無いんで

すね。ステノグラファーは小津安二郎の「晩春」という映画の中で出てきます。原節子演ずる紀子の女学校時代の同級生がこの商売で、英文速記っていうんですよね。非常に新しいですよね、月丘夢路が洋装で演じています。原節子も洋服着てるけども和服な感じなんです。月丘夢路は完全にハイカラなんです。お家でショートケーキ作ったりしてるんです。その彼女の職業がステノグラファー。だからあの時代で彼女は日本人でありながら英語の話を速記に変えるというね。英語の能力と速記の能力とふたつ持ってるんですね。すごいハイカラな商売を、小津は戦争直後の映画に巧みに取り込んでるんですね。

すね。［下段6］女将は長兵衛を立派に、もう一度一本立ちさせるために、お久を使って賭けに出るわけですね。だから長兵衛がちゃんと五十両返せるかどうかはこの段階ではまだわかんないんですよ。

　大事な五十両を持って吉原から吾妻橋にさしかかるとひとりの男が身投げをしようとしている。この場合は大川、つまり今の隅田川です。ここで身投げをしようとするひとりの男をつかまえるわけです。彼は、手代の文七といって、これも落語と歌舞伎で色々設定があるんですけど、白銀町三丁目の鼈甲《べっこう》問屋「近江屋卯兵衛」という名前もあるし、もともと歌舞伎の原作では横山町の小間物問屋「和泉屋清兵衛」、「いずせい」なんていう名前になっていて、だいぶ違うんですけど、いずれにしても小間物を扱う問屋、かなり羽振りのいいお店の手代さんなんです。この手代がお店のお金五十両を他のところから預かってきたんですが無くしてしまったんです。盗まれたと思って、手ぶらで店に帰るわけにいかないんで、もう死んで責任を取ろうということで身投げをするという。いっていることはどうも嘘じゃないみたいだし。何てったって左官屋長兵衛、江戸っ子ですからね、目の前の不幸を放っとくわけにいかないんですよ。自分が一番不幸だってことをすぐ忘れちゃうのが江戸っ子の癖です。そうやって文七に五十両を叩き付けるように渡してしまう。

　ただそのときに、自分の娘が角海老に身を売ったお金だから、この五十両を使

［5］
　ややこしい話なんですが、圓朝は佐野槌という名前で演ったんですが、明治のなかばには角海老って店の名前に変わってんです。これは別の店ですよ。ただ角海老は明治時代にできた店なんで、噺を作ったときには佐野槌なんですね。だから多くの噺家は明治の風情を殺して江戸の風情に戻したいがために佐野槌という名前にしてます。『文七元結』を得意にしていた六代目三遊亭圓生師匠も初期の頃は角海老を使ってましたけど、後には佐野槌に変わりました。ただ歌舞伎は角海老でやってます。これには理由が色々あるんですが、もともとの圓朝の作品をそのまま歌舞伎にしたん

うときに吉原の方に向かって手を合わせてくれとかね、お稲荷様でも観音様でも何でもいいから毎日水でもやってくれなんて神妙なことをいって、長兵衛は文七が川に身を投げる代わりに、五十両のお金を文七に投げつけるんです。川に文七は落ちなかったけど、五十両は文七の元に落ちた。このへんの情景が大事なところなんです。そして長兵衛は走り去る。

　文七は五十両を貰ってとても長兵衛に感謝するけども、長兵衛は名前をいわなかった。江戸っ子は自分で名乗らないからね。わずかにお久と角海老という名前が記憶に残ったぐらいなんですが。文七がその五十両を持って、掛金を貰ってきた体で店に帰ってくるわけです。

　ところが文七は途中で寄った屋敷で囲碁をやっていて、碁盤の下に五十両を置いていました。夕方になって暗くなって慌ててお店に戻ろうとして五十両を置き忘れてしまっていたんですね。それでその屋敷の方が店にすでに五十両届けてたんです。つまり五十両は先に帰っていて、文七が五十両持って後から来る。そうするとお店の人は訝しみますよね。この五十両どうしたんだって。

　そこで出てくるのが一応清兵衛さんとしておきましょうか、和泉屋清兵衛という非常に温厚な主人、それと、落語でも歌舞伎でも番頭というのは一癖あるもので、ちゃんとした番頭ってあまり出てこないんですけど、その番頭が文七のわずかな情報から、お久が角海老に身を売っているってことがわかるんですね。こ

で角海老にしたって話もあります。サノヅチよりカドエビの方が発音しやすいでしょ。角海老ってのがこうピンと立ってる感じがして威勢がいいでしょう。佐野槌って何か重いんですよね。店の位は佐野槌の方が遥かに上ですよ。角海老なんか新しい店ですからね。まぁ明治四十四年の吉原の大火で完全に燃えてしまいますけどね。

[6]
　ただ一年経ったら一日目から店に出すよ、ってことで、まぁ半分脅しに近いわけです。大籬の大店の、沢山の女郎を扱っている女将です。当時角海老ってのは遊女が百人単位でいたそうですからね、ものすごい大

の番頭はね、吉原についてものすごく詳しいんです。主人はそのとき怒らなくて、落語ではこのあたりは非常にいい場面ですけど、歌舞伎では省略されちゃってる。彼は実は遊び人の番頭なんです。物語で最もお固いというキャラクターで出てくるんですが、吉原の事を何でも知ってるんですね。この人が出て来ないことには、文七が貰った五十両の宛先がわからないわけですから。そして主人が一計を案じて、この番頭に命じて一晩待ちます。この一晩は実は番頭が吉原に走って、このお久を身請けするための一晩。ここでまた五十両とかそれなりの金額が発生するんですが、それは物語上あまり重要ではないです。それでこの主人と文七は、何とか本所達磨横町、いちばん最初に真っ暗な家、長兵衛がフンドシひとつと半纏だけで帰ってきた家のところにやってきて、お久と五十両を戻して大団円になるんです。

歌舞伎の場合にはそのときに、家主の甚八、鳶頭の伊兵衛ってのが出てきて、長屋ですから当然家主が出てきますね。家主が主人と長兵衛を取りもつ、つまり具体的にはお久と手代文七が一緒になるわけですね。職人の娘と商人の息子ですから、相応ではないかも知れませんが、なかなか納得いかないっていうか月とスッポンだと思ってる長兵衛にとって、それを仲介をするのが甚八さんですね。

落語では番頭によってお久は身請けされるんですが、歌舞伎では鳶頭の伊兵衛さん、これも大体、御馳走、つまり座頭格の役者がつとめるんですね。最近だと

きい店です。ひとりしかいないような店もあったんですよ、それに比べるととても大きい店だったんですが、この女将は旦那さんが亡くなって後を継いでるっていう設定なので、そこは落語でも歌舞伎でもほとんど表現されることはないですけど、重要ですね。女手ひとつで吉原の最も大きい店を仕切ってるんで、つまり優しさだけでは商売できるわけないですよね。

勘三郎さんが長兵衛やったときに吉右衛門さんが伊兵衛。仁左衛門さんが勤めたこともあります。吉右衛門、仁左衛門のファンは最後まで待たないと出てこないんですね。しかも台詞は二言三言。まさに御馳走ですね。歌舞伎はなんたって、沢山人を出せますから。落語でこれやっちゃったら、何が何だかわからなくなっちゃいます。このへんは落語では割とあっさりしているんですね。

落語で大事なのは、お久が自分の意志で身を売ったということと、江戸っ子の長兵衛が娘が身を売ったお金であるにもかかわらず目の前の不幸な人のためにあげちゃうという場面です。ある意味、後半の場はどうだっていいんです。どうせハッピーエンドだから、客はみんなわかってますからね。ただ歌舞伎はそうはいかない。このへんで「本日はこれにて」なんていったらお客が怒っちゃう。ですからちゃんと最後まで描かないといけない。後にお久が文七と一緒になって元結屋さんという店を築きましたってことになります。

基本的な構造としては四つのキーワードが出てきます。つまり、「五十両」「吉原」「博打」「元結」の四つです。

まずはお金のこと、お久が身を沈めようとした吉原苦界。もともとの長兵衛は博打うちの性癖をもっていますが、彼はプロの博打うちではなく、素人ですからすっからかんになっちゃうのね。それから最後に文七とお久が一緒になって店を開く、暖簾分けをして貰うので、鼈甲問屋よりも小間物屋の方が元結には合ってるかもしれませんね。つまり元結ってのはご存知ですか、ちょんまげがありますよね、ここの部分の元を結うので元結です。［下段7］

それで何で文七元結というかというと、これは諸説あって落語が最初ではないですね。もともとは美濃国に桜井文七という方がいて、長野県の飯田で修業してから後に江戸の芝日陰町で元結屋を出店して、この桜井文七は何代も続きます。そこからこの文七元結という言葉が出てきたといわれています。

舞台になってるのは本所深川あたり。今のアサヒビールのあたりが細川のお屋敷だったんで、長兵衛はおそらくこのへんで屋敷番をやってる身分の軽い侍たちと博打に興じていた。そこ

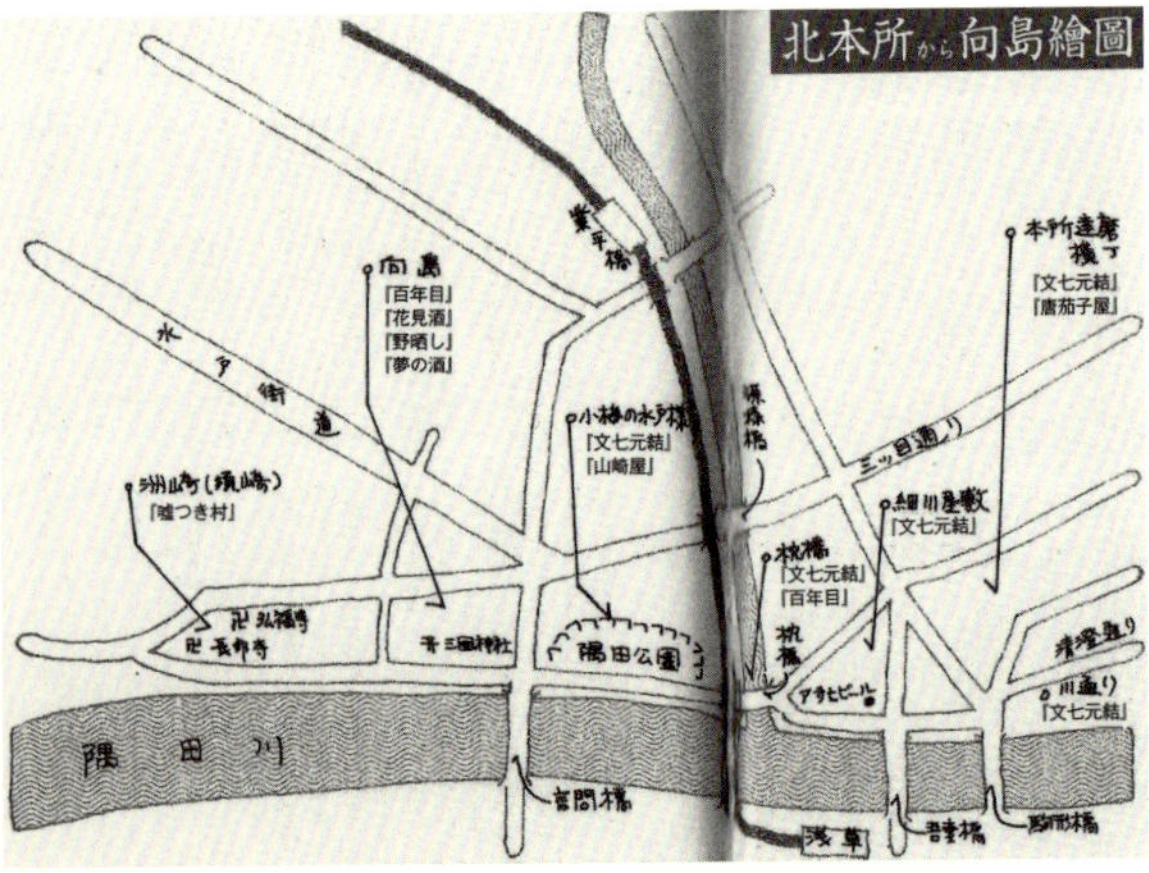

［図版2］栗田彰『落語地誌』青蛙房、二〇一〇年

［7］
名前としては、幕末には文七元結とか扱き元結とか水引元結とかありました。水引の紐を使いますから。ただの紙だと切れちゃうし柔らかくて水にも弱いので、油を塗ったりとか、練ったりなんかして、特別な加工をして束で売るわけですね。もともとは長いものだったんですけど、それを短くして非常に売れ行きがよくなった。髷の大きさが時代によっても年齢によっても、男女によってもずいぶん違うので、色んな長さで色んな色のものがあって、江戸の商人は白だったかな。商人は何とかで武士は何とかって、色が決められてる時代があって、元結の色にまで身分がちゃんと

ですっからかんになって家に帰ってくる。ということで、どのへんに帰るかというのは地図［図版2］が細かいのでちょっとわかりにくいんです。宗教的な名所と遊郭といういわゆる悪所があって、川沿いに武家屋敷があったんですけど、ちょっと奥に入ると裏長屋といって職人たちが狭い長屋で身を寄せ合うようにして住んでいたということになります。

　それから吉原があって浅草［図版3］。「浅草の観音さんに行ってくるよ」っていう奴らは大抵観音さんの裏手に行くんですね、これは『明烏』という落語の中にも出てきて、堅物の若旦那が浅草にお篭りをいたしましてですね、観音様のところに、ということは観音様の裏手にお篭りなんですね。一緒に連れてった男よりも若旦那の方がえらいモテちゃってね、という面白い噺がありますが、地理的なことがわかってないとあの手の遊郭噺はちょっと、とっつきにくいところがあるかも知れません。

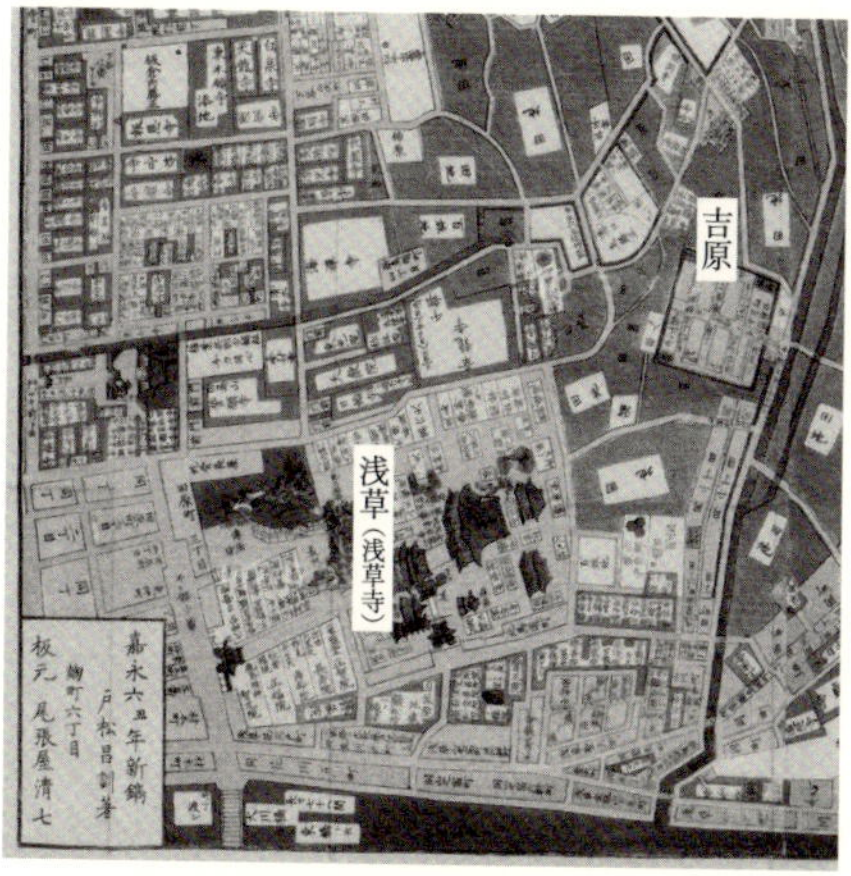

［図版3］「江戸切絵図」今戸・箕輪・浅草絵図（部分）

あったようです。

　それから〝もっとい〟という言葉の詰まり方は、司馬遼太郎が『街道をゆく』の「本所深川散歩」の所でこう書いてます。「〝もとゆい〟が訛って、〝もっとい〟。江戸弁は子音が綺麗に発音される。〝もとゆい〟といえば母音が多く、上方的になるが、〝もっとい〟といえば歯切れが良い。歯切れというのは子音の出し方が綺麗で、時に二個を一気に発音する」。まっすぐといわずに〝まっつぐ〟というように短く切っちゃうんですね。短く切って言葉を一緒に並べちゃう。

吉原の中には、大門があって、碁盤の目のように店がある。目抜き通りがあって、江戸町とか京町とか実際にありそうな町の名前が通りの名前になっていてね、そこに遊郭がずらりと並んでおります。吉原の入り口のところに大きな柳の木があったりとか、あるいは梨の木が植えてあったから梨園とかね。入り口のところにあったお店は今でも残ってますよ。天ぷら屋さんと、馬肉屋さん、明治時代に改築されたものなんで空襲でも焼けなかった。浅草寺の周りは割と焼けなかったんです。

吉原はもう全然ありません。非常に絢爛豪華な町並みだったようで、今申し上げたように大門を抜けて行くと左右に町が流れて提灯がずらりと並んでいる。遊郭の話を聞きたい方はリクエストして頂ければ、別枠でいくらでもしますからね、見てきたようにお話しますから。

佐野槌は、入り口から入ってすぐ右側のところ、江戸町一丁目のところにありました。普通のお店の二十軒分ぐらいの大きさに相当します。角海老はさらに大きいんですね、しかも時計台つき。大門のところから目立つようになってます。一丁目の二番地の通り沿いに四百坪の敷地に木造三階建て。当時の三階建てってとても珍しい。銀行とかオフィスじゃないんですよ、遊郭ですからね。［下段8］

落語としてはこういう感じで浅草の浅草寺から、吉原を抜けてですね、とぼとぼと長兵衛は娘を売った五十両を持って、この道をずーっと通って歩いていくん

［8］
当時の時計台（時計塔）ってニコライ堂と京屋時計店と三つぐらいしか無かったんですね。この時計台の音が江戸の町中に響く。当時は高層ビルが無かったんで非常に広がったんでしょうね。樋口一葉の『たけくらべ』なんかを読むと、この角海老の時計台によって風情を知るなんてことが出てきますね。時刻を知ったり季節を知ったり、女の儚さを知ったり、文学だからそういう風にいっぱい出てくるんです。時計台は実は明治時代の色んな絵はがきにも残っています。立派なものですよね。回廊があってね、木造建築で三階建てで時計台があるっていうのは当時としても非常に珍し

ですね。圓朝がやると「佐野槌を出て、大門をそこそこに、見返り柳を後にして、土提の道哲《どうてつ》、待乳山《まつちやま》、聖天町、山の宿、花川戸を過ぎ、吾妻橋」と吾妻橋に差し掛かる、これが大川です。「待乳山聖天」というのは、小高い山になってるお寺さんです。

い。ようやく電気が入ったぐらいの時代ですからね。

・

それでは少し落語の話を。古今亭志ん朝師匠の『文七元結』は絶品でして、DVD全集なんかも出ていますから是非ご覧になって頂きたいのですが、特に五十両渡すところが非常に演出的によくできてるんですね。何度も申し上げるように娘を売ったお金でしょ、だから長兵衛はそれを渡すのにすごく逡巡するわけです。ためらいってものがよく出てる。それで決心した途端に江戸っ子になってしまうという。一回お金出しちゃったらもう引っ込められないんですね。だから出すのにすごく逡巡するのね。悩んで悩んでね、右手で袂から出して左手で入れちゃうんです。一巡してますから。そしてまたこうやって出す。一回出しちゃったら戻せないみたいなところがあって、そういう意地と思案みたいなところがすごくリアルに出てるので、長兵衛がいかにも江戸っ子の職人らしい。ぼくは師匠が亡くなる二年前の国立劇場で落語研究会の高座を見てますけど、客が本当に生唾のむ音もさせない、誰も呼吸してないんじゃないか、みんな死んでんじゃないかと思うぐらい静かに聴いてて。それがすごく息苦しかったことをいまでも覚えています。師匠は、吉原って言葉を出したり、最初に五十両出して手を合わせるときなんかに、ちょっと下手の方を向くんですね。こっちに吉原の明かりがあるんです。だからこちら側のところから吉原を見て、それで手前に文七が膝をついて上を見上げてるっていう感じがとても胸にせまる。志ん朝落語の一番すごいところは、見えない人物が見えるんですね。文七がほとんど喋らなくても、こころのゆれうごきが全部見える。あるいは二人の間にお久って名前が出た途端に、お久が見えるんですね。それを作る話術ってのは本当に天才的なもんで、誰にでもできるもんではないですね。[下段9]

・

それから角海老の女将っていうのが、さっき申し上げたように、旦那さん亡くしてからひとりで吉原一の大籬を経営してたわけですから、かなりクールなんです。非情というか男勝りな側面があって、歌舞伎での歴代の女形は最高位の方たちが演ってるわけです。[下段10]

で、実は奥さんとお久っていうのは、なさぬ仲、というか実は本当の子じゃな

[9]

さらに、長兵衛から財布を投げつけられた文七が、からかわれたと思って「この野郎」って財布を投げ捨てようとしますが、実際にお金が入ってるってことにすぐ気付く。彼は大店の番頭じゃなくて手代だから、それが小判か石かってことが持っただけでわかるんですね。ただ演出としては持ち上げたときに財布の紐が切れて、五十両がバラバラっと落ちるっていう体でやるんです。それは非常に演劇的なんですね。

志ん朝師匠は三木のり平劇団ってところにずっといてですね、のり平さんが長兵衛を演って師匠が文七を演ったっていう舞台が七十年代にありまして、これは

いんですね。お兼って奥さんは長兵衛の二度目の奥さんなんです。最初の奥さんとの子供がお久だという設定があって、これは圓朝がもともと決めてたものなんです。落語の世界ではそれを無視してる場合もあって、志ん朝師匠なんかは全く無視してますね。だけど、柳家さん喬さんや権太楼さんなんかが演ってるときは、なさぬ仲にした方が愛情がより深くなる、あるいはお母さんが義理の娘であるけども本当の娘のように心配する。つまり本当の娘以上に心配するってことで、なさぬ仲の方が良いんじゃないのってことになってるんですね。

そして鼈甲問屋。あるいは小間物屋の大店の旦那さんが一番最後に出てくるんですが、勘三郎バージョン、つまり山田洋次が演出したシネマ歌舞伎『文七元結』バージョンだと、この旦那も爆笑場面を作っちゃうんですね。だからお久を頂いて文七の嫁にっていっても、お久と出会えたことで長兵衛は大喜びしちゃって話聞いてないんですね。そうすると、「え、旦那さんとお久が一緒になるのは歳の差が」とか長兵衛の勘三郎がいうと、その旦那が「私じゃありません」とかいう場面があって、ちょっとふざけた場面なんですね。でも普通の歌舞伎の『文七元結』ではこの旦那っていうのは笑顔ひとつ見せずに律儀に事を進行させていって、文七とお久を見事に祝言をあげさして、暖簾分けさせるってのが本筋ですんで、実に実直な役の神様みたいな感じなんですよ。だからこの人に笑いを求めちゃう山田洋次ってのはどういう事かなって思うんですけど、その山田洋次の

「落語ファン倶楽部」っていう雑誌の付録のCDに音源が入ってます。ぼくは舞台を見てるんですけど、残念ながら映像は残ってません。この音源の三木のり平はすごいですよ。だって文七に「お前も金ねぇんだったら娘を吉原に売るとかって手はねぇのか」っていうんですね。自分の娘を売ってきたとこなのにそんな言葉がどんどん出ちゃうんですね。「あんたさっきから吉原吉原いうけど何か縁があるんですか」みたいなことで突っ込まれて、たじたじしちゃうとかね、そのあたり非常に面白いんです。

[10]
最近では亡くなった七世芝翫さんですね。秀太郎さ

『文七元結』について、司馬遼太郎先生は「長兵衛は寅さんみたいなもんなんだ」って書いてるんですね、だから山田洋次の演出が似合うってことなんだけど、ぼくにいわせると山田洋次のシネマ歌舞伎の『文七元結』は全員が寅さんになっちゃうんですね。しかし寅さんはひとりでいいでしょう。そんな旦那まで寅さんにしちゃったら寅さんだらけになっちゃう。この旦那の位置づけは結構難しいところがありますよね。

で、文七は何かっていうと、結局物語の中では何もしてないんです。後にお久と一緒になって元結屋を築きます、めでたしめでたし、という〝後〟だけが期待されているわけで、ただ囲碁に夢中になってたためにお金を置き忘れた間抜けな手代ですよ。この間抜けな手代をどれだけロマンチックなキャラクターにしていくかが、歌舞伎でも、あるいは落語でも大事な演出ですね。ですので歌舞伎の場合には今の勘九郎みたいに、大歌舞伎の役者さんと息子さんが、今だと海老蔵とか染五郎とかね、松緑とか、菊之助とかそのクラスの、長兵衛の大体子供に当たる人たちが、必ず文七を勤めるわけなんですよ。だから文七の役っていうのはそれほど重要なんだけど、冷静に読んでみると何もやっていない、ドジばっかり踏んでるでしょ。

それで、なぜ結ばれるのかということになりますと、これは非常に重要なんです。物語として『文七元結』というのは、ちょっと大げさに聞こえるかもしれま

んもよくやるんですが、秀太郎さんだと優しすぎるんですね、もう五十両頼んだら貸してくれそうなんですよ。秀太郎さんが角海老のおかみをやっちゃうと、文七に五十両あげた後ね、長兵衛が戻って「すみません無くしちゃったんでもう五十両お願いします」っていうと、秀太郎は貸してくれる。芝翫だと「お帰りなさい」とか「あんたも沈みなさい」とかいいそうですけど、そうした了簡の違いがあると思うんですが、まぁこのおかみには女形のキャラクターが実はすごくよく出る。だから芝翫さんも本に書いてますけど、難しい役なんですね。世話物は難しいんですね、ほとんど実在してるのと同じことです

から。江戸時代だったらそこらにいるおばさんですからね。そういった人物を演じるのは実に難しい。

せんが、家族の再生、あるいは家族の新生という、非常に大きなテーマが隠されてます。まず左官屋長兵衛とお兼とお久の間がなさぬ仲であるかどうかは別としても、戸籍も当時はまだ無いからわかりませんけども、とりあえずひとつの家族になってますよね。一方で、角海老の女将ってのは旦那さん亡くしてますけども、自分の娘にあたるような遊女を沢山抱えてて、擬似的な巨大なファミリーをもってます。これがふたつ目の家族。それから文七は天涯孤独なんで、五十両を借りられるアテみたいなものを調べてもらう手がかりも無いわけです。ただこの文七が独りぼっちだってことを気の毒に思った主人ってのがいて、清兵衛さんですね、それが自分の息子のように可愛がってるわけです。圓朝の原作を読むと、実はこの主人にも身寄りが無くてね、親兄弟はいなくて一人手でこの店を大きくしたってことが出てくるんです。ただ落語でも歌舞伎でも今その事はほとんどフォーカスされていません。そこまでやると主人がいい人になっちゃいますからね、ただでさえいい人ですから、これ以上いい人にする必要ないんですね。充分なんです。ここにも擬似的な家族関係がある。これで三種類の、本当の家族一組と、擬似的な家族二組があることで、『文七元結』の物語はでき上がってるわけですね。

それで未来に向かって、つまり物語の外にある、時間的に先にあるものとして、お久と文七が一緒になって最終的に元結屋を築くと。元結っていうのは髪を結んでバラバラしてるものをひとつに束ねるでしょ。なんで『文七元結』かというと、文七とお久が元結っていうものを売るってことで、家族が集結して新しい家族が生まれるっていう物語なんですね。これは、ぼくの大変素晴らしい解釈でございますね（笑）。『文七元結』を解説した本は色々と出てますけど、そういうところまで書いてる本はあまり見かけません。ただ今のこういう時代だからこそ、この手の家族っていうのはすごく大事なことです。いわゆる師匠と弟子みたいな、あるいは雇用者と被雇用者みたいな感じでの労使関係といえば固いけども、そういった擬似的な家族があって、新しいものを築いていくという意味で、繰り返しになりますけども、家族の再生とか新生という物語として、この『文七元結』を楽しんで頂ければいいかなということで、今回はこれまでといたします。

第七話

夏祭浪花鑑《なつまつりなにわかがみ》

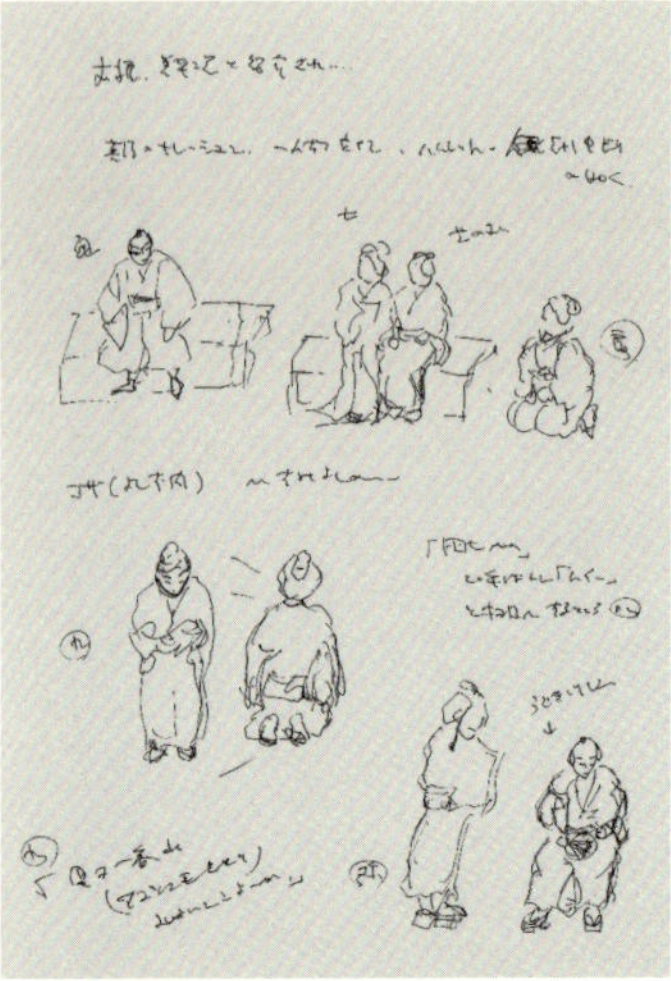

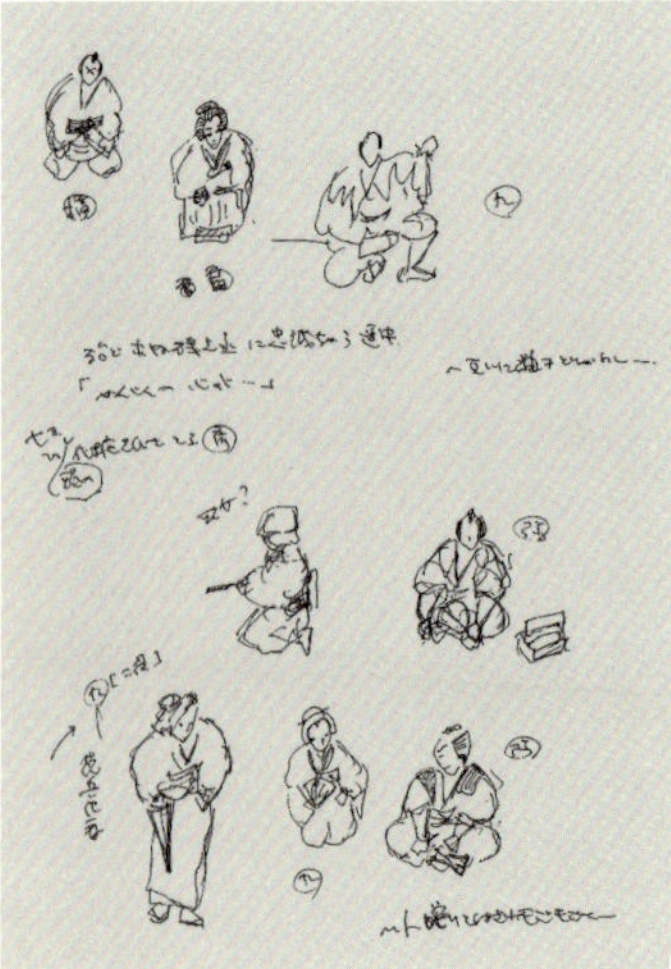

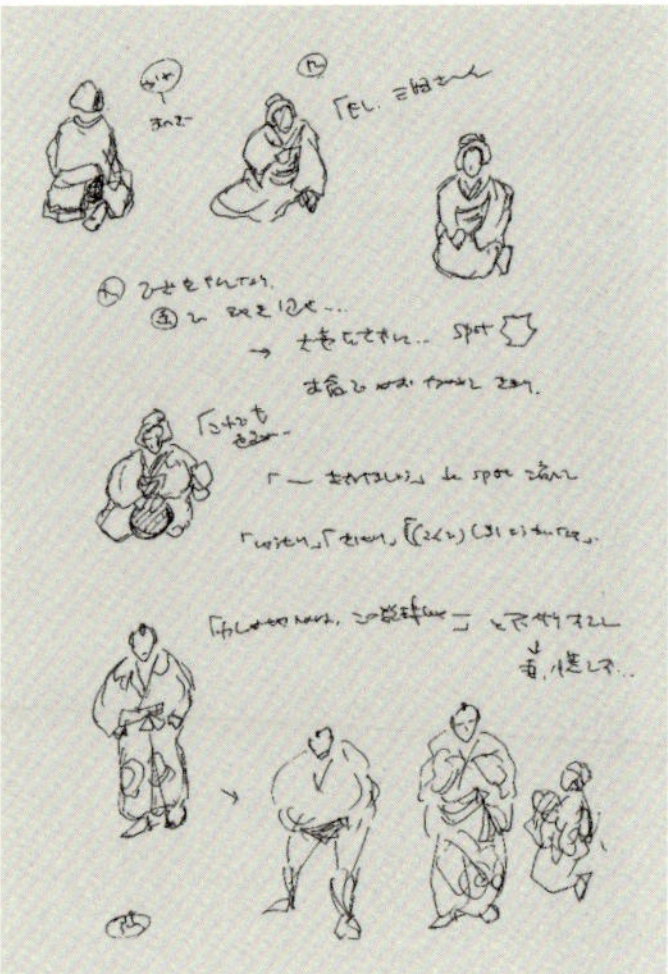

今回は『夏祭浪花鑑』を取り上げます。別の回で申し上げましたが、この作品も並木千柳、三好松洛、竹田小出雲これは後の二代目竹田出雲ですけど、この三人による合作なんですね。特に延享年間（一七四四―四八年）前後の十八世紀のなかばというのは、文楽人形浄瑠璃の原作は合作で作られることが多かったんですね。見せるための文楽っていうのがだんだん出てきてましたから、得意な場面をそれぞれが書くわけです。たとえば喧嘩をするところの脚本を書くのが得意な人がいれば、あるいは愁嘆場みたいなものを書く人もいれば。あまり濡れ場はないですけども、恋愛の場面とか心中の場面とかね、そういうのが得意な人もいます。そういう人が集まって、知恵を出し合ってひとつの作品を作る合作という形態が、だいたいこの延享年間前後にできたんです。［下段1］

歌舞伎あるいは文楽で非常に有名で、上映頻度が高い作品がこの時期に作られたというのは重要です。つまり文楽人形浄瑠璃が、この時期にはおおいに人気が出てきて、当時の批評には「歌舞伎は無きがごとし」なんて書かれてます。だけど文楽側は、できるだけ歌舞伎のように人形を遣いたいんです。人形があくまでも人形なんじゃなくて、そこに魂を吹き込んで人間のように見せる、あるいは人間以上に見せるのが人形遣いの人たちの仕事ですよね。そのへんで葛藤があったんです。だから、まずひとつは人形の構造に新しい革新的な変化を与えました。この時代は人形は突っ込みといって、ひとりの人間が両手を入れて動かす、一人

［1］
一七四六年に『菅原伝授手習鑑』、四七年に『義経千本桜』が、そして四八年に『仮名手本忠臣蔵』が上演されてるんですね。歌舞伎の、あるいは丸本の三大作といわれるものが三人の合作によって立て続けにだされます。そのきっかけになったもののひとつが一七四五年に上演された本作『夏祭浪花鑑』なんですね。その中間には、今回は作品として扱いませんけども『双蝶々曲輪日記《ふたつちょうちょうくるわにっき》』という話があります。これはよく歌舞伎で上演されますけど、やはりこの三人によって合作されたものです。

遣いだったんです。ところが『芦屋道満《あしやどうまん》大内鑑《おおうちかがみ》』という作品で三人遣いになった。つまりいま我々の知っている文楽人形浄瑠璃になったのは、享保十九年（一七三四年）のことです。演出形態、人形の遣い方に変化があり、それから人形の大きさも少し大きくなります。三人で遣わないといけないから、すこし大きくなりますよね。そういう形で抜本的な改革が行われたのがこの時期なんですね。

合作ものが多くなったってことは、物語の語りたいところをちゃんとストーリーとして作ったということですよね。ただ人形の奇跡的な動きだけでお客さんを納得させるっていうのじゃなく、やっぱりストーリーがちゃんとしていないといけないということで、しっかりした物語を作るために合作がされたってわけです。

『夏祭浪花鑑』の初演は延享二年（一七四五年）七月です。まず大坂の竹本座で人形浄瑠璃で公演がおこなわれます。このときは、三代目の竹本義太夫が襲名された前後ですので、演者も文楽の歴史の中で最高のメンバーが揃ってた時期です。普通は歌舞伎になるにはもう少し時間が必要です。ところがわずか一ヵ月後に大坂からもう京都に行ってですね、都万太夫《みやこまんだゆう》座というところと、布袋屋梅之丞《ほていやうめのじょう》座という二座が競演、つまり同じ時期に別の劇場で別の役者によって歌舞伎で上演されるという非常に画期的なことがおこなわれています。また、同じ年の暮れにはですね、大坂で再演されます。暮れなのに「夏祭」ですからね。季節にあわせることはなくて、その舞台に夏を呼ぶと、そういう祝祭的なイメージがこの作品にはあるんですね。「鑑」っていうのは「見本」とか「典型」とか、そういうスタイルが強いんでしょう、『菅原伝授手習鑑』とかね、『芦屋道満大内鑑』とか、まぁみんな同じ作者が作ってるので「鑑」ってなってますけども、「夏祭といえば大坂の典型だよね」っていう意味ですね。そういう名前の作品です。それが十二月に夏の祭りを大坂に呼び込むということで中の芝居、角の芝居、それから大西芝居という、道頓堀に三つの大きな劇場があったんですが、そこで一気に上演されました。角座と中座はこれの名残ですね。いまはそれは残ってません、どちらもなくなりました。竹本座もあったんですけどね、あの通りのところに歌舞伎の三座があった、ということで、関西中の役者がここに集まったんですね。

時を経て戦後になりますと、戦後の記録は一九四七年以降しかないんですが、二〇一二年までで五十八公演。ほぼ毎年どこかで『夏祭浪花鑑』が上演されてるんですね。歌舞伎でも文楽でもそうなんですが、この手の狂言というものには必ず先行作品というのがありまして、つまり『夏祭浪花鑑』を準備した作品群です。これ古いですよ、十七世紀の後半ぐらい、一六〇〇年代です。元禄十一年（一六九八年）、まだ赤穂浪士の討入が始まってないときですね。その時期に『宿無団七《やどなしだんしち》』といってこれはもともと歌舞伎の演目じゃなくて、色々な形で語り物としてはあったようです、無宿者ですよね。宿無しっていうと何かほんとに惨めなんですけど、無宿者っていうと何かちょっとカッコいいんですね、言葉を入れ替えただけなんですけど。その無宿者団七が大活躍をする『宿無団七』を初世片岡仁左衛門が大坂の荒木という場所に片岡仁左衛門座という劇場を持ってましたから、そこで上演しています。ただ本が残ってないのでどんなものかは全然わかりません。

　その三年後ですか、元禄十四年（一七〇一年）という討入の頃ですね。時は十八世紀に入りますが、七年も経ってないんですけど『宿無団七・七回忌』というタイトルの作品がやはり初世片岡仁左衛門によって演じられている。これは当時の記録が評判として残ってますので、どんなものかわかるんですけど、いずれにしても団七が『夏祭浪花鑑』と同じようなストーリーで舅《しゅうと》を止むをえない事情で殺めてしまう。親殺し、父親殺しをやってしまうというものです。実際には『宿無団七』とか『宿無団七・七回忌』のあとに現実の事件が起こるんです。これは長町裏殺人事件、まぁそういうタイトルがついているわけではありませんが、延享元年（一七四四年）の事件がありました。大坂長町裏っていうと、今の日本橋の交差点、黒門市場に行く手前のところぐらいですね、あのあたりはギリギリまで海がありましたから、魚屋さんや食べ物屋さんが随分並んでたみたいです。そこで冬にですね、堺の魚売りが博奕による争いから人を殺している。この殺された人ってのは別に父親ではなくて他人なんですが、これを雪の道に埋めたんです。春の雪解けで死体が見つかって露見して、その次の年、延享二年（一七四五年）に処刑されたっていう実際の事件があったんですね。実際の事件に取材するってのは歌舞伎でも当時はひとつの正当な方法ですから、『忠臣蔵』もそうですよね。ですから、ここから出たのが魚屋団七っていうキャラクターで、そこに作者たちのイメージを重ねたのが現在の『夏祭浪花鑑』の団七九郎兵衛だということですね。

『夏祭浪花鑑』があまりにも名作だったものですから、これに影響を受けたポスト『夏祭〜』というか、『夏祭〜』以後の作品ってのもずいぶんありまして、これ上演されることはあまりないんですけど、まず『宿無団七時雨傘』があります。これ「しぐれのからかさ」って読むんですね、明和五年（一七六八年）に、大坂の竹田芝居で演られたものです。これは、もうひとつ別の事件が更に二十年後に加わってまして、初演の前の年にですね、島の内の岩井風呂というお風呂屋さんで殺人事件が起こったんですね。殺人事件が多い時期だったんですかね。

宿無団七という男伊達、男伊達といっても江戸の男伊達と上方の男伊達とは微妙に違うんですが、上方の男伊達を主人公に見立てて、初世並木正三という人が作品を書いてますね。[下段2] 他には、団七というのが、申し上げたように大坂の男伊達、男の中の男なんですが、その男らしいイメージを歌舞伎で書き換えてまして、性別を逆にしちゃうようなのが結構あるんですね。そのような作品が、十八世紀のほとんど後半になりますけど、江戸で作られてます。

［2］
この作品の面白い所は並木正三という作家自身が物語に登場して事件を解決していくという展開をとっているところ。ちょっと金田一耕助みたいな、あれも横溝正史の分身みたいなものですけども。並木正三自身が出てきて当時の歌舞伎の面白くない部分を指摘したりとかね、役者の芝居が下手だっていったりする、いわゆる楽屋オチというものが入っていて本としてはなかなか面白いんですけど、今誰がやるかなってなると難しいですね。比較的最近、十年ぐらい前に前進座で中村梅之助さんとか父親の翫右衛門さんとかが演られていました。ぼくはこれを見たんですけどコミカル

寛政三年（一七八九年）に作られたものを最初に、明治の初年ぐらいまでに五種類の〝女団七〟があるんです。しかし今現在上演されてるものはほとんど無い、ぼくも見たことないですね。比較的最近だと、七十年ぐらい前に三世中村時蔵が演ったときですから。だけど五種類のうちの三世桜田治助っていう人が作られたものが、上演形態としては残っています。まぁいずれにしても男の中の男を女がやるとどうなるんでしょうかっていうところに面白さがあるんです。それから書き換えとか見立てとかパロディとかは、幕末の四世鶴屋南北の得意とするところです。

それから時は進んで、時代は十九世紀に入りますけれども、『謎帯《なぞのおび》一寸徳兵衛』、これは一寸と書いて「ちょっと」と読むんですけども、『夏祭浪花鑑』の団七の相方ですね、相棒となる男です。一寸徳兵衛として戯曲には書いてあるものですが、『謎帯一寸徳兵衛』といって帯を解くように謎を解いていくという。謎も帯も同じく解いていくことによって中身が明らかになるものですからね。そのように徳兵衛が事件を解決するという話にもなってます。これも前進座でしばしば上演されてますね。住吉の鳥居前っていう場面で、団七と徳兵衛の喧嘩を団七の女房お梶が止めるときに、置いてあるお札を持ってですね、歌舞伎の宣伝の書かれた看板で二人を押さえるんです。宣伝の看板ってのは『曾根崎心中』の看板です。『曾根崎心中』はお初・徳兵衛の話ですよね、だから徳兵衛を止めるってい

な感じがして面白かったですね。本歌舞伎で、大舞台でやってもいいかなって思いました。

う、そういう趣向ですね。他の心中物、『天網島』とかね、『宵庚申《よいこうしん》』ではダメなんですよ。台詞の中にもお初・徳兵衛の物語が出てくる「徳兵衛の刀を引く」という台詞がでてきますから。これ非常にいい場面で、奥さんのお梶さんの気風のよさの見せどころなんです。これが女団七になりますと、二人の女の争いを一人の男が止めるという構図になります。ちょっと色っぽい場面になってしまいますね。

それからたまたま調べてて見つかったんですけど、女団七は浅草のロック座でストリップにもなってるんですね、小松龍子という方で一九五三年~五七年までロック座で大活躍した方なんですけど、浅草ロック座の守り神みたいだった田中小実昌をして「小松龍子こそ人間国宝にするべきだ」といわしめた方でした。ストリッパーの人間国宝ってまだ一人も出てませんもんね、出すべきですね。この方の『夏祭女団七』、見てみたかったなコレ、どんなもんだったんでしょうね。

戦争が終わって五〇年代ぐらいまでは、団七なんていうキャラクターや『夏祭浪花鑑』なんていう演目が東京においても割とポピュラーなものだったんですね。ストリップが割とポピュラーな作品をパロディーにして踊りにしたり演劇にしたりっていうのは今でもそうですから。このときには女団七と名づけてもじゅうぶん成り立つような、お客さんの成熟度というか、知識があったんじゃないでしょうか。

さて、実際の『夏祭浪花鑑』ですけども、延享二年（一七四五年）七月、つまり大坂の竹本座で初演されたとき、浄瑠璃絵づくしといってですね、絵解きで作品が書かれたものが残っているのですが、[参考1]第一部ってとこが欠けちゃってるんです。これ原本も欠けてるのでもう無いんですね。だから二、三、四、五、六、七、八、九と九段物といってですね、当時は五段物とか七段物といって五幕・七幕のものが多かったんですが、それよりも更に多い九段物という形なんです。〈色のみずかみ汲み分けた、お鯛茶屋の塩竈《しおがま》〉とかですね、ストーリーを書いてるというよりは、それにあやかった形で小見出しをつけてるって感じですね。〈道行き妹背の走り書き〉とかね。〈男の意地を立て抜いた、焼き金の女の業だて〉とか、これ意味わからないかもしれませんが、お辰が焼き金、つまり焼きごてを自分の顔にくっつけて火傷を負わせて、自分の顔には傷があるから悪人も手を出さないだろうといって協力するとか、ものすごいシーンがあるんです。だからストーリーがわからないとこれがわからないと、ほとんど意味がないものですね。〈親と子の縁を繋いだ簪《かんざし》のとりなわ〉とかね、これも、子供がお父さんをお縄にするということですね。

先に申しましたように、『夏祭浪花鑑』は全九段ありますが、[参考2]一段目のお鯛茶屋から九段目の徳兵衛内まで、これが全編上演されるってことはまず無いですね。『夏祭〜』は人形浄瑠璃でも歌舞伎でもよくかかったんで、江戸時代までは

【参考1】『浄瑠璃絵尽』（延享二年七月、竹本座）

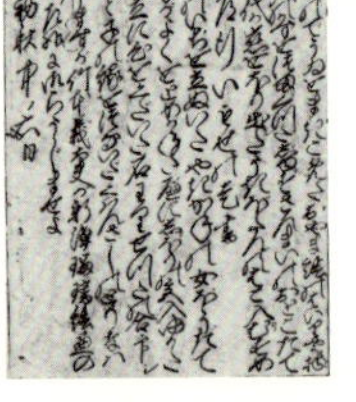

第一　色の水上汲分けた　御鯛茶屋の塩竈
第二　殿のでうゐをまき　こめたおやま絵の　はいりやう物
第三　出入のかずをつま　ぐつたじゆずさん　まいのおとこたて
第四　手代か恋をほり出　シたうきぼたんの　はこ入りむすめ
第五　道行いもせの走書
第六　男のいぢを立ぬい　たやきかねの女ぼ

通しでやられることもあったんですが、通しはあまりに長く、なおかつストーリーが少し複雑なんですね。『夏祭〜』って大坂の男伊達、つまり侠客っていいますけど、男の中の男が三人出てくるわけです。中年の釣舟の三婦って男と、団七九郎兵衛、それから一寸徳兵衛、それぞれ奥さんがいるんです。つまり三組の夫婦の物語ってことになりますから、いってみれば大坂の一般市民でなく侠客だからちょっとアウェイ、そういう人たちの物語になります。

たいていこの時代の文楽っていうのは時代物だったり、あるいはお家騒動とか、無くなった刀を詮議するとか、その手の話が多いじゃないですか。だからそういう要素も実は入ってるんですよ、刀もなくなるんですよ。物語を全部通して読んでいくと、なんかついでに無くしてるみたいな感じがあってね。でもそういう物語も入れておかないと当時の芝居としては成り立ちにくいなっていう考え方もあるみたいです。最近では、「鳥居前」とか、あとは「三婦」、彼は三婦郎兵衛ってのが本名なんですけど愛称で「さぶ」っていわれてて、その「三婦内」とか「泥場」とか「蚤とり場」とかいわれてるこの四つの場面が文楽人形浄瑠璃でも歌舞伎でも比較的やられてるんですね。

ストーリーをごく簡単に申し上げますと、団七九郎兵衛と女房お梶、それから一番最後に出てくる息子は市松ですね。簪の縄掛けって言葉がありましたけど、ここの夫婦、そしてお梶の父親つまり団七からみたら義理の父親にあたるのが三

うだて

第七　舅がよくを止めかねたべにしぼりの宮入ゆかた

第八　友立に心をくだいた石わりせつたの合印シ

第九　親と子の縁をつないだくわんざしのとりなわ

［参考2］

『夏祭浪花鑑』全九段

一段目　お鯛茶屋
二段目　玉島兵太夫内
三段目　住吉鳥居前（鳥居前）
四段目　内本町道具屋
五段目　安居の森「道行妹背の走書」
六段目　釣船三婦内（三婦内）

七段目　長町裏（泥場）
八段目　田島町団七内（蚤とり場）
九段目　玉島徳兵衛内

河屋義平次といって、これが悪いやつなんですね。

それから団七九郎兵衛と最初仲が良かった三婦にも奥さんがちゃんといるんですけど、それほど登場しないです。そして一寸徳兵衛とお辰には繋がりがあるんです。この三組の夫婦の物語の真ん中に入ってくるのが、玉島兵太夫、玉島磯之丞という親子ですね。これは備中の玉島藩といいますから今の備中（岡山県倉敷）のあたりに大きなお家があって、このお家に団七、あるいはお辰が世話になってるんですね。まぁ昔の話なんで、磯之丞ってどうしようもないバカ坊なんですが、遊女の琴浦ってのに入れ込んでお金使いすぎちゃって、ライバルである侍の大鳥佐賀右衛門と琴浦の取り合いをして、なんとかお父さんのお金とか城の金を使って琴浦を手に入れるんですね。それで佐賀右衛門から狙われることになったりするし、あるいはその部下を磯之丞が殺めたりして、それを団七が守ったりするんですね。四段目の「道具屋」の段では儀之丞を使用人として雇って身分を隠す。そしたら今度は道具屋の娘に手を出しちゃうんです。もう団七は困っちゃうんですけども、まぁ守らないといけないので、この三組の夫婦が磯之丞を守ると。

そしたらこの二人が心中に出かけたりするんですね。要するに元凶はこの方なんですよ、玉島磯之丞。バカな若旦那をどうやって助けるかって話なんで、実にばかばかしいんです。ばかばかしいからこそ、真剣にやってるところに感動があるんでしょうね。「磯之丞の娘お中《なか》への口説きがよかった」なんていう人はいないでしょう。磯之丞の不埒な行動を差し置いて、あるいは人道的に許せない人間であればあるほど彼らの任侠心は高まるわけです。最も無駄なものに対して最も命をかけるという連中ですからね。世の中こんな無駄なことはないです。

実はこの『夏祭浪花鑑』は、戦争が終わってGHQが入ってきたときに最初に禁じられた芝居でした。当然ですよね。『仮名手本忠臣蔵』も禁じられました。作者の並木千柳はもうやってられないですね。自分の作った物がほとんどだめってなったんですからね。だめとはいいませんけど、なにか空虚なものを守るために命をかける男たちの物語と考えたとき、戦前の日本ってそうだったんじゃないですか? それでGHQには非常に賢い人たちがいて、日本語もわかるし歌舞伎も理解できる人たちがいたので、当然禁じた。禁じたこと自体にぼくは批判的だけど、禁じたアメリカGHQも偉いと思うんですね。現代人でも『夏祭〜』をそんなに読み込んでる人っていないと思うんですよ。GHQ情報部がそこまで読んでたってことは、尊敬に値しますね。

・

さて主役の団七九郎兵衛ってのが、ちょっと変わった名前ですよね。ふたつ名といって、団七・九郎兵衛、これは愛称なんです。釣船三婦も、釣り船問屋を営んでるからですし、一寸徳兵衛もまぁ、一寸先は闇ともいいます、非常に激しやすい性格なんですね、喧嘩っ早い。だからこんな名前がついている。こういうのにあやかって、もともとは九郎兵衛という名前でスタートしてたんですが、団七九郎兵衛になっていきました。これ自体にはそれといって意味はないんですが、その部分だけが一人歩きして大きなキャラクターとなっているということは、いうまでもないと思いますね。［下段3］

で、ぼくなりに『夏祭浪花鑑』の十個の「〜である」を考えてみました。それに従ってお話ししていきたいと思います。

まず『夏祭〜』は、「義太夫狂言」である。文楽のために書かれた丸本、床本というもので、浄瑠璃語りが語って、語ったものを我々は聴くと。だから文楽は見るとはいわない、聴くというんですね。

文楽そのものの大改革をしたのは吉田文三郎でした。この人は、人形遣いの名人で、人形遣いの神様といわれてる方ですが、非常に性格のきつい方だったようですね。何度も喧嘩をしては劇団をやめたり、気むずかしい人だったようですが、改革の中では非常に大活躍した方なんです。木谷蓬吟という人が戦争中の一九四三年に『文楽史』という本を書かれて、この中にある文三郎がやったことをぼくなりに箇条書きにしてみますと、

・太夫の床を移動する

［3］

もう亡くなった方で団七を得意とした役者さんっていうのは、並べてみると江戸の方が多いんですね。上方では亡くなった延若さんのお父さんで二世延若、この方は上方歌舞伎の真骨頂だった人で顔が大きくて、息子さんも非常に歌舞伎に向いた顔立ちをされています。ただお父さんはもっとある種、西洋風な感じで大柄でね。いろんな役を多様に多彩にこなした方だったんですが、大阪では特に団七をやっていた二世延若の型っていうのがだいぶ残っていて、ほとんどの人はそれを踏襲する形ですね。

それで八年ぐらい前に坂田藤十郎さんが、団七九郎兵衛やったことがあるんで

・人形の指先を動く仕掛けにする
・突込みから三人遣いとする
・帷子《かたびら》を人形に着せる
・本水、本泥を使用する
・人形の耳を動く仕掛けにする
・能囃子を使う
・衣装を考案する
のようになります。

　まず当時の人形遣いはみんな黒頭巾をかけていて、出遣いという形じゃありませんし、初期の頃は突っ込みといって一人遣いでやっておりました。

　人形浄瑠璃では当時、太夫と三味線はど真ん中にいたんですね。正面の後ろにいたんです、長唄をやるときのひな壇みたいな感じで、それを移動させたんですね。木谷蓬吟は「左遷する」と書いてたんですが、言葉がちょっと意味深なのでぼくは移動といいますけど、舞台の上手側、向かって右手側の方に床をおいて、そこをいってみればオーケストラピットにしたんですね。

　人形の形態としては指先が動くタイプです。人形の手先は当時は手が固まってましたから、腕の部分を動かすことでしか指先が動いているように見せられなかった。ところが文三郎以来、指先が動くタイプになりまして、これは「タコ」と

すよ、そのときは二世延若のまんま、今は使われてないような演出とか、そういうのも全部復元して演ってるんです。その後は愛之助が多分、それを演るようになったのかな。ただ、今はちょっと中途半端な演出になってます。二世延若のが非常によくできた演出だったんで、完全に演ってくれる方いないのかなぁと思いますね。亡くなった十三世仁左衛門は二世延若に倣ってやってますから、完全に延若の型です。

　それから二世左團次、この方は新作にも果敢に手を出された方ですが、もちろん六代目菊五郎、初代吉右衛門という、菊・吉のお二人も必ず演っているわけで。それから亡くなった雀

いいますが、非常に柔らかく関節部分があったり、また物を挟むだけのものとか、いろんな形の指先を動かす仕掛けってのができるようになったんですね。

　それから三人遣い。そして帷子ですね、裏地のない薄い着物のことを帷子というんですが、かつては帷子を人形に縫い付けてたんですね。だから片脱ぎになるとか、上半身裸になることは人形の世界ではできないことだったんです。ですが文三郎の場合は薄い布を人形に巻き付けて、しかも人形には肉襦袢みたいなものをあらかじめ着せて、団七がお父さんを殺す泥場のところで諸肌脱ぎになってものすごい派手な刺青を見せるんですね。今は珍しいことじゃないんですけど、当時としては大変な改革でした。人形にしてみれば暑くなっちゃったでしょうね。裏地があるのを着てた方が楽だったのになと人形は思ったと思いますよ、だって襦袢着てから帷子ですからね。

　そして本水、本泥の使用。これは『夏祭浪花鑑』だけですけど、本水、本泥を使用してリアリズムを徹底追及しました。それから耳を動かす仕掛け、『義経千本桜』のときの狐忠信なんかもそうです。どうってことない話なんですけど、これだけでものすごく生き生きとしてくるわけですね。人形に命を吹き込むために指先が動くとか、周辺のもので着物の着方とか脱ぎ方とか、あるいはリアルな泥や水を使うということで、人形に生命を与えてより人間的に、つまりは歌舞伎的にしていくわけです。


右衛門さんの父親の六世大谷友右衛門、この方も団七を演るし、それから父親の義平次の役を演ったりすることがあるんですね、だいたい両方演ることが多いですね。それから七世幸四郎も演っています。あるいは十五世羽左衛門のもよかったといわれてますね。

　比較的最近でご覧になった方もいらっしゃるかも知れません、十三世仁左衛門と二世松緑、この二人が上方と江戸を二分する団七を演じたといわれています。特に十三世の場合、かなり年齢が上になってからも団七という動きの多い難しい役どころを演っています。江戸の役者がやると、とにかく仁左衛門さんにいわすと全部だめらしいんですまた、音楽的には能の囃子を使う。能と歌舞伎、あるいは能と文楽は身分というか格が違う物として、お互いが並ぶということは明治時代になってもなかったことなんですが、音だけならいいかなってことで能管を使ったり、謡を取り入れたりということをやるようになります。

最後に衣装を考案する。衣装とはまさにこうなんですが、『仮名手本忠臣蔵』の「城明渡しの段」［写真1］の最後のところです。由良之助を遣ってますが、これは大石内蔵助じゃないんですね。だから三つ巴の紋じゃなくて二つ巴なんですね。でも二つ巴ってのは文三郎さんの家紋なんですよ。自分が由良之助を遣ったときに自分の家紋を由良之助の紋にしちゃったんですね。以後ずっと由良之助の紋はこれです。

それから『義経千本桜』に出てくる矢車のマークがありますよね、あの矢車も文三郎さんが考えました。時の幹部だった太夫の家の紋をそのまま使ってるんですね。つまり演じる役じゃなくてそれを遣う人形遣いの紋所を人形の衣装に変え

［写真1］『仮名手本忠臣蔵』「城明渡しの段」（国立文楽劇場）撮影者：青木信二

ね。だから私がやらんとアカンというので、当時扇雀だった藤十郎さんに「あなたも若いうちから早よやりなはれ」といって稽古つけてたそうです。その藤十郎さんがいま演られていて、とはいえ結構なお歳ですが二世延若を継ぐ形でやっている。これが愛之助の方に行けばいいなってぼくは思ってます。

江戸で誰が演ったのか、ちょっとわからないところがあるんですけど、まぁ初代吉右衛門でも六代目菊五郎でも、勘三郎、勘九郎路線が入りますよね、親戚筋ですから。だから江戸ではこの人たちが始めたことになるんでしょう。実は当代吉右衛門は結構演られてるんです。四回ぐらい、演舞

ちゃうんです。そこはある意味人形遣い本意だし、それによって人形をリアルに動かすってことが進められていったと思います。そこに『夏祭浪花鑑』ってものも位置づけられるのではないかと考えられます。

二番目は「生世話物《きぜわもの》」である。時代物は江戸時代をさらにさかのぼって平安、室町、鎌倉の時代を背景にしたものですが、世話物は江戸の同時代の人たちの市井、つまり一般の人たちと同じような生活をしている人たちの悲喜劇を巡った話です。そこに「生」が入るとよりリアルな意味を持ちます、この「生世話」という言葉自体、原作者たちによってつけられたものだといわれています。だから当時の人からしたら、特に大坂の人、住吉のこととか堺でおこった殺人事件とかはみんな瓦版で見て知ってるわけですね。そういうものをベースにして物語が展開されてるんだってことを理解しているから、生々しさは抜群なんですね。

さて、三番目はいうまでもなく、「夏の物語」である。『夏祭浪花鑑』ですから、「夏の大坂の物語」ですね。延享年間に堺で実際に起こった事件は冬で、雪の日だったわけです。だからこそ死体を雪に埋めたけども、春の雪解けで死体が見つかって犯人の魚屋が捕まってしまったというもので、もともとは冬のリアルな殺人だったわけですね。それを一気に夏にもってきた作者たちの発想はすごいですね。しかも高津宮のお祭りの派手な囃子、大坂の囃子の中でも相当派手なものを使うんですね。それによって祭りという祝祭的、非日常的空間のなかに親殺

場で二回、歌舞伎座で二回かな、初世吉右衛門が得意とする役だった。非常にのびのびとした役者さんですからね。それから『馬盥の光秀』とかね、ずっと播磨屋の家の芸だったものを、形をちゃんと熟したものにされてますよね。

それから海老蔵が演るのは系譜としてはよくわかりません。というのもお父さんもおじいちゃんも演られてませんからね。ただ海老蔵の気持ちがわからないでもないですね。やりたいでしょうねこの役は。泥場とか目ぇ剥いて見得とかきりたいなって。

勘三郎さんは六代目菊五郎と初世吉右衛門の系譜をもってますから、当然ながらお父さんの十七世勘三郎

しという、そういう陰惨なものを重ねることによって、見てる観客のカタルシス、うっぷんを晴らすっていうこともあるだろうし、あるいはどこまでも非日常の世界に導かれてしまう機能が『夏祭～』にはありました。だからこれは夏じゃないといけないんだろうし、大坂じゃないといけないんですね。これが四番目の「大坂の物語である」というところです。東京に持ってくるっていうのは大変だったと思うんです。

そして五番目は「男伊達の物語」、六番目は「女伊達の物語」です。女伊達については先ほど申しましたが、江戸における男伊達の総本山は、本人も芝居の中で自称してましたが助六ですね。『助六《すけろく》所縁《ゆかりの》江戸櫻《えどざくら》』の主人公で花川戸の助六。彼はファッションからしても、台詞の運び方、喧嘩の仕方、そういうこと全部見ても江戸の男伊達なんですが、圧倒的なきっぷの良さとか台詞運びの見事さ、闊達な台詞運びと滑舌の良さみたいなものは団七にはないんです。団七は大坂独特の、ある種もっさりした男伊達みたいな。大坂のもっさり感みたいなのがちょっとあるんですね。

だいたい、出からしてそうじゃないですか、人を傷つけてしまった団七が一回牢に入れられる。どんだけ入れられたかよくわからないんだけども、月代が伸びてちょんまげの所も髪の毛ボーボーになっちゃって、それからなぜかヒゲ生えてないんですけど眉毛が太くなっちゃうんですね。そんなに長いこと牢にいたって

もこの役を得意としていました。ですから非常に形がいいんですね。体を沈めたときの後ろ足の形がいいんですよね。

ことで。そこに友だちの釣船三婦が迎えにきて、三婦が着物を渡す。あとで床屋に入って髪をちゃんと整えて、眉毛整えてですね、スパッと出てくるってとこが粋な感じなんですね。そういうところが、まぁ、いってみればもっさりした大坂の男伊達、みたいな。始めはこうだけど、ビフォー・アフターみたいな感じで、使用前・使用後みたいな変化を見せる。

助六はどこからどう見てもかっこいいですからね。一番最初に花道に出てきたところから助六じゃないですか。最後にお母さんがやってきて、紙衣っていう着たら破れちゃうような薄い着物に着替えさせられても、やっぱり助六の男伊達ってそんなに薄まることがないんですね。団七の場合には男伊達になったと思ったら、自分の義理の父親を殺さなきゃいけない場面が待ってるわけでしょ。だからこの団七っていうのはきれいになったり汚くなったりするんですよ。どんな話って聞かれたらまずそれですね。きれいになるときと汚くなるときは、それなりに物語の特性があって、その中に団七の性根というか、演技をやっていく工夫が現れるんだと思います。

そして七番目は「現代歌舞伎」である。さらに八番目は「色彩とデザイン」である。これは歌舞伎そのものっていうより『夏祭浪花鑑』そのものの話と、夏祭を巡る現在の話なんですけど、先に述べたように、文楽人形浄瑠璃のための義太夫節、もともと床本でございますね。ところが串田和美という演出家によって十年以上前からコクーン歌舞伎という形で上演され、今現在、平成中村座でも何度か上演されるような現代歌舞伎、まぁこんな言葉はないですけど、要するに現代的な演出の方法によって再解釈され現代によみがえった歌舞伎です。

それから赤いふんどしや団七がちょっと看板の杭を持ったときに見える刺青。あるいは柿色の団七格子ですね。［写真2］こういう縞というのは非常にしゃれたものです。また、柿色は刺青などの色とまったく重ならず、かえって刺青をひきたたせるんですね。九鬼周造が『「いき」の構造』という本のなかで、「縞とは直線の組み合わせがいきである」と書いてますね。縦縞一本は釣船三婦が着てたものですが、あれは粋です。あれは直線同士がクロスする、直角に交わる、だから卍の形とか、あるいは格子というのは粋なんです。ただ、縞に比べると粋の度合いは弱まる。邪魔になるからね。『「いき」の構造』には団七縞という言葉はないですが、平家格子という言葉は出てきます、幅がちょっと違うんですが。だから、色彩や柄で楽しめる作品でもあるということですね。

コクーン歌舞伎では、一九九七年、二〇〇三年、二〇〇八年と三回にわたって『夏祭浪花鑑』が少しずつバージョンアップされながら上演されてます。コクーンは今の勘九郎がお父さんの後を継いでずっとやるようになるのかも知れない。そのときには笹野高史じゃなくてお父さんの勘三郎にぜひ義平次をやって頂きたかったですね。本当の父親殺しになりますからね。歌舞伎の世界での父親殺しが

［写真2］歌舞伎『夏祭浪花鑑』十八世中村勘三郎。団七稿や刺青が見られる。©松竹

『夏祭〜』で表現できるっていう、こんな楽しいことはないですからね。平成中村座としては、二〇〇二と二〇一〇年に大阪、二〇〇四年にニューヨーク、二〇〇八年にベルリン、ルーマニアのシビウ、松本で上演されています。

そして、九番目は「殺しの美学」である。七段目の「泥場」という場面がありますが、そこで舅である義平次を泥の中で殺していく。団七は十三もの極まりの型をとりながら義平次を殺してゆく。しかもそのときには高津宮さんの祭り囃子が流れていて、樽御輿を担いで行く祭り衆が近づいてきて、その中に紛れて逃げて行くわけですね。祭りの祝祭的だけれど怪しい空間と、さらに夜に御輿担ぐっていうのはあまり無いと思うんですけど、それだけで不穏な感じがしますよね。そこに紛れていなくなる、ある種の殺しの美学です。

最後は「団七の物語」である。三組の夫婦の話といいましたけど、やっぱり徹頭徹尾団七という男を巡る話ですね。磯之丞というどうしようもないバカ坊がいて、どうしてもそれを守らなきゃいけないっていう運命に自分たちは導かれて、それをやり遂げないといけないわけですが、そのときの団七の苦悩が『夏祭浪花鑑』の肝になります。ついに自分の義理の親父も殺してしまうわけですからね。団七は自分が受けた悲劇のあまりの大きさとバカバカしさと無念さみたいなものを、真っ当に受け止めることができないわけです。その苦悩を持ったまま最後まで行ってしまうというのが、団七の歌舞伎の美学じゃないのかなと思います。

で、この殺しの美学に少し戻りますが、泥場ではお父さんを刺すときに実に十三の見得があるというんですね。これは口伝で伝わってるので十三個確実にあるかどうかわからないんですが、十三世片岡仁左衛門さんが書かれた『夏祭と伊勢音頭』という立派な本があるんですけど、その中に一部ですがイラスト付きで載っています。

まず着物を着たまま駕籠の中に琴浦が入ってるので、それを止めないといけない。義平次がだまして琴浦をつれてっちゃって、悪いところへ売り飛ばそうというのが親父の魂胆ですね。それに団七が気づいて、止めにかかる。金になるからってんで親父は一切いうこと聞かないんですけど、団七が「実はいま三十両持ってる」という、それは全然嘘っぱちなんだけども、そのへんにあった石ころを手ぬぐいにつめてね、あたかも小判のように見せかけて騙すんですね。お父さんは後でもらう百両より今の三十両の方がいいだろうってことで、駕籠を帰して琴浦を三婦の家に戻します。そこで三十両が嘘だったってことが露見して、さんざん親父になぶられるんですね。顔を草履で叩かれたり踏みつけられたり足蹴にされる。そのときにたまたま刀が抜けてしまって、すっと親父さんの肩口を切っちゃうんです。そこで「人殺し！」と叫んだ親父の口を押さえたがために、人殺しになっちゃうんですね。それ以上いわれちゃうと本当に人殺しになっちゃうから。そのへんの判断がなかなか団七の難しいところですが、このやり取りの中で、人形でいえば帷子が脱げて上半身がずいぶん見えて、なおかつ歌舞伎だと赤い腰のものだけになるんですね。ここでやっぱり赤が生きてくるんですね。そして刀を持って髪のさばけた団七が、色々な見得のポーズをとっていく。最後はお父さんを仕留める。この仕留めるポーズにも二通りあります。

考えてみれば歌舞伎の不思議なところって、人殺しの場面なのになんでみんな拍手するんでしょうね。それはともかく、扇町公園での公演では刀持ってパッと見得きった途端に後ろ幕が落ちて公園の樹木があらわれて、夜が一気に昼に変わる、要するに芝居の世界が本当の祝祭の世界に移っちゃう。踊りの連中たちは白足袋と浴衣だけなんでね、大変なんですけど。そこにまぎれて舞台後方の世界へ一緒に消えて行く。

後ろの壁が落ちないとこの演出はできないですから、平成中村座がそういうつくりにしているわけで、二年前のときは後ろに大阪城が見えましたね。完全に虚実皮膜の世界、現代にも団七がいるってことですから。男伊達の団七の親殺しの場面というのは、形でいうと、そういうものになっています。ついでに、実は彫り物の世界にも団七っていう銘柄の彫りがあってですね、彫師のオリジナルでいろいろあるんです。元絵では、要するに団七本人を彫ってるんですね。団七の彫ってた柄ごと彫っちゃうんですね。日本の彫り物の伝統というのはこういうもので、たとえば諸葛孔明を彫りたいと思いますよね、すると諸葛孔明の彫ってた彫り物ごと彫っちゃうんですね。ただ諸葛孔明が彫り物をしてたなんて歴史的事実はないですよ。日本の読本になるときとか、翻訳文学が出るときに挿絵で「諸葛孔明の背中に何か彫らしとこう」とかで。しかも日本風の彫り物ですから。ただそういうのを彫って力を見せつけようというだけではなく、彫り物によって神仏の加護があるという意味で使ってたわけです。

釣船の三婦というのは喧嘩に行くときに派手な着物に着替えます。非常に派手な、滅多にこんなの着る人いないと思うんですけど、これを着るのは後に出てくる団七の彫り物を目立たせるため、彼には彫り物がないということになってるんですね。だけど釣船三婦の方が何十年も侠客やってた悪いやつだから彫ってるに違いないと思うでしょう？　勘三郎さんはそのリアリティをとりますから、ここで三婦の坂東彌十郎さんはちゃんと彫ったんですね。この演出はぼくは悪くないと思います。彼の刺青を引き立てるためだけにこの衣装にするっていうのもおかしいし、脱いでもすごいっていうのを見せたんですね。しかもこれ筋彫りっていって色塗ってません。途中でやめたんですね。途中で改心して善人になったっていうのもあって、彫り物ひとつで三婦の性根が見えて面白いと思いますね。

歌舞伎の引き出し——其の弐

もちろん木挽町の歌舞伎座も、ぼくにとっては学校であったが、この豊田書房もまた、毎日のように「通学」する学びの舎であった。いまのようにインターネットなどない素朴な時代だったから、とにかく古書の存在を現物でチェックするしかなく、そもそも当該の古書そのものが存在していることは、他の文献やこうした古書店の店主から情報を得る以外にはなかったのだ。その豊田書房でもっとも大きな（高価な）買い物をした一冊がある。

それは『つき草』という明治二十九年に春陽堂から発刊された書物である。奥付には「著者　森林太郎」とある。だが、本書のおよそ三分の一を占める三百三十頁ほどは鷗外林太郎先生ではなく、三木竹二が書いているのである。三木竹二、本名は森篤次郎。鷗外の弟である。四十歳で亡くなった医者でもあり、また最初の近代的な劇評家でもあった。「近代的な」というのは、三木竹二が歌舞伎における「型」を詳細に記述することで、江戸時代の「役者評判記」のような匿名の、きわめて印象批評的な記述ではなく、じつに客観的な（科学的な、と言ってもいいかもしれない）歌舞伎研究の方向性が闢《ひら》かれることになるからだ。三木竹二は膨大なノートを遺しているが、その一部がこの「つき草」に収録されているのだ。現在は三木が著した部分だけが渡辺保による編集で、岩波文庫として読むことができる。『観劇偶評』という一冊だ。だが、当時はそんな文庫本は出版されていなかった。三木竹二についての文献も皆無だった（今なら森まゆみ『鷗外の坂』や小金井喜美子の『鷗外の系族』などがある）。彼が亡くなる直前まで刊行していた雑誌「歌舞伎」も高価だった。そして、三木竹二ファン（！）のなかでもとりわけ有名だったのがこの『つき草』だった。

豊田書房の通りに面した縦長のウィンドウには、六代目歌右衛門や六代目菊五郎の写真集など、とにかく高価で貴重な書物が並んでいて、さながら歌舞伎博物館の珠玉のコレクションを眺めるような風情であった。そこに燦然と輝いていたのが『つき草』だった。値札もついていなかったが十万円は軽く超えていただろう。その頃には心安く話せるようになった社長の計らいで、ぼくはその『つき草』を閲覧する僥倖を得ることができた。書店に入っては、小さな声で「すみません……、あの、つき……」と言うと、社長は若い店員に「オーイ」と声をかける。勝手のわかっている店員さんはその言葉とほぼ同時にレジ前の机に『つき草』を運んでくる。営業の邪魔になるばかりだが、ぼくは志ん生も坐ったことのある小さな丸椅子に座して、少しずつ頁を繙いていく。そんなことを何度かしていると、ある日、社長が声をかけてきた、「そんなにほしいなら、月賦で買えばいいじゃねぇか」と。（続く）

第八話

番町皿屋敷《ばんちょうさらやしき》

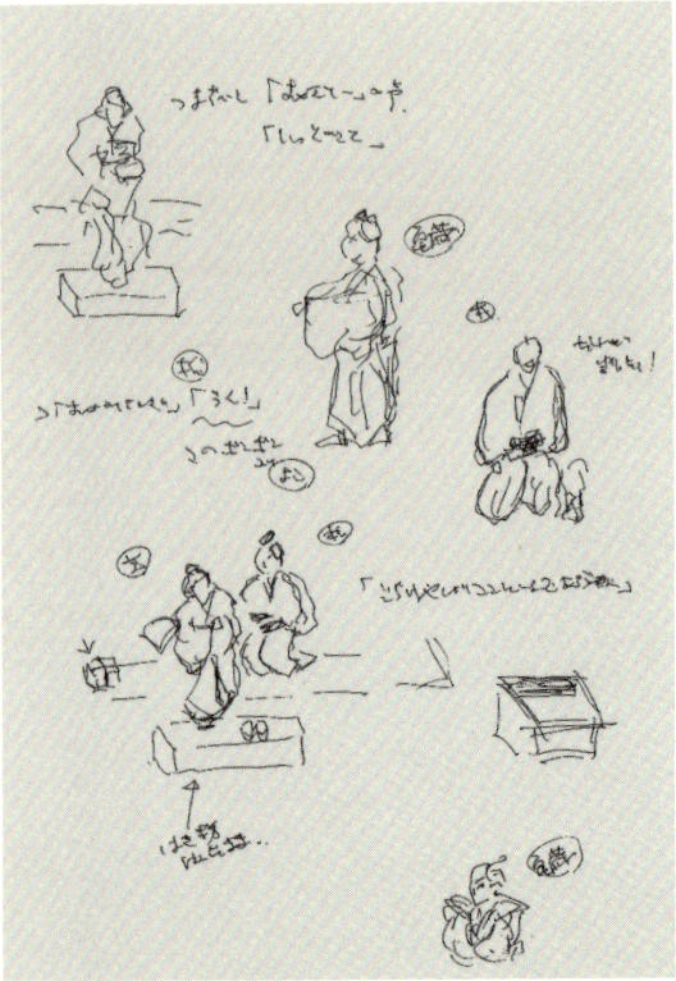

今回は『番町皿屋敷』を扱います。これは大正五年に初演されましたので、江戸時代に作られたものではないんですね。そういうものは「新歌舞伎」といって歌舞伎に「新」をつけるわけです。

ご存知の方だと「番町」じゃなくて「播州」つまり姫路じゃないかと思われるかもしれません。しかし、物語の名前としては両方あるんです。『播州皿屋敷』と『番町皿屋敷』と。『播州皿屋敷』っていうのはいわゆるお菊さんの怪談物なんですね。

それに対して、この『番町皿屋敷』は、大正五年（一九一六年）に初めて本郷座というところで上演された新作です。原作は岡本綺堂という、明治から昭和にかけて活躍した大作家なんですね。この方は歌舞伎の原作だけではなくて、当時その言葉はなかったですが、ミステリーとか探偵物も発表されました。それから不思議な奇っ怪な小説とかね、短編なんかも書かれていて、幻想文学って分野があるのですが、そういうものの中にも組み込まれる作品なんです。

ただ出自はやはり歌舞伎の戯曲を書く作家だったんですね。戯曲家として非常に優秀な人なので、歌舞伎以外の戯曲も含めて、上演されたものだけでも百九十くらいあります。上演されていないものも含むと二百を超えるのではという方なんですね。お父さんがイギリス大使館の外交員で、英語も堪能な方だったんです。コナン・ドイルのシャーロック・ホームズを原作の英語で読み、それをいち早く日本に持ってくるにはどうしたらいいかってことで、江戸時代に設定してね、シャーロック・ホームズに相当する人として半七を設定して、『半七捕物帳《はんしちとりものちょう》』なんていうね、これは舞台とか映画とか、テレビにもなってますけども、そういう捕物帳をたくさん書かれた人でもあります。

新聞記者をずっとやってましたから、その頃は狂綺堂という筆名でやってたんですね。ただ狂綺堂って書くときに、新聞社であるにも関わらず、印刷のときに必ず狂綺の「綺」が気分の「気」になってね、本当の「狂気」堂になってたんですね。で、本人ちょっと気が短いもんですから、「狂ってないんだ」ってことで狂を取って「綺堂」にした、岡本綺堂と。本名は岡本敬二といいますけどね、まぁ普通の名前ですよね。で、あと鬼菫《きこん》とか甲字楼《こうじろう》とか、他にもいろいろな号を持ってまして、劇評、歌舞伎の批評を書いたりね、あるいは小説とか随筆、エッセイの類までいろいろ書いてます。［下段1］

そこで『番町皿屋敷』ってのは他の歌舞伎とどのへんが違うかってことを申し上げておきますと、まず先程申し上げましたように、これは新歌舞伎であるっていうことですね。それから悲恋の物語であると。これは別に、歌舞伎の物語には悲恋の物語っていうのがたくさんありますんでそう珍しいことじゃありませんが、この悲恋の描き方というのが極めて近代的といいますか、江戸時代にはありえなかったような悲恋なんですね。それから、二世市川左團次へのアテモノであ

［1］
『ランプの下にて』なんて非常に優れたエッセイがありますが、これはある意味あの永井荷風の『断腸亭日常』に匹敵する、日記の形態なのですけれども、ちゃんとした時代の世相とかなんかを正確に論じている。『断腸亭日常』ほど分厚くはないんですけども。まだ文庫本で読むこともできますけどね。荷風に非常に高く評価されて、文壇に出てきたというのが実際あるんですけどね。

ること。アテモノというのはあまり使われないかもしれませんが、実際の役者に役割をあてはめて書かれたもので、まぁ黙阿弥と小團次とか、いろんな組み合わせがあります。このあとに六代目菊五郎なんかも、綺堂さんなんかが書いたりするものはありますけども、一番たくさん書いてるのは、やっぱり二世左團次ですね。この二世左團次ってのは、高島屋の中でも非常に名の高く、歌舞伎の改良にものすごく大きく貢献した方です。たとえば小山内薫とか現代演劇の人たちとも協力して、新演劇にも新しい演出の方法とか、そういうのをおやりになった方なんですね。今はCDで二世左團次の声が残っていますので、それを聞くこともできます。独特な発声の、非常に聞き取りやすい声ですね。まぁ昔のSPをCDにしていますから音は悪いですよ。でもその音の悪い中でも十分に声が通るんです。非常に美声なんですね。それでなおかつ、ちゃんとその場その場の役柄に合った声を持っている。『勧進帳』だったら弁慶もできるし富樫もできるし義経もできる。まぁ富樫が得意だったんですよね。お父さんの初代左團次も、九代目團十郎の弁慶を相手に富樫を勤めてますが。そういう受けの側ですね。攻める側より受けの側が得意だし、『仮名手本忠臣蔵』では由良之助をずっと演られてた方ですね。勘平もできるし、非常に器用な方なんですね。で、この方に綺堂さんがあてて書いたのが、この『番町皿屋敷』という作品でございます。

　演目名には「皿屋敷」という言葉が入っているのですが、いわゆる「皿屋敷物」とは一線を画しています。さっき申し上げた『播州皿屋敷』のように、お菊さんが井戸から出てきて「一枚、二枚……」と皿を数えて、九枚で泣いちゃうとかね、そういうのはありません。皿屋敷物の中に出てくる所作で「皿数え」という演技なんですけども、この中には一切出てこないんですね。そこがいわゆる皿屋敷物とはぜんぜん違うんだってことです。

まず新歌舞伎というのは、明治以降ですね、江戸時代が終わって劇場の「外」の作家たちによって書かれた作品ということです。劇場の外ってどういうことかというと、江戸時代までは座付きの狂言作者といいまして、それぞれがみんな個々の劇場に所属していた作家だったんです。黙阿弥も黙阿弥という名前になる前からずっとそうだったんですが、幕末から明治にかけて独立してしまいましたから、黙阿弥は微妙に難しいですねえ。「内」の人ですから新歌舞伎とはいえないんですね。もともとは座付き作者の出身ですし、幕末から明治にかけて執筆された方なので。だけど綺堂さんなんかは新聞記者から歌舞伎を始めた人ですね。あるいは坪内逍遥みたいに大学教授が『桐一葉』を書く。そういう人たちが、劇場に束縛されることなく、作家として執筆する。たとえば谷崎潤一郎であるとかね、山本有三であるとか、あるいは菊地寛や山崎紫紅であるとか、このへんの人たちは既に作家として名を馳せていた方々ですよね。で、こういう方々が歌舞伎の脚本を書いたわけです。

彼らが書いたものは、今でも歌舞伎の舞台で作品としてよく上演されてるものでございますね。長谷川伸などは歌舞伎だけじゃなくて新国劇とか、時代劇にもたくさん書いてますが、先月は勘太郎が勘九郎襲名のときの『瞼の母』ってのが松竹座でかかって、大変ようございましたね。あれね、多分お父さん超えてんじゃないですか。『一本刀土俵入』も早く演ってくれって感じですけどもね。

あるいは池田大伍という人が書いた『西郷と豚姫』、これもしばしばかかってる幕末物ですね。谷崎潤一郎の『お国と五平』ってのは登場人物が三人しか出てこない、緊迫した心理劇ですね。場面が一ヵ所でね。これは不倫がテーマになってるんですけども、非常にシリアスというか、ドキドキするような台詞運びになってますね。眞山青果という方も、いわゆる新歌舞伎の大家で、特に『元禄忠臣蔵』といって、『仮名手本忠臣蔵』の大星由良之助ではなくて、ちゃんと『忠臣蔵』の大石内蔵助ね、塩谷判官でなくてちゃんと浅野内匠頭長矩でね。いってみればちゃんと本名で書いてます。昭和になってからですから別に幕府のお咎めもございませんので。それで非常にリアルで心理描写が多い、とかく台詞が多い作品を書いています。

また、岡鬼太郎《おかおにたろう》って人は、歌舞伎の評論家としても有名な方ですが、『眠駱駝《ねむるらくだ》物語』を書いてます。これ落語の『らくだ』ってありますよね、上方落語で。東京でも時々かかるんですけども、それを歌舞伎にしたものなんですね。落語が歌舞伎になったものというのはいろいろありまして、たとえば『文七元結』であるとか。あるいは圓朝なんかのものだと怪談物とかね。『牡丹灯籠』であるとかね、『真景累ヶ淵』だとか、そういったものもみんな歌舞伎の舞台になってますけども、それのハシリになったものでございますね。

　ちなみに現在、第二次世界大戦後に登場した作家によって書かれたものは、便宜上区別して「新作歌舞伎」っていってるんです。どちらも新しいものなんですけど、それほど変わらない感じはするんですが、たとえば「新歌舞伎」の作者は「明治の御維新」というと古い言い方ですね、明治維新を経過してるってことで、江戸時代の作者とは精神性が違うだろうってことがあります。同じような精神性の変化は、太平洋戦争でしょうね。その太平洋戦争以後に書かれたものっていうのは基本的に「新作歌舞伎」といって分けています。谷崎さんなんかはどの時代にもずっといらっしゃったんでちょっと難しいんですが、三島由紀夫なんかは明らかに新作歌舞伎の世代ですね。つまり太平洋戦争の終わったあとに書いてますんでね。『鰯売恋曳網《いわしうりこいのひきあみ》』なんていうのは勘三郎襲名のときにも演りましたけども、非常にコメディとしてもよくできた、おもしろい狂言です。で、最近だと宮藤官九郎であるとかね、あるいは「翻案物」といって原作がもともとあるやつを新しい演出でやったものですけども、野田秀樹であるとかね、そういった現代劇の作家たちが新しいものを考えてるってこともあります。それらをまとめていわゆる新作歌舞伎といいますね。

さて、『番町皿屋敷』ですが、簡単に場割だけご説明申し上げますと、一幕二場の話で、一場、東京・江戸が舞台です。番町ってのは東京のかなり真ん中に近い四谷にあります。第一場、短い場面ですが、麹町山王下では山王神社の境内のところで、まぁ桜が満開なんで、今日お話するのはちょっと季節外れなんですけどね。さらにいえば桜の時期にお菊ってのもおかしなものですが。菊は日本だとどうしても「御仏前」というイメージがございますけども、海外では必ずしもそんなことありません。日本でも江戸時代だったら菊の花は御霊前よりも薬に使うというものでした。あるいは、お酒飲みの方はご存知かもしれませんが、菊の付いた菊正宗とか菊水とかね、お酒いっぱいありますよね。だから菊と水ってのは非常に相性が合うんですね。そのへんが実は今日の『番町皿屋敷』の重要な手がかりになると思うんです。まぁ、『半七捕物帳』みたいに、『番町皿屋敷』をちょっと推理していくって感じのイメージで聞いていただければと思います。

で、山王下の場面ではですね、事前の知識が必要なんですが、主人公は青山播《はり》磨《ま》という旗本なんですね。旗本ってのは大名じゃありませんけども、一万石未満の石高を持っている御目見《おめみえ》以上《いじょう》の者なんですね。大体一千石前後なんですけども、少ない人だと百石単位なんですね。直参ですから、将軍に御目見えすることができるんですね。で、まぁ同じ石持《こくも》ちで百石単位で持ってる連中でも、将軍に会うことはできない身分もありまして、直参ではないんです。これを御家人っていいますね。旗本はかなり大きい家に住み、召使とか奴《やっこ》を何人も雇ってるような人です。今大事なのはね、この旗本ってのは江戸時代初期の話だということです。明暦年間ですから一六五〇年前後ですね。関ヶ原の戦いは遠い昔といいながらもわずか五十年前でございますよね。だからその関が原の合戦で、功成り名遂げた人たちの息子の世代が旗本となってるわけね。だから自分の家は関ヶ原の合戦で家康公について味方をして東軍を勝利に導いたんだっていう、ものすごいプライドがある家なんですね。

一方で、戦が終わったあとに、いわゆる「外様大名」といって、もともとは徳川方じゃなかったんだけども、まぁ戦で負けたもんだから、従います、従属しますって形で領地をもらって、平和に共存しようとしてるっていうところがあるわけですね。これを外様といいますね。加賀の前田家であるとか、仙台の伊達家、あるいは薩摩の島津家とか、この三つが強大な外様ですよね。徳川幕府もずっとそれを気にしてたわけなんですけども、そういう外様大名というのは、勝利に全然貢献してないにもかかわらず、大名面してるわけだ。だから旗本と大名ってのはまず仲が悪い。

一方で旗本っていうのは町に行ってもですね、町人とかとは全然違う身分なのですが、町の中にはいわゆる「町奴《まちやっこ》」っていう存在がいてですね、この町奴はもともと職業的には口入屋《くちいれや》、いわゆる人材斡旋業ですね。そういう仕事の元締めが、後に「侠客」と呼ばれるようになりますが、そういう人たちが町奴なわけです。それが町のいろいろな自主警備とかを、奉行に代わって、庶民レベルで仕切っていた。だから今の、極道の方とはちょっと違うんですね。庶民側にずいぶん付いて味方をするってところがあって、それが町奴といわれる人たちです。まぁこの時代で、もっとも有名なのは幡随院長兵衛《ばんずいいんちょうべえ》、彼なんかは口入屋だったたんですけども、そこから元締め、頭領になっていくわけですね。そういういくつかの身分が抬頭していたのが、まだ江戸時代が始まって半世紀ぐらいしか経っていない頃の話なんです。これが前提です。

で、そのときに旗本である青山播磨というのは、自分の組織・グループをもってたんです。それを白柄組といいましてですね、要するに刀の柄にみんな、白い布を巻いとくんですね。で、これが町奴、特に幡随院長兵衛なんかの一門と非常に仲が悪い。ある日、山王神社の境内で大喧嘩が始まるってときに、大きい乗り物（籠）が伴を連れて登場する。そっからひとりの老婦人が出てきた。この人は青山播磨の伯母に当たる人です。この人は澁川家に嫁入りしました。後妻なんですけど、それで今は未亡人なんですね。澁川家というのは大名の家ですから、旗本よりクラスがもう一段上なんです。だから非常に発言権があって、なんとかこの諍《いさか》いをすんでのところで止める。

で、この伯母さんは何が目的かっていうと、青山播磨がいつまでたっても嫁を取らないことが気になってしょうがないのね。「なんとか嫁取れ」っていってるんです。ちなみに岡本綺堂の原作では『番町皿屋敷』の青山播磨は、二十五歳と書かれてます。この伯母さんが五十代と書かれてますね。だからまぁまだ若いんですが、江戸時代の初期の頃ですから、二十五歳ぐらいだともう奥さんもらって家を大きくしようってことでございますね。そこで見合いの話ばかりもってくるんですが、播磨はまだ遊びたいし喧嘩もしたいわけでしょ。そういう若気の至りみたいなところがあって、伯母さんを苦手がるんですね。ですから、第一場は、町奴と旗本の対決の状況と、それと個人的に播磨ってのがなぜ嫁を取りたがらないのか、そのふたつの情報が必要なんです。

で、ほどなくして第二場になりまして、番町にある青山播磨の家ですね。この青山家ってのは本当にあった家ですけども、もっと古い時代、この青山家ができる前は、徳川秀忠の娘である千姫の家だったんですね。その屋敷があったところがなくなってしまって更地になったところに建てたんです。更地になっていたところに建てた屋敷だから、「更」屋敷なんですね。それはほんとなんですよ。お皿ってのはあとから付けられたもので、元は「更地の屋敷」って意味なんです。綺堂さんはどっちから調べたのかわからないですけども、おそらくその千姫の屋敷跡だった青山家ってところ、場所を番町に設定したんじゃないかと。綺堂が麹町に住んでたということもありますから、土地勘があるってこともあります。しかも四谷界隈では幡随院長兵衛と、白柄組の親分水野十郎左衛門らの間で、町奴の争いごとっていうのがしょっちゅう起こってたんですね。そういうことを前提に、ミックスしてひとつの物語を作ったということです。まぁ歌舞伎はだいたい時代がめちゃめちゃだったり、場所がめちゃめちゃなものを、ひとつの場所にさもあったかのように作り上げるってのが技巧のひとつですが、岡本綺堂はその中では非常に良心的です。かなり史実に従ったものをつなぎ合わせてますからね。

第二場。播磨が帰ってくると、播磨のところには腰元のお菊ってのがいましてですね、実はこのお菊と播磨が好い仲なんですね。これ既に近代的ですよね。だって片っぽは旗本ですよ、もしかしたら大名になるかもしれない身分ですよね、あるいは最終的には老中とか大老になるかもしれないですよね。井伊直弼だってもともとは旗本ですからね。そういう人が腰元風情にですよ、恋をしてる。二人は恋愛関係にあって、どうも播磨はこのお菊を嫁に取ろうとしてるんです。だから彼の伯母さんがたくさん持ち込んでくる縁談話を断り続けてるわけですね。このへんがなんか完全にファミリードラマになっていて、この構成はなかなか江戸時代にはないんです。江戸時代はお家騒動でございますからね。そんなことやってるうちにお家乗っ取られちゃいますよ、青山家がね。だからここを恋愛物にしたってところが岡本綺堂の近代性といえますね。もちろん現代のわれわれから見ればもういささか古いですね、身分制度が前提ですから。

縁談の話がしょっちゅう来るんで、お菊はもう気が気じゃないんですよ。一応プロポーズは受けてるし、家族を呼んでもいいとかなんとかいわれてるんだけども、お菊としてはどうも播磨様の気持ちがわからん。それを確かめるためにどうしたかっていうと、ご存知ですね。家重宝《いえちょうほう》の、つまり家康公から拝受したっていう高麗の皿、十枚組の皿があるんですね。この皿は一枚割ったら首が一個飛ぶってくらい大事な家の重宝、その皿の一枚を屋敷の柱に叩きつけて割ってしまうんです。お菊がわざと割ったことを知らない用人の十太夫は大慌てです。

そこへ播磨が帰ってくる。事情を聞いた播磨が問い詰めるんだけれども、粗相でやったと。ミスでやったんだったら、お菊がやったことでもあるし許すっていうんですね。多分他の腰元がやったら首スパンですね。そのへんのところも近代的といえば近代的なんです。要するにえこひいきをしてるわけだ。

それでまぁお菊を許すんだけれども、実は目撃者がいて、お菊の朋輩、同僚のお仙っていうのがですね、柱に皿を叩きつけて割ったところを目撃していたんです。それを聞いて、播磨は激昂するんです。で、何でやったんだってきくと、要するに「播磨の心の内を知りたかったんだ」ってお菊はいう。つまり家宝の大事な皿を犠牲にしても、自分のことを選ぶかどうかを知りたかったっていう、このへんが近代的とはいいながら今のわれわれにはわかりにくいところがありますね。家重宝とはいえ、かたやお皿ですよ。かたやお菊っていう命ある女の人ですよ。どっちを選ぶかって簡単には比べられないところがあるけれども、そのときにお菊を選んだことでお菊は喜んだけれども、喜んだのはお菊だけであって、実は播磨にしてみれば「自分が試された」わけです。騙されたってことで、すごいプライドに傷がつくんですね。で、プライドに傷が付いた以上、そのプライドを塗り替えるにはどうしたらいいかっていうと、青山家って階級を前に出すしかないんですよね。そうやって「自分は旗本だ」とね。殿様だってことを前に出すしかなくて、その青山家の家訓通りに、一枚皿を割ったんだから、皿を割った張本人は手討にする、ということです。で、お菊は井戸の前で手討にされちゃうんです。

手打ちにされたお菊を井戸に捨てるだけで、それ以上井戸の役割はないんですね、ここではね。いわゆる「皿屋敷」っていうと、井戸からドロドロ出て、とかでしょ。落語の『皿屋敷』もそうですよね。[下段2] 落語では非常にコミカルなものになってますし、映画なんかでは怪談物になってるんですが『番町皿屋敷』は完全に悲恋です。若い男と、まぁお菊の年代は書いてませんが「嫁にそろそろ行ったらどう」って家族にもいわれてる年齢だから、江戸時代ですから十六、十七くらいですかね。まぁ奉公に出てるってことは十四ぐらいですからね。奉公出て二年目っていう設定だとだいたいそのくらいになります。若い二人の悲恋の物語。

［2］
上方落語の『皿屋敷』はご存知ですか？ 夜な夜な出現するお菊があまりにきれいなんで、毎夜毎夜お菊さん見たさにお客さんがいっぱい来ちゃって、チケットが出たりなんかね、座席も桟敷とかに分けられたりするんですね。毎晩毎晩お菊が出てくるとみんなで大向うを掛けたりなんかして、大人気なのね。で、あるときお菊さん、咳しながら出てきて、「一枚、二枚」って、まぁ九枚まで聞いちゃったら呪われるってんで、みんな七枚目ぐらいでぎゃあって逃げるんですね。ところがその晩、咳しながら十八枚まで数えるんです（笑）。で、何でそんなにたくさん数えんだ、っ

ストーリーとしては、まず旗本と町奴の対立がすごくあるんです。これは承応・明暦年間ですから一六五〇年代、十七世紀の半ばあたりのときですが、将軍でいうと三代家光から四代家綱に変わるくらいですね。町奴が江戸の町中を闊歩してたわけですよね。で、旗本はそれが気に入らないわけです。『極付幡随長兵衛』って河竹黙阿弥が作った別の歌舞伎の作品がございますけども、それは幡随院長兵衛が、さっきいった白柄組って旗本たちのグループですね、そのリーダーである水野十郎左衛門に成敗されるっていう話なんですね。

また、皿屋敷物の映画の中に出てくる対立では、一番最後、最後といっても一九六三年ですが、市川雷蔵が出た大映映画の『手討』という作品があります。これなんかはどちらかというと町奴が出てこなくて、もっとリアルなんですね。つまり、明暦年間だからさっき申し上げたように、関ヶ原の合戦で徳川側につかなかった大名たちが羽振りを利かしてるわけですよ。その加賀とか仙台とか薩摩とかですね、つまり前田とか伊達とか島津とかに逆らわないと。逆らってしまうとですね、江戸幕府の安定性が崩れちゃうわけですね。だから旗本はいつも犠牲になるわけです。けれども旗本はみんな若いから、血気盛んなんです。それにみんなお金持ちのボンボンですからね。いつの時代にも若い者は、体制とかね、あるいは大人ってものに対して反発するってのは普遍的にあることなんで、『手討』では非常によく描かれてます。播磨を演じてるのが市川雷蔵。雷蔵の義理のお父

てみんなが文句いったら、「風邪ひいてるんで明日は休むので、今日は二日分数えました」ってのがサゲなんですね。

実は、滅びてしまったサゲがもう一個あって。お坊さんがやって来て、このお菊はやっぱりちょっと成仏させなきゃいけないっていうんで、「なんまいだ」っていうと、「『何枚だ』っていわれても九枚しかわかりません」っていうオチがあって、ぼくはこっちのオチの方が好きなんですけども(笑)、このオチやってる人は、今の上方の噺家では一人もいないですね。だからやればいいのになって。「なんまいだ」の方がいいでしょ？「なんまいだ」って坊さんがいうって実は正しく

さんっていうのは市川壽海《じゅかい》という人間国宝で、『番町皿屋敷』では播磨を演ってますね。で、壽海さんは岡本綺堂から直接演出を受けたりなんかしてるってことで、だからやっぱりずっと続いてるわけですね。[下段3]

　歌舞伎では、青山播磨がお菊をお手討にして、それでまた白柄組として、幡随院長兵衛ら町奴たちとの喧嘩のために槍を抜いて出かけて行くってところで終わるんですね。ところが『手討』はすごいですよ。ちゃんと雷蔵はお菊のあとを追います、切腹するんですね。ただしそれは、大義は大名家から嫁さんを取ることを断ったから、責任を取るってことなんですね。でも実際はお菊の元に行くってことですから、本人の中で公儀、公の責任を取るってことと、お菊の元に行くっていう私情と、公私のふたつの理由が存在してるってところがこの映画のおもしろいところです。ただそれだとあまりにもロマンチックすぎちゃうんですよね。あと追ってっちゃうからね。この少し前の一九五四年に『播磨とお菊』という、長谷川一夫と津島恵子でやった映画がありました。これも長谷川一夫は自分の家に火つけてですね、津島恵子と一緒に死んじゃうっていうですね、もう完全にラブストーリーになってるんですね。それに比べると、『手討』はですね、やっぱり江戸時代初期の大名旗本との葛藤みたいなものがすごくリアルに出てて、それを「そういう葛藤があってもお菊を愛することができるのか」という問い直し方が映画の中にあるんじゃないのかな。

て、皿屋敷物でも坊さんがやって来て、で、一枚二枚と数えて九枚といったときに、坊さんが「十枚」と声を出すんです。で、「十枚」というと「あらうれしや」っていって井戸のなかに戻って成仏しちゃうんですよ、お菊さんがね。そういう話が伝播してるから、そっちの方が仏教説話的にもいいかなと。ただ、落語だからね。成仏されちゃ困るんで、「なんまいだ」っていったら「九枚だ」っていって終わるのがね。なんか『時そば』みたいでいいじゃないですかね（笑）。

[3]
　ちなみに、『手討』でお菊を演っている藤由紀子ってご存知ですか？　田宮二

映画はさておき、相当遠い昔から皿屋敷物は伝えられていて、主人の名は青山主膳《しゅぜん》とか、あるいは播磨、あるいは小幡播磨。小幡播磨ってのは群馬県桐生にいた小幡藩っていうところの藩主だったと思うんですけど。まぁそこにも皿屋敷伝説があったってことですね。でも必ず女の名はみな「お菊」だったんですね。この理由もあとでちょっと分析します。従来の『播州皿屋敷』は青山鉄山っていう謀反人を主人公としている。「これは謀反人を主人公とした一種のお家騒動として脚色されているのもあるが、私は単に青山播磨主従の間に起こった恋愛悲劇として取り扱うことにした」と綺堂は述べています。『播州皿屋敷』のお家騒動ってのは、播磨がそのお菊にあまりにも入れ込んで放蕩だから、これを機になんとかお家を乗っ取ろうとする連中がいる。その密談をお菊が聞いちゃうんですね。それでお菊も腰元だし、播磨のお気に入りだから連中は殺すわけにはいかないので、まぁ冤罪を押しつけるわけですね。それで青山播磨は連中のいうことを聞いちゃってお菊を死なせてしまう。あとで反省して後悔して、敵を倒すってのがお家騒動です。つまりそれはお家騒動だから家の中だけのことなんですね。それを綺堂は恋愛悲劇として扱うわけです。「疑わじき人を疑うは罪深き人である」、しかも「恋愛関係においてはその疑いが醸されやすい」と。要するにやきもちをやきやすいってことですね、これはね。「それがために種々の葛藤や破綻を引き起こす例は世間にしばしばある。疑う女、疑われる男」、この言い方が近代ですね、

郎の奥さんね。そういう風に紹介しなくちゃいけないのが気の毒なんですけど。でも彼女、現役の女優の時間が短かったから。すぐ、この映画が六三年で、二年後の六五年には田宮二郎に持ってかれちゃいましたからね。播磨に振られて、田宮のほうに行ったわけですね、そういう意味では。現実と映画が混同してますけど。

「疑う女、疑われる男」ってね。普通逆ですよね。「疑われる女、疑う男」でしょ？　で三行半突きつけて別れちゃうってのが江戸時代なんだけど、女のほうが積極的に男を疑うってのがまさに近代です。しかもこの書き振りが実にミステリー小説みたいですね。角川文庫のカバーとかの帯に使えそうな文章でしょ（笑）。「疑う女、疑われる男」とかね。だからそういう近代性がやっぱりあると思うんですね。で、「その最後の悲劇を描いたのがこの番町皿屋敷である。その全部が私の空想であることはいうまでもない」と。

『番町皿屋敷』では、二世左團次の播磨と二世松蔦のお菊ですね。この二人の二代目が、抜群のコンビを組んで綺堂作品を彩ります。『鳥辺山心中』であったりね、『修禅寺物語』とか、『箕輪の心中』ってのがあるんですが、そういった作品の初演を全部この二人が演ってるんですね。だからこれは脚本だけじゃなくて役者が何ていうんでしょう、綺堂の考えている「近代」というものを的確に捉えてね、それを自分たちの体で、まぁ古典の身体で表現するわけです。だからその古典的な江戸時代の、しかも明暦年間というと江戸初期ですから、歌舞伎が実際にはまだ生まれてない頃なんですね。その時代を舞台にして、新しい歌舞伎をやるという非常に複雑で難しいことを、見事にこの二人はやってくれたということです。

で、腰元お菊なんですけれども、大蘇芳年つまり月岡芳年ですね。月岡芳年は最晩年には大蘇って名前になったんです。彼が最晩年に描いて、しかも亡くなったあと出された本で、『新形《しんけい》三十六怪撰 皿やしきお菊の霊』［図版1］というのがあります。圓朝が書いた『真景累ヶ淵』という噺では「真の景」と書きますが、これは「新の形」と書きます。実はこのふたつの字はもともと一緒なんです。神経、ナーバスの「神経」ね。だから、神経がお化けを作るんだってことは月岡芳年もよくわかってたんですね。圓朝もわかってたから『真景累ヶ淵』で、神経をどんどんすり減らしてくると、イライラしちゃって普段見ることがないものを見ちゃったりする、聞いたりすることになるんだと。それは全部人間が作り出したもんだ、一番怖いのは幽霊じゃなくてそれを作ってる人間なんだよ、ってことを圓朝も芳年もいいたいんですね。全部で三十六種類の幽霊の絵があるんだけど、芳年は完成する前に亡くなってしまったんで、お弟子さんが描き加えてるだけで、多分下絵しか描いていないと思い

［図版1］月岡芳年『新形三十六怪撰 皿やしきお菊の霊』（国際日本文化研究センター）

ます。
で、お菊っていうのは、姫路の方だったらご存知かもしれませんが、実は姫路には「お菊虫《きくむし》」ってやつがいてます。［下段4］この虫が一七九五年ですから寛政七年のときですが、姫路城の城下あたりで大量発生して、これがお菊のたたりじゃないかっていわれて。何でかというと、このジャコウアゲハの蛹って変わった格好をしてて、前にこう、つんのめってるような体で、なおかつ自分の口から糸を出して、これで自分の体を固定するんですね。これがあたかも女の人が縛られてぶら下げられてるような絵に見える。こんな感じで女の人が縛られて悲しんでるって風情に見えたんでしょうね。当時いろんな都市伝説があったじゃないですか、たとえば広島のとこに平家蟹が出たとかね。その蟹の甲羅のデザインだけなんだけども、それが何か、平家の一門の憤怒の形相、要するに怒ってる、恨みを持った顔だっていうんでその蟹を大事にするとかね。お菊の場合も多分、お菊の怪談話みたいな、いわゆる播州皿屋敷伝説ってのが流布していて、みんなの生活の中にもう入ってたんでしょうね。で、なぜか大量発生したと。まぁ大量発生したのが本当にジャコウアゲハの蛹だったかどうかはわかりませんが。［下段5］
で、「お菊」という名が必ずどんな皿屋敷物にも共通していて、相手の恨みを持たれる男のほうはいろいろな名前があるんだっていう岡本綺堂の指摘は非常に重要ですね。これに関して民俗学者の柳田國男は、「主君によって惨殺される不

［4］
ご存知ですか？ 戦前までは、神社とかに行くとですね、お土産物として箱に入って売られてたそうですね。それはお守りにしてもよし、それから江戸時代の頃になると、粉末にすると漢方薬、薬になったそうですね。滋養にいいみたいな

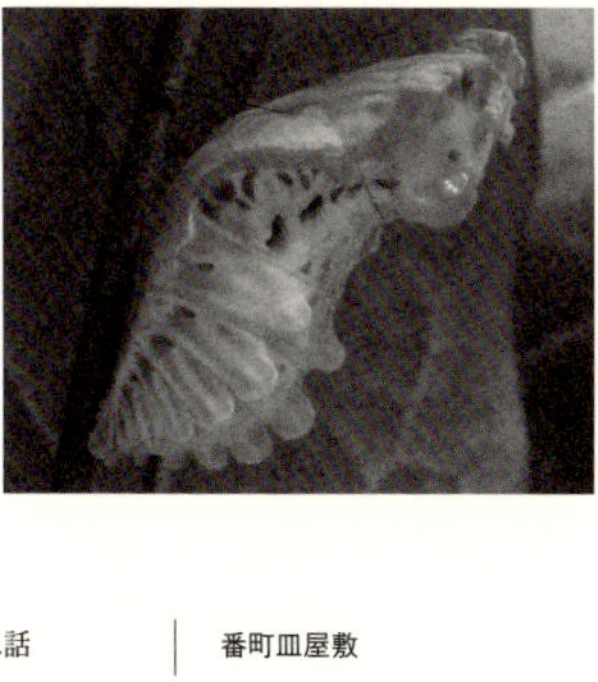
ジャコウアゲハの蛹
(写真：MUSASHI-Sakai)

幸な下女に対する通称で、主君によって惨殺される下女はみんなお菊」と乱暴なことをいっています。一般的な家族とか何かには「お菊」って名前はあんまりキャラクターとして出てこないらしいんですね。だからお菊って名前のキャラクター、女性が出てくると必ず惨殺されると（笑）。「不幸な女」っていうね、そういう記号になってるってことですね。

あるいはもっとすごいのは、その柳田さんの跡を継いだ宮田登さんっていう民俗学者が『ヒメの民俗学』という本の中で、菊っていうのは、「聞く」、つまり神の声を聞く巫女のことではないかと。だから菊って名前は超越的な存在としてあるんじゃないかと指摘しています。まぁ高麗の皿を割るおっかないお菊ですけどね。つまり名前がある種超自然的な名前で、幽霊にするには最もふさわしい。あと幽霊だけじゃなくて、さっき申し上げたように、身分の違いを越えた恋愛ですよね。で、一方で旗本と大名、旗本と町奴みたいな身分が違うことによっての争いごとが起こって、そういう何か世の中の、世俗のいろいろを「聞く」ことができる、あるいはそれを解決することのできるような巫女として成立してるのがお菊という存在だと。お菊が出てくることによって、そういった時代を良くしようという風に考えてんじゃないかという、ちょっと大きい話ですけどもね。

また、もうちょっと古い話をすると、日本書紀の神代っていう最初のところでですね、たった一回しか出てこないんですけど、菊理媛《キクリヒメ》というのが出てきます。

んです。ちょっと変わった形なんですけど、ジャコウアゲハっていう蝶々がいるんです。それの蛹です。ジャコウアゲハってのはなかなかかっこいいんですよ。黒いやつですね、背中のとこにこう赤いポチポチが付いてて、アメリカの戦闘機のステルスみたいな格好してるんですけどね（笑）。これがどうも姫路地方には多かったらしいんですね。

[5] 事実姫路にはですね、このジャコウアゲハの蛹とかを見せる昆虫館ってのがいくつかあるんですが、赤松の郷昆虫文化館が一番有名で、ここは定期的にジャコウアゲハ関連の展覧会やってます。展覧会っていうの

「菊理媛神亦有白事《もうすことあり》　伊奘諾尊《イザナギノミコト》聞而《きこしめして》善之《ほめたもう》　乃散去矣《すなわちあらけぶろ》」、このときに菊理媛というの女の神が出てきてですね、申すことあり。申すことが何かわかんないけど、伊奘諾尊に何か喋ったわけですね。多分「伊弉冉《イザナミ》尊と仲良くしなきゃいけないわよ」みたいなことといったんでしょうね。「二人とも仲良くしなさい！」って、これ夫婦喧嘩して伊奘諾尊がひとりでいるときに、菊理媛の話を聞いてるわけですから。だから仲介したんです、夫婦喧嘩のね。あ、これはぼくの妄想ですよ。ただ伊奘諾尊はちゃんとお聞きになってですね、その言葉を褒めてそれで去っていくんだっていうんですね。

で、この「キクリ」というのは、まぁ折口信夫先生はこの「キクリ」というのは「ククリ」だというわけです。当然「くくる」は総括の括、まとめる括りですよね。だから多分、伊奘諾尊と伊弉冉尊、仲良くしなさいよみたいなことをいって、夫婦の間を取り持って「括った」んでしょうね。それと「くくる」は「くぐる」にもつながってきて、「水をくぐる」なんて表現が『千早振る』という落語の最後に出てきます。「水くぐるとは」ってね、水の中に入っちゃうことをいいます。潜ることを「くぐる」といったんですね。だから夫婦仲に介入する、潜りこんで、夫婦の間を取り持ったって意味だと、まぁ拡張解釈すればそういうことです。で、なおかつ「もぐる」って言葉にかかわるので、菊理媛は水神、水の神だったんじゃないのかってことがいえるわけですね。

かなあ。虫だから「展覧会」といいにくいですよね。まぁそういうものをやってますね。たしか一昨年は「ジャコウアゲハと皿屋敷伝説」という、まさにというタイトルなんですね（笑）。行きたかったんですけどね、カタログだけは持ってます。

姫路というのはもともとは江戸時代が始まったときには池田一族というのが、姫路城の城主だったんですね。この池田一族は、偶然ながら今ぼくが仕事をしている岐阜県大垣市の大垣城主から遷された人なんですね。岡山城主にもなってる人で、かなり名君と呼ばれた、池田輝政。そこに、信長公から拝受したという家紋があってですね、これがそうすると、さっき申し上げたんですけれど、菊って名前と、水っていうものがつながって、横に並べると菊水、って酒の名前になっちゃうね、これね。だから菊はいい水、きれいな水とかいうことがあります。一方で「キク」は神の声を聞くっていう超越的なものだから、これが「キクリ」ってことになると、水の中に潜る、水に入っていく「ククリ」とか、あるいは何か世の中の出来事を、まとめていくっていう作用、そういう複数の意味や機能がいっぺんに「キク」って言葉から連想されるわけです。

それだけじゃありませんよ、まだあるんです。柳田國男のですね、『和州地名談』って本の中に書いてあるんですが、関東地方で「蛇がとぐろを巻く」って、ぼくは東京の人間だから「とぐろを巻く」といいますが、蛇がね、ぐるぐるってね。あれを北陸や佐渡、つまり北の方ではですね、「皿になる」っていうんですね。確かに、こうぐるぐる巻いてるのを上から見たらそう見えますよね。実際、お酒を入れる盃とか何かを昔の人が作るときには、粘土を細長い紐状にしてね、それをこうやってぐるぐる巻いて、焼くんですね。そうやってお皿を作ってましたから、形状としてもよく似てるんです。で、他の地方では「皿」とか「サラキ」なんて言い方をするんですけども、「まだ一隅にはそういう語が残っているのである」と、柳田國男が書いたのは大正時代ですから、今ではその言葉をもうほとんど使いませんし、北陸や佐渡でも「とぐろを巻く」っていうそうですね。

備前蝶っていうんですね。信長は岐阜の人だったからね、だからその蝶々の紋をもらってて。信長が持ってた蝶々ってのはもっと蝶々が羽広げてるもんなんですが、こっちはちょっと対称型になってますけどね。どうやら蝶に縁があるとこなんですよ、播磨国がね。今はジャコウアゲハがですね、姫路市の市蝶っていうんですか？ 市の蝶々ね。「しちょう」って三つありますよね。人間の市長と、鳥の市鳥と蝶々の市蝶とあって。「ちょうちょう」はたくさんありますけれど。姫路市は、平成元年に市政百年ということで、このジャコウアゲハを市蝶に制定しました。そういう感じで蝶々にどうも縁がある。まただ古い方は皿って言い方もわかるみたいですけど、今はもう使わないですね。

で、この皿って言葉は、井戸にもつながります。たとえば太秦《うずまさ》の広隆寺の西側の駐車場のところにあります、「いさら井《い》」ってご存知ですか？　江戸時代末期まではここで非常にきれいなお水が出たそうで、みんな遠いところから水を汲みに来たそうです。漢字では「さらう」「井」で「浚井《いさらい》」と書きます。「細かい」「小さい」「井」で「細小井《いさらい》」という表記もあって、これは要するに湧き水とか、スプリング、水が噴き出す泉ですね。そういうちょっと水が出てるところをイサラとかサライともいうんですね。「サラ」っていうのはお皿の皿だけじゃなくて、水にかかわる井戸のこともサライっていうんです。段々ヒントが集まり始めてくるわけですけれども、確かね、小さい井と書いて小井《いさらい》さんって名字の方もいるんですよね。

余談ですが、これ「イサライっていうのはイスラエルのことだ」っていってる研究者もいます。なぜかって、太秦って言葉がヘブライ語なんだそうです。ヘブライ語で何か神様の名前らしいですよ。だから、昔々このへんにユダヤ教徒がいっぱい集まったんですね。ユダヤ教徒が集まって映画を撮ったかどうかはわかりませんけども（笑）。ただ太秦って確かにこれで「うずまさ」とは読めませんよね。音も、「うずまさ」って発音、あんまり聞かない。だから外来語由来ってのはわかるけど、ちょっと乱暴すぎますね。まぁおもしろそうですけどね。そうす

ぁそれは直接お菊伝説とは関係ないのかもしれないんですけども、なんか繋がりがあるのかもしれません。

るとお菊伝説がユダヤ教っていうか旧約聖書につながりますよね。ここまでやると、二度と皆様来なくなっちゃうかもしれません（笑）。まぁそういうことを考える人たちもいらっしゃるわけで。

　そうすると皿というのと蛇も結びつきますね。蛇っていうのが女の怨念を持つのは以前『道成寺』の回でお話をしました。それから、聖書の話になれば、それこそまぁ人間を堕落させた存在であるとかね、悪いイメージが強いんですね。でも一方で蛇には聖なるイメージもありますし、十二支の中にもちゃんと入ってますしね。その両義性、ふたつのイメージを兼ね備えてるのが蛇というもんなんです。だからお菊は水に関係するし、蛇に関係する。だから蛇とかの恨みつらみってものが残れば幽霊って形で出てきますね。それからお菊虫の形状を考えると、さっき出てきた芳年の幽霊の絵みたいにね、このような蛇体となって井戸から姿を現すという動きにもつながるので、この皿と蛇と水と菊っていうのがね、全部お菊っていう名前に集約されるんじゃないのかな、という気がいたします。

　それで、この皿屋敷伝説ってのは日本全国にあるんですけど、共通してる点は三つあります。まず、「ひとりの奉公娘が主人の秘蔵する一揃いの皿の一枚を誤って壊す、あるいはその娘に妬みを持つ何者かによって皿を隠される」という点。この妬みの内容が、腰元同士の嫉妬の場合もあれば、お家騒動を目撃されたってことで悪い者から恨まれる場合もあって、まぁいろいろあります。次に「娘は皿の責任を問われて主君に責め殺される」か、あるいは「自ら命を絶つ」。そして「夜になると娘の亡霊が現れて皿を数える」と。何で数えんのかってところがちょっと唐突なんですけど、まぁ必ず皿を数えるんですね。皿屋敷伝説を、事典で調べると、「幽霊が井戸から出てきて皿を数えるタイプの伝説」って書いてありますね（笑）。皿を数えなきゃいけないらしいんだ、どうもね。「皿数え」っていうのね。皿数え伝説ってのもあります。お皿じゃない場合もありますが。別の「皿屋敷異説」ってのがありまして、そちらだと皿の数を数えないで、皿に注がれたお酒の中に針が入ってるというね。それは群馬県だったかな。あと彦根の方にもそういう伝説がありますが、それは皿を割るのとは違うんですね。で、犠牲になった娘の祟りによって主人の家にいろいろな災いが起こり衰亡していく。『番町皿屋敷』においても青山播磨がお菊を殺すことで、自分も自暴自棄になっていくんで、青山家もほどなく滅びるだろうなってことを予感させながら物語が終わるんです。その意味でこの皿屋敷伝説の一部をちゃんと岡本綺堂さんは借りているってことになりますね。

　皿屋敷伝説を調べるとですね、とても本が少なくて、伊藤篤さんって方の『日本の皿屋敷伝説』［図版2］ぐらいなんです。九州大学の精神科のお医者さんを長いこと勤められた方で、退官したあとに全国の皿屋敷伝説を全部自分の足を使って調べてるんです。

全国に四十八ヵ所あるんですよ、皿屋敷伝説は。こんなところにもありますねえ、五島列島ですよ。で、南の方は鹿児島県坊津。坊津は今は合併されて町の名前変わってしまいましたよね。北の方は、岩手県滝沢ってところまでですね。このへんは沢が多いとこですね、水沢とか滝沢とか。それから江刺《えさし》、江刺追分の江刺があるとこですね。集中しているのは、やっぱりこの東京の番町とか牛込のあたりですね。麻布とか、麻布十番なんかにもあるようですね。それから山陰地方も、米子の近辺に集中しています。それで、もちろん姫路ですね。兵庫県姫路市あたりに集中していて、九州はちょっとばらけています。いくつかのエリアに集中していながらも四十八ヵ所あって、まぁこの先生はですね、全部つぶさに調べて回って写真を撮って、古老から話を聞いて一冊の本にまとめました。

どうしてひとつの物語が全国に広がったかって、これは柳田國男なんかもずいぶん調べてるんですけども、この伊藤さんは伊藤さんなりに調べられて、いくつか説を出されている。たとえば領主の転封《てんぽう》、転封ってのはいわゆる国替

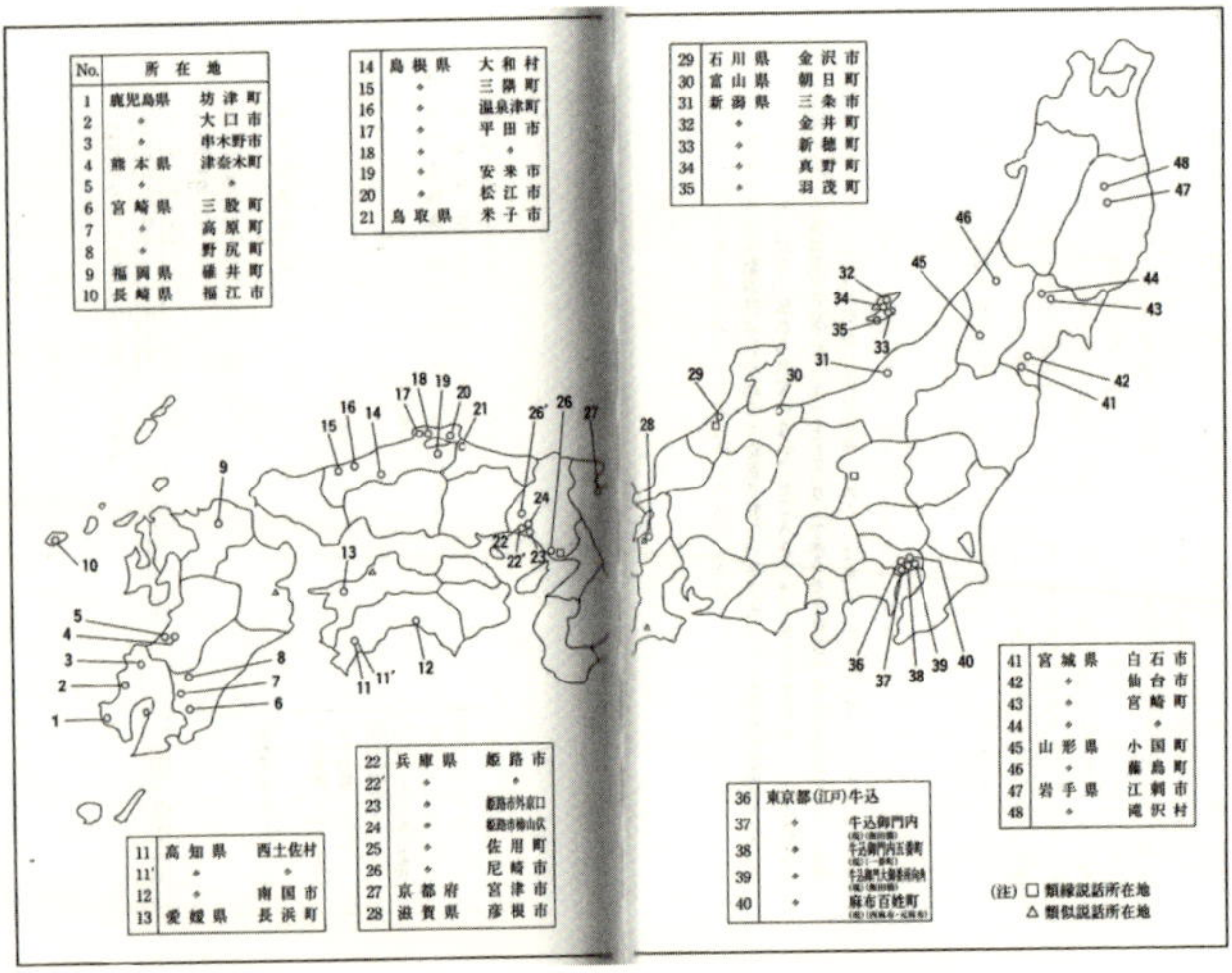

［図版2］伊藤篤『日本の皿屋敷伝説』海鳥社、二〇〇二年

えってやつですね。普通の人だったら宿替え、引越しですけども、国ごと替わっちゃう。領主が替わるからね。この転封というもので伝わっていったと。だからたとえば青山家が滅びたなんて話が、他のところに移ったらそこでまた新たな話が広がりますよね。で、それを広める人たちは、その土地に合った土地の名前、人の名前を使ったりしますよね。そうやってその土地にそれぞれ見合った皿屋敷伝説が生まれちゃうんです。

それからもうひとつは仏教の唱導活動で、特に禅宗とか密教とかはそうですが、修行僧が全国を行脚しますね。これは巡礼の場合もあれば布教の場合もあって、さっき申し上げたように、お菊が出てきて九枚とかいうと「十枚」と数えて成仏させるような、非常に強い力を持った人たちによって伝えられることもあります。まぁ何か恨みつらみを持ったり悪い邪な考えを持つとそういう形で祟られるよ、という教訓的なイメージを持って伝える。そういう仏教説話として皿屋敷が入っていくってこともあります。

それから海沿いに皿伝説が集中していますね。佐渡島にも集中しています。海に近いところなんで、海運労働者とかが、荷物を運ぶついでに物語を伝えていったと。彼らは全国を回りますから、非常に噂が伝わりやすいんですね。それで広がっていったってこともあります。ほかにもお芝居という形で、十七世紀には既に皿屋敷伝説が演劇になってますから、全国にあった芝居小屋で上演することによって広がっていくってことがありますよね。

さらにもうひとつ、薬売り説、これは著者が医学部出身だからっていうわけでもないんですが、富山の薬売りはもう江戸時代の最初からあるんですね。この人たちは実は幕府の密命を帯びたエージェントみたいな人たちもいればね、全国のいろんな土地の状況を調べる、まぁスパイといっちゃ言い過ぎなんだけども、情報収集の役割を担ってたんですね。だから彼らは手形がいらない。全国どこにでも行けるんですよ。国から国へ渡り歩いて行くときに、関所を通らなくても大丈夫なんですね。この「薬売り説」、ぼくはかなり評価しています。[下段6]

・

さて、皿屋敷物の映画もずいぶんあるんです。最初は一九一一年ですから、完全にサイレント、無声映画ですね。タイトルは『播州皿屋敷』あるいは『番町皿屋敷』になってます。一九三七年以降、戦前から戦後にかけていくつかの『番町皿屋敷』っていうものがあって、戦前の作品は、長谷川一夫と田中絹代のコンビですね。これは岡本綺堂原作そのまま、つまり怪談物ではありません。それから戦後になって同じく長谷川一夫が演ったものですね、「お菊と播磨」というサブタイトルがついてまして、長谷川一夫と津島恵子の二人で演られています。その

[6]
ところで、全国にお菊さんが割らなかった皿ってのが残ってまして、いっぱいあるんですね。高知、彦根、あるいは盛岡ね。お菊さん忙しいねえ、全国四十八ヵ所の井戸から出てこなきゃいけないし、皿は割んなきゃいけないしね（笑）。彦根の長久寺の皿なんかリアルですよね。歌舞伎では青山播磨は、要するに皿が大事でお前を斬るわけじゃないんだっていって、残ったお皿を全部割っちゃうんですね。で、その皿が大事じゃないってことがわかっただろうってお菊を納得させて斬るわけです。それはだからお菊と播磨との気持ちのつながり合いみたいなものがあるんですが、そのと

あと一九五七年にですね、『怪談番町皿屋敷』って、もう一度怪談話に戻りました。お菊さん、美空ひばりなんですね。だから、あまりおっかなくないです。そして、さっきお話した『手討』ってのが一九六三年にあって、これが藤由紀子と市川雷蔵による組み合わせ。これだけは番町皿屋敷ってタイトルが付いてなくて『手討』にしてるのは、やっぱり今までの皿屋敷物とは違う、一線を画すよってことだったんじゃないでしょうか。

　まぁ、いろんな話を申し上げたんですが、何で綺堂の『番町皿屋敷』が皿屋敷物として近代的かといいますと、最も重要なのは、「家よりも恋を選ぶ」って、これは江戸時代ではありえないことです。この選べないからこそ他の何かの方向に行ってしまうというのはあるわけなんですよね。まぁわれわれが常識的に考えたら、皿よりも人間を選ぶのは当たり前のような気はしますけど、これただの皿ではないですからね。それから「町奴と大名との確執に自暴自棄になる」という点です。これ最初から争いごとばかりで、最後も結局争いごとに自分も身を挺して、槍を携えて、飛んでくので、もうほとんどめちゃめちゃになってる感じで、これはいつの時代にもある若者の暴走癖みたいなものです。江戸時代にはこういうのは抑圧されていたのでしょう。この作品は大正時代に作られたんですが、明治から大正にかけての作品の中で、江戸時代の人間を自分たちの時代の人間と同じように理解して、やはり若者も封建制度とかに対してイライラしてたんじゃな

きに割った皿を全部きれいにちゃんとつなぎ合わせましたっていうね。芸が細かいですねぇ。

　盛岡の大泉寺のもすごいですね。五枚入りで一枚お菊が割っちゃったから残り四枚が残ってるっていうね。合理的ですね（笑）。高知の西土佐村のものはちゃんと九枚残っています。全国各地にはお皿だけ残っている、皿屋敷伝説はすでにないけども、お寺にお皿だけが神器として奉納されてるってところは他にもあるみたいなんですね。

　細かい話なんでさっといきますが、演劇史的にはすでに一七二〇年ですから、享保五年に、京都の榊山四郎十郎座ってところで『播州評判錦九枚館』という、

いのかなってことを推測するわけです。今までこんな風に作者が自分の時代を背景にして昔の時代を推測するなんて見方をしたことなかったんですね。これが非常に近代的です。それからもうひとつの近代性ってのはいうまでもなく、お菊がこともあろうに腰元の身分で殿様に恋をして、しかも嫉妬すると。江戸時代なら嫉妬した段階で成敗ですね。でもそこを播磨が許してるってのが、西洋演劇的な感じがします。たとえば身分の違いじゃないけど家の違いだったら『ロミオとジュリエット』みたいなのがありますし、西洋にもいくらでも身分の違いを超えた恋ってのはあるわけで、それを導入したって意味では新しい。それから綺堂は「恨みによる怪談話ではない、妬みによる悲劇」と解釈しました。どっちが嫌っていわれたら、恨みのほうが怖いですね。これずっと祟るからね、子々孫々ね。妬みは子々孫々祟りませんからね。自分の代だけでなんとか処理すればいいですからね。

　ということで、そもそも綺堂さんって二十世紀の人だったから、怪談話みたいなものは人間の頭が作り出す妄想だって常々思ってたんでしょうね。『半七捕物帖』の中にも幽霊が出てくる話があるんですが、はっきりいってはいませんが、それは人間の妄想が作り出したもんだという近代的な眼差しで見ていますね。ただ人間の恨みや妬みってのはなくならない。やっぱり一番怖いのは人間なんだってことですね。これ人間が一番怖いといって、人間の主体性みたいなのを明らか

播州で評判の、九枚ですから九枚館ですよ、錦ってのはお皿のことでしょうね、そういう話からこうずっと皿屋敷伝説は演劇化されています。『播州皿屋敷』はその二十年後にですね、豊竹座、つまり文楽で、人形浄瑠璃で上演されます。これは浅田一鳥《いっちょう》とか為永太郎兵衛とか、非常に有名な浄瑠璃作者が満を持して書いたものですね。そのあとも黙阿弥なんかが文久三年（一八六三年）に『皿屋敷化粧姿視』を作ってます。

　いわゆる『魚屋宗五郎』というタイトルで有名ですが、こちらは本外題で、もともとのタイトルは『新皿《しんさら》屋舗月雨暈《やしきつきのあまがさ》』といいます。皿屋敷（舗）の語が含まれていますね。「新皿屋敷

にするのは、明治以降の近代性が極めて強いといえます。

歌舞伎ではもちろん様式とか型ってのは大事ですから、今でも最後のところ、播磨が井戸口に足をかけて極まるところは絵的に非常にきれいに作られてます。もちろんそれと同じように重要なのは、台詞とか本人たちの表情とかから見て取れる場面、お菊が播磨に一枚一枚皿を渡すときの、このおびえた表情から何か驚いた表情になって、少し諦めた表情っていうように、少しずつ表情が変わっていくようなやり方です。そういう細かいところは今まで江戸の歌舞伎ではあんまり見せなかった。そういうところを見せるのは、非常に映画的なんです。映画だとクローズアップといって、顔とか手の動きだけをアップして、われわれに心理的なものを動きで見せることはできたんですね。ところがまだこの時代ではそこまでできないんで、歌舞伎の中でそれを見せたってことでは、心理描写を表情で、今までの歌舞伎とは違った方法で見せたってことになりますね。二代目左團次と二代目松蔦は、綺堂を通じて、映画的かつ近代的な歌舞伎の身体性を身につけたということになります。

（舗）」ってのは今までの皿屋敷ものとは違うよってことです。お殿様に自分の妹がなぶり殺しにされたってことで、お殿様だから我慢してんだけど、酒飲んだら気持ちがでかくなっちゃって、で、殿様に文句いおうって。河竹黙阿弥作のこれは、明治十六年（一八八三年）市村座で初演されています。妹がお菊じゃなくてお蔦っていうんですけどね。一幕の弁天堂の場において、お国のお家騒動の密談をお蔦が聞いてしまう。「詮議の場」では悪い連中にこっそりと耳打ちをされた殿様がそれを信じちゃってね、お蔦を残虐に殺してしまって井戸に捨ててしまう。で、家のほうにはですね、お蔦が病気で死んだとかね、ごまかそうとしてる。実はそうじゃないってことを、お蔦の朋輩が伝えに行くんですね。それで兄貴宗五郎が真相を知って、ずっと断っていた酒を飲んで、殿様のところに文句いいに行くと。三幕のところでは磯部主計之助ってのがいるんですけど、磯部の殿様が真実を知ってですね、悪い奴を成敗する約束して、宗五郎らに詫びたという話なんですね。だから、本当は最後の三幕ってなくてもいいような気がして、怒って怒鳴り込みに行くところでやめたほうが、芝居としては見栄えがするんですね。なんか旗本である殿様が謝っちゃって、少々安っぽくなってしまう気がします。

第九話 傾城反魂香《けいせいはんごんこう》

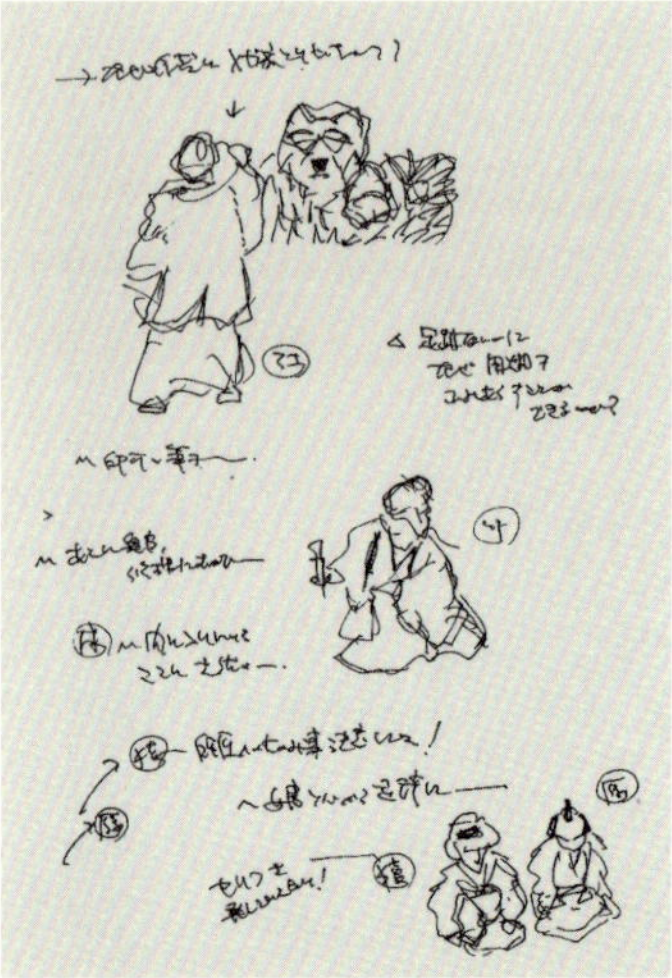

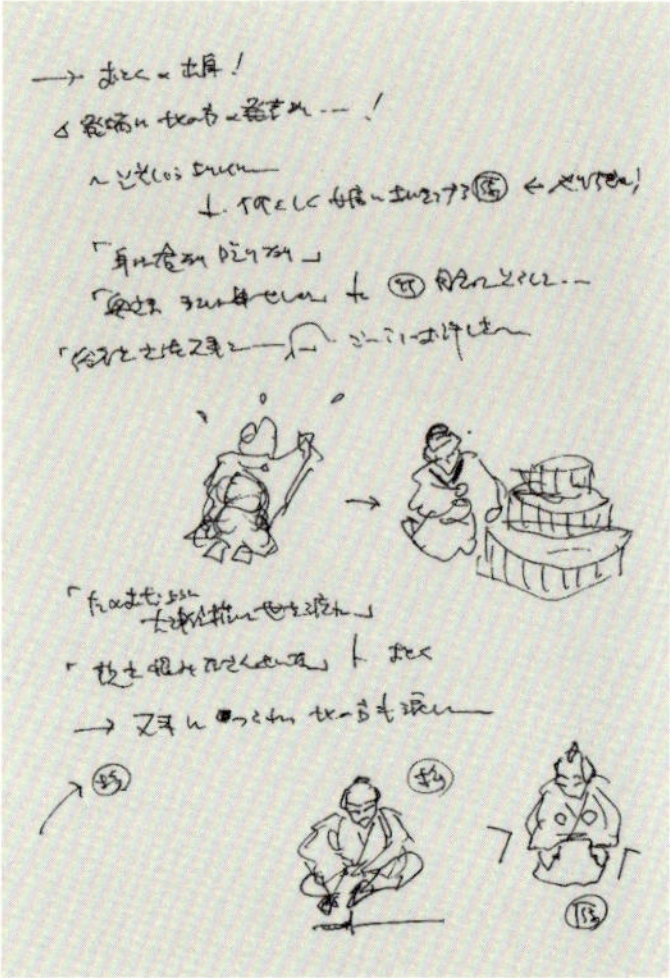

今回は「近松物」と呼ばれる演目のひとつ、『傾城反魂香』を扱います。近松門左衛門が一七〇八年に書いた作品で、文楽人形浄瑠璃と歌舞伎があります。歌舞伎の作品の多くは初め文楽で上演されて、それから歌舞伎劇となりますが、この作品はその間隔が短く、わずか十年ほどで歌舞伎になっています。

今日のお話は、二月三日の節分の日に他界された十二代目團十郎さん追悼の意味もこめさせて頂きます。昨年（二〇一二年）に亡くなられた十八代目勘三郎さんもそうなのですが、歌舞伎役者は亡くなると「〇世」と呼ばれるようになります。つまり、十二世團十郎とか十八世勘三郎とかね。ただ、ぼくの中ではこのおふたりはまだ亡くなったという実感がありませんので、生前同様、十二代目、十八代目と呼ばせて頂きます。

この「市川團十郎」って名前がなくなるっていうのは、歌舞伎界全体で非常に大きいショックがあります。十二代目はいろいろなお役を勤めておられました。歌舞伎十八番の『外郎売《ういろううり》』とか『毛抜《けぬき》』はもちろんですが、あるいは時代物の熊谷直実ですね、『熊谷陣屋』とか。少し珍しいところでは『仮名手本忠臣蔵』で斧定九郎を演ってるんです。最近では二〇一二年の顔見世で勘九郎襲名のときに演った、途中で休演しちゃいましたけども『梶原平三誉石切《かじわらへいぞうほまれのいしきり》』ですね。梶原平三をお演りになった。若いときは割とこの役をお演りになってたんですよ。きりっとした、捌《さば》き役っていうんですけどね、そういう役が非常にうまい方だった。台詞に関しては口舌があまりよくないってことをずっと海老蔵時代からいわれていて、ものすごく努力されて、『外郎売』なんかを逆に売りにしてね、むしろそういう、しゃべりにくい聞きにくいっていう台詞を売りにしちゃう努力をされた方ですよね。

捌き役も含めて、格好いい二枚目も似合ってましたし、今日お話しする『傾城反魂香』の又平も演られてるんです。團十郎が又平ってのは割と多いんですよ、海老蔵時代から結構演られてます。というのも、又平を今演じられているようなキャラクター設定にしたのは、十二代目のご先祖である九代目團十郎なんですね。又平ってのは、初めのうちは、大津絵を描いている貧乏な絵師、絵描きだったわけです。初期のころの『～反魂香』はこの又平っていう人物を安っぽく描いてたんですね。『～反魂香』の中でもそれほど大きい役じゃなかったんです。ところが九代目團十郎、そのお弟子さんの六代目菊五郎の時代になって、つまり明治以降になってね、この又平って役に光が当たったんです。非常に苦悩する芸術家、そして吃音というハンディキャップがある。宮廷絵師ですから、相手が天皇とか将軍ですから、しゃべりができないとなかなか難しいわけですね。そういう屈折した芸術家としての姿っていうのは、まさに九代目團十郎とか六代目菊五郎が置かれている立場と同じだと思うんですが、又平っていう役の位をいきなりバージョンアップしちゃったんですね。今までの「のんきで愚かな絵描き」っていうイメージから、「天才絵描きだが吃音であるがために出世できない」っていう苦悩を持ってるっていうようなキャラクター設定に変更したんです。

女房のお徳はあまり変わりませんが、このお徳って非常に重要な役柄で、これは歌舞伎の世界では、「ととかか」と呼ばれる役で、主役であり、旦那である男の人よりも前に出ていい唯一の女形なんです。普通、女形は引く、受身ですよね。ヒキかウケですから、あんまり人前に出るってことはないんですが、このお徳は特に出ても良い役なんですね。『毛谷村』のお園とか『本朝廿四孝』のお種などもそうですね。ですからこのお徳っていうのは演じるのが難しいので、歴代のお徳役者は実にすごい人なんですね。この前亡くなった雀右衛門（先代）さんとかね。團十郎の又平の相手でつとめた藤十郎さんも鴈治郎時代から演っています。

それから亡くなった勘三郎さんが演ってました。平成中村座で演ったときには仁左衛門の又平で、ウケが勘三郎。あれは絶妙の舞台でした。あんなすごいお徳、観たことなかったですね。今までと全然違うお徳だったんですね。お父さんのほう、十七代目の勘三郎さんは又平を演ってます。親子の又平、お徳を観てみたかったたね。今頃あの世で演ってるんだろうね。で、またお父さんに怒られてるんでしょうね、きっとね（笑）。そこへ新しい又平役者の十二代目團十郎がまた行っちゃうんだね。ぼくが観たかったのは、團十郎の又平、勘三郎のお徳という組合せ。この組合せ、今まで一度も演られてないです。新しい歌舞伎座が二〇一三年四月に開場しますでしょ。そうしたら年末ぐらいにはその組み合わせで演じられたかもしれません。きっとあの世で演ってるんで、我々も早く行きたいとこではありますね（笑）、それをぐっとこらえて現世で別の『傾城反魂香』を観ることにしましょう。

さて、ストーリーを少し。もともとは「吃り」ということで『吃又《どもまた》』なんてタイトルも付くんですけども、吃りを持ってるがために、なかなか宮廷絵描きになれない。宮廷絵描きになれないってのはどういうことかというと、名字をもらえないんですね。日本画の大和絵には、土佐派と狩野派っていう流派があるんですが、又平さんのお師匠さんってのは土佐将監《とさのしょうげん》。京都の方だとご存知の方も多いと思うんですが、土佐派のリーダーなんです。だから土佐の名字をもらえれば当然ながら宮廷画家としてデビューすることができるんですが、「浮世又平」とかいわれてね、なかなか名字がもらえないわけです。女房のお徳はなんとか旦那のために名字をもらってあげたいと思うんだけど、それができないわけです。それである日、将監先生の家にお見舞いに行ったときもですね、また名字をほしいといったら断られちゃって、それで、又平はもう死のうと思った。死ぬ前に将監宅の庭先にある手水鉢を石塔に見立てて、後ろ側のところに最後の絵を描く。すると描いた絵が要するに反対側に透けて見えるわけです。それがまぁ奇跡というかドラマとして重要なところで。「生涯の名残りの絵、姿は苔に朽ちるとも、名は石魂《せっこん》にとどまりし」ってね。「名は石魂にとどまり」の石魂っていうのは、これは能『石橋《しゃっきょう》』から借りてきた詞章なんですね。見事に石の向こう側にね、尺寸、一尺以上ですから、三十センチ以上の奥行きがある手水鉢の正面に絵が抜けるわけです。で、そういう奇跡が起こったってことを師匠の土佐将監が見て、そういう力があるならば、ということで名字をあげる。絵の技術に対して土佐の名字をあげたというよりも、ある種の誠実さですよね。「名字がほしい！」って思って、その強い思いが、手水鉢を三十センチ貫通して絵を移してしまったっていうね。そういう誠実さとか強い力、強い思いみたいなものに対して土佐の名字ということで、土佐又平光起《とさのまたへいみつおき》という名前を与えられます。

『傾城反魂香』は近松門左衛門の代表作になりましたけど、近松の戯曲の中では芸術家が出てくるという比較的珍しいものです。ただ、ねらいがありまして、狩野元信という狩野派のリーダーだった人が亡くなって百五十年経っていたんですね。その百五十回忌ってのが宝永五年（一七〇八年）だったんです。それにうまいこと当て込んで、この『〜反魂香』というものを上演しました。大坂竹本座での上演です。

歌舞伎はそのわずか十一年後に、やはり同じ大坂の嵐三五郎座ってところで、嵐三五郎の又平によって初演されました。ですから、今は歌舞伎で観ることのほうが多いですが、文楽でも何年か前に、国立文楽劇場で上演されました。ただし、文楽の場合には、台本がちょっと違いまして、近松のものから少し変えましてね。それを『名筆傾城鑑《めいひつけいせいかがみ》』といいまして、「傾城」という言葉がやはり入ります。この作品の名前で、宝暦二年（一七五二年）にやっております。現代の文楽はこの改作が上演されております。

　初演された一七〇八年ってどんな時代かといいますと、六年前が元禄十五年ですから、史実では赤穂浪士の討入があった年ですね。そしてその翌年の元禄十六年に『曽根崎心中』が上演されております。このころは今の歌舞伎界とよく似たところがあったと思うんですが、『傾城反魂香』が上演される四年前、応永元年（一七〇四年）に、初代團十郎が亡くなってるんですね。確か六十六歳でして、今の團十郎さんと同じ歳で亡くなってます。で、その五年後の一七〇九年に、初代坂田藤十郎が六十二歳で亡くなってるんですね。江戸歌舞伎史の代名詞のようなお二人が、ちょうどこの『傾城反魂香』が上演された時期に亡くなっているのです。ちなみに、初代藤十郎が亡くなった年に、五代将軍綱吉も亡くなっています。ですから『〜反魂香』は、元禄が終わって、五代から六代、あるいは七代の将軍へと移っていく時代に書かれたものなわけです。

　『傾城反魂香』を舞台でご覧になった方だと、「傾城」つまり遊女、女郎なんか出てこないじゃんって怒られると思うんですね。「反魂香」は香の名前なんです。

落語好きな方だったら『高尾』って上方落語がございまして、「魂帰す反魂香」ってね。まぁそういう場面も出てくるんですが、いずれにしてもお香らしきものも出てこない。歌舞伎の原作は上中下三段の長い長い作品なんですね。われわれが今観ている部分はそのごく一部、上の段の切の部分ですから、全体の七分の一ぐらいですか、そこが「吃又」として単独で上演されています。ですから、前後の筋を引きずってますので、そのへんも少しややこしいんです。

なぜ傾城かといいますと、又平のお師匠さんである土佐将監光信が天皇の怒りをかってですね、勘気を受けて逼塞《ひっそく》しているわけです。勅勘《ちょっかん》ともいいます。謹慎処分ですね。『忠臣蔵』の「九段目」の由良之助と同じように山科で閑居している。それでそこの娘は経済的に家が苦しいってことで、遊女、遠山太夫になってるっていう前提があるわけです。だから前の段で既に娘さんが太夫になってるんです。まぁ後に遊女をやめて遣手になるんですけどもね。話の中では非常に重要な人物ですが、この土佐光信の娘には実は娘婿がいて、それも話の中ではちょこっとだけ出てくるんです。そうしたいきさつが前提としてあるので、「傾城」って言葉が出てきます。

それから「反魂香」ってのはもともと史実で、白居易《はくきょい》、白楽天の本の中にもありますが、前漢武帝が、奥さんの李さんが亡くなったんで、道士に霊薬を作らせるんです。道士ってのはいろんな不思議を操る魔術使いみたいなもんです。玉製の釜で煎じて練って、金の炉で焚き上げたところ、煙の中に夫人の姿が見えたと。つまり煙を通って亡くなった人の魂が見える、視覚化されるってのが反魂香なんですね。魂があの世から見える形になって帰ってくる。もともと魂は見えないもので、それの反対ってことですから、お香の煙によって魂が出現するってことです。

だから落語の『反魂香』、上方では『高尾』といいますが、それは亡くなった高尾太夫の、好い人だった男の人が香を焚くと、高尾の霊が出てくる。ただ特別な香でなければ駄目なんで、隣の部屋の大工がですね、自分も亡くなった嬶《かかあ》に会いたいっていってんで、反魂香を譲ってもらおうとするが、なかなか譲ってくれない。それで、しょうがねえやって乾物屋に行って、何かよくわかんないものを買ってきて火をつけたら部屋中煙だらけになっちゃって、ドタバタになるって話なんです。上方だったら三代目桂春團治さんが『反魂香』って演目で演じることもあるし、『高尾』っていう演目で演じることもあります。両方とも非常にいいですね。煙の中から幽霊が出てくるところの色気がたまらんですね。『番長皿屋敷』のところでもふれましたが、三代目はこの『〜皿屋敷』も得意でした。お菊の出るところがめっぽう色っぽい。

それで、今は『反魂香』という言い方ですが、ちょっと前まで『吃又』って呼ばれていました。「吃り」、吃音の「吃」という字ですね。それが表現としても障がいとしても問題があるということになる。なんといっても吃りは障がいじゃないんです。しゃべり方の癖ですからね。吃りが障がいだったらぼくみたいな早口も障がいでしょ、これ（笑）。だってゆっくりしゃべれったってできないんだから。吃ってる人に「ちゃんとしゃべりなさい」っていえないのと一緒です。これは個人差、あるいは生物学的な個体差といえるんですね。

でもまぁ、この言葉はどうしても一般的に使いにくい。ちゃんと調べてないんですが、この十年ぐらいで『吃又』じゃなくなりましたね。『傾城反魂香 土佐将監館の場』とかね。ちゃんと場の名前がついていて、これは外題というんですけど、サブタイトルみたいな『吃又』ってのはもうなくなってます。だからまぁ、別にそれほど差別的なまなざしでつくられたものではなくって、ただ吃音であるってことがこの物語のきっかけではある。繰り返しになりますが宮廷絵師になれないということと、土佐の名字をもらえないってことの原因が吃音にありますから。歴史的な使い方ですからね。問題ないと思いますが、今は使われません。

さて、先に申し上げたように、本来は三部立てになってまして、上の巻、中の巻、下の巻とあります。われわれが『吃又』という形で鑑賞してるのは、上の巻の切です。中の巻は、名古屋山三とか登場して、「鞘当て」ってのがあるんですが、それにもまた当て込んだものが入ってます。で、下の巻でまた将監の家に戻って、めでたしめでたしということになるんですね。ですからこれは、全体的にはお家騒動なんです。

　で、文楽の場合、全体を通したり前半だけをやったりすることもありますが、歌舞伎の場合、通しでやることはめったにないんですが、澤瀉屋一門では通しで演じることがあります。猿翁さんは「見取《みど》り」っていう、いいとこだけ取ってくる演出方法にはちょっと批判的なんです。ストーリーが全部あって楽しむのが歌舞伎だという考えだから、全部通しでやるんですね。だから当然長くなりますよね。ただ、通しで観てもあんまりおもしろくないんですよ（笑）。後でもふれますが、お家騒動よりも夫婦の美しい物語としてまとめられた『吃又』の方が、質のいい舞台になるんです。

　ただ、澤瀉屋はそれをちゃんとコンパクトにまとめて、アクションもいれて二時間ぐらいで楽しめるものにしています。これは多分、子どもさんでもおもしろいと思いますよ。絵に描いた動物が全部動き出すわけですね。オープニングの竹林のとこに虎が出てきますが、その虎ってもともとは、前の段で描かれた虎なんですね。だからその虎が命を持っちゃった、みたいなところもあるし。後半で浮世又平が土佐又平って名前をもらったところだと、敵を退治するときに片っ端から絵を描いていった動物がどんどん本物になってね、それで敵を退治するっていう見せ場があるんで、これはもう澤瀉屋がやりたくてしょうがないですよね。だからそういう見せ場を残しながら全体のストーリーをコンパクトにすれば、まぁ楽しめるんですが、まるまる上演するのは、現代人のわれわれにはちょっと辛いですね。文楽であれば、それが人形とことば（浄瑠璃）で演じられるため、通しでもアリなんですが。

　で、この又平というのは最初に申し上げたように非常にぼやっとした人物だったんですが、九代目團十郎、六代目菊五郎という二人の名人を通して、今の又平というものが「造形」されたわけでございます。

　さて、又平って名前に近い、岩佐又兵衛（一五七八―一六五〇年）という江戸時代初期に活躍した絵描きがいらっしゃいます。この方は『吃又』にも出てきます。いわゆる大津絵といってですね、今はいろんな旅先のお土産になってますけども、最初のころはやっぱり護符、お守りだったんですね。そのお守りがひとつの商品的な価値を持って、売られるようになったんです。この大津絵も江戸時代初期にはひどく普及しておりまして、又平（又兵衛）と因縁づけたんですね。

　この人は、遅れて出てきた天才という感じで、作品がほとんど発見されてなかったんですね。収蔵者が個人の方が多かったりして、公に出ることがなかった。しかも多様な描き方でね、いろんな筆致で描くので、又兵衛さんって方が誰の弟子かって未だにわかんないんですよね。いちおう芝居では、土佐ですから土佐派ですよね。狩野派じゃないってことはわかるんだけれども、実際には土佐派のも狩野派のも描いてるし、そうじゃないのも描いてる。いわゆる浮世絵ってものの開祖でもあるし、大津絵を大成させた人でもあるんですね。だから日本の大和絵という、いわゆる日本絵画の伝統である江戸時代以降の主な道を一番最初に拓いたのが、この又兵衛さんという方なんです。だから「浮世」又平でしょ。「浮世」って定めなき世という意味でもあるんですが、一方で浮世絵をつくった、要するに浮世絵の又平ということでもあります。そういう名前を近松は工夫して付けてんじゃないのかなって感じがしますね。『傾城反魂香』の又平はこの又兵衛とは違いますが、「絵描きである」あるいは「謎の絵描きである」あるいは「大津絵にかかわってる」ってそのぐらいの記号ですよね。そのぐらいの要素をまとめて、近松は又平というキャラクターを作ったということになると思います。ちなみに岩佐又平衛の作品は、千葉市美術館で二〇〇四年に開催された展覧会のカタログがとてもよくできておりますので、参考になさってください。

さて、ストーリーとしては簡単に今申し上げたような感じなんですけども、全体構成としては七つぐらいに分かれます。まず最初に狩野元信、『吃又』の冒頭に出てくる虎はこの元信が描いたものです。これが前の段でもうでてきます。狩野元信がお家騒動に巻き込まれて悪者に捕まっちゃうんですね。捕まっちゃうんだけども、たとえば『金閣寺』っていう歌舞伎では雪姫が桜の花びらを集めて鼠を描いたらそれが本物の鼠になっちゃって、自分の綱を噛み切ってくれるっていう話がありますが、それとよく似ていて、この元信もですね、自分は繋がれているから手は使えないので、自分の肩先を噛み切るんですね。それで血を含んでペッて吐いてですね、襖に虎を描くっていうすごいことやるわけですよ。そしたらその血で描かれた虎がですね、命を持って、それで元信を助けてくれるというわけです。その虎がいなくなって、将監の家、つまり義理の父親のところにやって来るわけです。それを修理之助っていう若い弟子がいたんですが、彼がかき消してくれます。だから修理之助は虎の絵をかき消したっていうことで、土佐の名前をもらうことになるんですね。彼には兄弟子がいて、それが又平だったわけです。

で、村では、修理之助って若い人が虎を消したとか噂するわけです。「自分なら女の人をいっぱい描いてもらいたい」とか、「借金を全部帳消しにしてもらいたい」とか。そんな世俗なことをいって帰って行く道すがら、花道のところで又平お徳夫婦とすれ違うんです。この夫婦はすでに舞台に出てきた段階で、自分よりも若い、はるかに若い修理之助っていう弟弟子が土佐の名字をもらったってことを知ってるわけですね。で、土佐将監は持病で自分の家にいるってことになってますから、お見舞いに行くわけです。そして修理之助がもらったんだったら、兄弟子である自分にも名字をくださいって女房のお徳が又平に代わっていうんだけど、そんなわけにはいかないと、絵の業績がなければあげるわけにはいかないと、やんわり拒否されるんですね。

そこに狩野雅楽之助といって、これは絵描きではなくて、中間《ちゅうげん》なんですが、彼が非常に疲弊してやって来てですね、狩野の姫君が奪われたことを語るわけです。このへんのくだりは、前の段までにちゃんと話があるんですね。ちょっと唐突な感じがするんですけども、今の歌舞伎の演出ではこのへんは割とサラッとし過ぎてるところがあります。この狩野雅楽之助の役者ってのは割と若い役者が演じます。注進《ちゅうしん》といいますけど、まさにね、要するにどういう出来事が起こったかというのをしぐさを交えて語るんですね。そういう語りの場面として有名な場です。

そして、そのあと奪われた姫君を助けなきゃいけないっていうことで、部下にあたる土佐将監が、自分の弟子である修理之助を遣わすわけです。遣わすためには当然土佐の名字を持ってなきゃいけない。絵描きであることが必要条件じゃなくて、土佐の弟子であるということが必要ですからね。戦いの場で名乗りをあげる場合にも名字が必要です。そこでまた又平がですね、自分が姫君を奪還しますみたいなことをいうけど、「おまえには土佐の名字がないだろ」って師匠にいわれてね。これでもう絶体絶命。修理之助は姫君奪還のためにいなくなるし、家の中での土佐将監とその奥さん、北の方というんですが、この二人も家の奥にもう入ってしまうわけですね。夫婦だけになってしまって望みが絶たれた、もうこれは死ぬしかないなって、自害を決意するんです。で、お徳のほうが自害するならば死ぬ前に手水鉢を石塔に見立てて、自画像を描きましょうと、つまり自分の墓石を作りましょうといいます。そうすると先ほど申し上げたように、見事に手水鉢の反対側に絵像が抜けるっていう奇跡が起こるわけです。

で、どうやって将監さんはその奇跡を見てたんでしょうかね。舞台の上には二人しかいないわけです。あとはお客です。客席に将監がいたっていうそういう設定なのかな（笑）。子どものとき観ててぼくは変だなって思ったんですね。突然ろうそくなんか持って「見事見事」とかいって出てくるんだけど、「どこで見てたの?」って思ったんですね。まぁ、ただここで大事なのは、見てた見てないってことよりも、土佐将監って人は必ずしも又平を恨んでたわけじゃないってことです。絵の力があることは認めていたし、詮無い大津絵描きってことで生涯終わらせるわけにもいかないって考えてたけど、何かきっかけが欲しかったんでしょうね。だから、将監にすれば又平が吃りっていうのはあんまり大したマイナスイメージじゃなかったかもしれないです。「誠《まこと》」っていう気持ちを持ってね、描いた絵が手水鉢を通してしまうというような偉業、奇跡みたいなのを起こすことがひとつのきっかけだったわけで。誰でもそんな奇跡起こせませんからね。だから奇跡に対して名字をあげたわけではないってことです。師弟関係、その信頼関係が重要なんで、別に客席に将監先生が降りて来なくても、どこかで見ていただろうっていう理屈は成り立たないわけではないですね。

見どころとしてはいくつかあると思うんですが、今申し上げた又平・お徳夫婦の出といった花道のところがまことにしんみりしてるわけですよ。「今日はお見舞いに行きましょう」みたいな感じで家を出たんだと思うのですが、道々お百姓さんたちが、若い弟子がね、修理之助が土佐の名字をもらったと噂していて、それは非常にショッキングなわけです。ということで、この夫婦の屈折した出というのが見事です。

　それからお徳のしゃべりというのがあって、これが非常に有名なんです。「旦那の吃りと嫁のしゃべり」ってね、とにかくこのお徳をやる女形は、真女形《まおんながた》といって、女形しか演らない人じゃないとなかなか演りにくいんです。だから勘三郎さんはちょっと特別なんですね。あの人、まぁ何でもできちゃう人だから。普通は真女形の役なんですね。とにかくお徳で大事なところは、そういう見せ場でしゃべる演技です。近松の作品にはいくつか女の人にしゃべらせる場面が出てきて、これだけじゃないんです。『嫗山姥《こもちやまんば》』でも「しゃべり山姥」っていう場面があって、やっぱりお母さんがずっとしゃべるところがあります。さっき申し上げたように、このお徳ってのは「ととかか」といいましてね、トト（夫）でありカカ（女房）であるってことね。だから旦那さんの前に出て、じゃんじゃんしゃべっちゃう。普通の芝居と違って、又平はしゃべろうにもしゃべれないわけですから、だからそこはちょっとニュアンスが違うんですけども、そこがまぁ旦那の吃りと嫁のしゃべりでっていう感じで対になってるわけね。そのへんは少々コミカルではあります。

ただ、やっぱり名字がもらえないってことで、又平の悲哀があって、お徳の嘆きがあります。これで死のうって。この場合は二人で死ぬっていう決意です。まぁ考えたら、将監にしたら迷惑ですよね。自分の家の前で自分の弟子夫婦が死んじゃうわけですからね。本当は止めなきゃいけないとこなんですが、待っててこっそり見てたんでしょうね。そして又平が奇跡を起こして絵が透ける。

そうして名字をもらったんだから、とにかくお姫様奪還に向かえという使命を受けるんですね。行こうとすると、「でも戦のときに、名乗りを上げるときに吃りだったら名乗り上げられないだろう」って師匠にいわれると、奥さんのお徳がね、「リズミカルなものは大丈夫です」と。つまり鼓の音に乗ってるものとか、踊りの節に乗ってるものだったらば全く吃りませんという。ここで「大頭《だいがしら》の舞」って、いわゆる能の舞とは違って、もうちょっと古いやつですね。幸若舞《こうわかまい》といってね、「人間五十年」って信長が謡ったものがありますね。あれがもともと幸若舞で、あれは能ではないんです。要するに完全な能楽ではなく、ちょっと違った歴史をもつ舞ですが。その、幸若舞の一流が大頭の舞。大頭の「大」ってのは、「台」という字を書く場合もあって、この「台」は当て字だと思うんですが。そういうものを舞います。

重要なのは、ここは非常に和やかな場面で、奇跡も起こったし名字ももらったのでお客も安堵してるわけね。この夫婦は死なずに済んだんですから。だからこの踊りのところはちゃんと観たいんですが、当然ながら又平は別に踊りの名人じゃないです。絵描きの名人ではありますが。だからうまく踊ってはいけないんです。だからといって下手くそでもいけないわけで、ちゃんと吃らないように踊らないといけないわけです。吃る人がやると、踊りも吃るんですね。きちっと踊らなくてはいけない。

ただ、大体、踊りの名人がこの又平を演ることが多いんです。先々代の松緑さんとか、六代目菊五郎の恩恵を受けてますよね。それから三津五郎さんが演ってますからね、踊りの名人ですよね。それから亡くなった富十郎さんも演られてました。だからそこは「うますぎちゃいけない」っていうね、ちょっと難しいですね。踊りのうまい人にはものすごく厳しいストレスを与えるような演出なんですけど、そこをサラッとこなす。

それで夫婦が仲良く引っ込んでゆく。これも演出が二通りあって、仲良く花道を引っ込んで行く場合と、舞台上で大頭の舞が終わったあとにピシッと極まってね、極まりになってチョンって柝が打たれて、幕が閉まるという場合とふたつあって、最近は引っ込む場合のほうが多い気がします。

さて、もう一度「半道あまりを夫婦連れ」で二人がとぼとぼやって来る場面を見てみましょう。お徳は又平の名前が付いている提灯を持ってるので、夜半であることがわかりますし、膳所《ぜぜ》の水を入れた竹筒を身体の調子が悪いっていう自分のお師匠さんのために持って来る。

　昔の演出では鰻を持って来てね。滋賀だから、琵琶湖で鰻捕れますよね。だからその鰻を持って来て、差し上げますというときに、鰻が竹筒から出ちゃってそれを捕まえるっていう滑稽な場面があったりしたんです。だから江戸時代まで演られていた『吃又』の部分というのはもう大騒ぎね。

　けれども、すこしシリアスっていうかな、神妙なものにするために、こういう場面は六代目菊五郎が全部とっ払ってしまった。今見ても、無いほうがいいかもしれません。まぁあったらあったで、おもしろい演出になりますけどもね。六代目も「無くてもいいだろう」って芸談で書いてます。要するにどっちでもいいってことですが（笑）、まぁ六代目はやりたくなかったんでしょうね、おそらくね。

　一方のお徳もですね、やっぱり世話女房って感じがあって、時代物でありながらちょっと世話物っぽいです。いろんな着方をしています。石持《こくもち》というんですけども、無地の色、身分の低い侍の奥さんが身に着ける衣装です。石持ってのは紋を入れるところが初めから白く抜かれてるんです。だから普通だと全部色塗ったあとに紋を塗るんですけども、それができない材質なので、あらかじめ紋を入れるところだけは染めず、丸く抜いておくんです。そういうのを石持といいます。これは下級武士の奥さん、たとえば『菅原伝授手習鑑』の「寺子屋」の戸浪であるとか、あるいは「山科閑居」、『忠臣蔵』九段目のお石ですね、由良之助の女房ですからそれほど身分は低くはないですが、零落してますからね。それから、『忠臣蔵』だったら六段目のお軽、勘平の女房も石持です。石持っていうのは女形の、特に真女形が特に演る場合には非常に重要な衣装になっております。

それから原作では出てこないんですが、歌舞伎では必ず将監の奥さんの北の方が出てくる。吉右衛門（先代）さんが又平をつとめるときには、ずーっと長いこと、先代吉右衛門の番頭だった吉之丞（先代）さんがこの北の方を演られています。この吉之丞の北の方はすごいですよ。舞台全部総取りって感じですから。もう出てきた瞬間に客はみんなそっち見ちゃいますからね。でも存在感といい台詞といい、絶対土佐将監って実在の人物の奥さんはこの人だなって感じですよね。すっごい役者だと思うんですけれどもね。普段は本っ当に温厚な、おばあちゃんみたいなおじいちゃんです。でもここできちっと芝居を締めてるところがあって、それが非常にいいですね。

・

さて、さっきもいいましたように、出の違いだけでもいろいろあるので、この出が一番難しいといろんな芸談には書いてます。お徳を演じた三世梅玉は「初世鴈治郎さんの又平は、全身に力を入れておられる。全く身も心もその人になったつもりでガーッとなって芝居をしてはりますさかい、えらい力で、この又平を捻じ伏せるには、私にもそれ以上の力が要ります。ところが六代目（菊五郎）さんの又平は、お客さまの目に力が入っているように見えても、身体のどこにも力が入ってまへん」と表現しています。ここで又平夫婦のある種のスタンスというか、どういう場に置かれてるか、それからドラマがこれからどう展開していくのかってことを予感させるものじゃなくてはいけない。まぁ、大体歌舞伎では出というのは難しいんですね。『勧進帳』でも弁慶は飛び六方《ろっぽう》でいなくなる、引っ込むのはどうってことないんです、ある意味ね。やっぱり一番最初に義経が出てきて、四天王が出てきて弁慶が出てくる。その出が最も難しい。だから今の幸四郎のおじいちゃんの七代目幸四郎も、出がうまくいっただけで八割方『勧進帳』は成功するっていってますからね。それだけ出というのは難しいんですね。特にこの場合は夫婦の出ですから、夫婦がある種の交流をしながら、しかもその交流が台詞の交流とか、具体的な表情の受け渡しじゃないんですね。とぼとぼって花道を歩いてるだけでその夫婦の「あわい」というのを見せなきゃいけないんで。そういう意味で、吉右衛門・雀右衛門、それから今だと雀右衛門さんが亡くなったんで、息子さんの吉右衛門・芝雀（現雀右衛門）ですね、それから富十郎・芝翫というのはベストカップルですね。あと三津五郎・時蔵ってのもあります。それはその次のベストカップルになるかもしれません。

さて、話を進めまして、今度は修理之助がお姫様奪還に行くときに、兄弟子の俺を遣ってくれ、俺を代わりに行かせてくれって頼むけれども、まぁ断られるわけです。で、断ったときに将監がですね、とにかくあんまりわがままばっかりいってると手は見せんぞって、刀を抜くぞ、殺すぞというふうにいう。そうしたら又平は「殺してくれ」っていって、自分の首を差し出すしぐさを見せるんです。で、そのとき師匠がやっぱり又平を恨んでたわけじゃないってわかる台詞がこうです。「こやつ、師匠を困らせおるわい」ってね、困った顔するんですね。だから怒ってはみたものの、実際首を切るわけじゃない。又平はもう本当に死ぬ気でいるからね。このときの床の三味線の演奏法を「空二《からに》」といいまして、弦を指で押さえないで、弦のふたつ目の糸をただ弾いていくだけで、この登場人物たちの心理状態を想像させる。心理描写を具体的に描くんじゃなくて、客に想像させるのを空二というんですね。

それで、自分の願いが叶わなくて、しかも死なせてもくれない。奥さんに八つ当たりなんかしたりする場面があって。ついには「気違いのように」って言葉があるので、「自分のことを気違いあつかいすんのか!」ってことで。又平は誰にいわれるよりも女房にそう思われることが辛く、腹立たしいんですね。これもいろんな芸談見てるとおもしろい。お徳を演ってる女形の芸談を見ると、ほんとにここのところは鬼気迫るところだと、本当に殺されるかと思ったと書いてる人もいるぐらい大事な場面なんですね。

それで、今度はお徳がもう一回だけ将監先生に、「どうぞ土佐の名字を」というと、駄目っていわれるわけです。その後、将監夫婦は奥へといなくなっていく。二重の舞台のところには、お徳だけが残る。このお徳が、呆然とした表情で、死を決意します。「後見送って女房が」と竹本が語る。このときの雀右衛門さんのポーズは美しかったですね。右足を差し出して左手で上半身を押さえて、右手をちょっと添える感じでね。この形は、お徳を演じる役者によっていろいろな型があるんですが、基本的にはこのポーズが非常に美しく何かを決心した姿になりますね。

そして、又平が死のうとするところで、さっきもいったように手水鉢に絵を描いてくださいとお願いする。このときに筆を渡すのですが、その筆を持たせたときに有名な台詞が、「手も二本、指も十本ありながら、なぜ吃りに生まれしゃしゃした、生まれしゃしゃしたぞいな」と。又平が吃りであることを恨んでるわけでは全然なくてね、ひとつの嘆きの台詞ではあるわけです。

そしてこの口説きの場面、というか泣かしの場面のあとは、手水鉢に描いた絵が抜けることで二人がハッとびっくりする場面になります。そこで有名な「かか、抜けた」ってね。この「抜けた」ってところが見せどころですね。天王寺屋（富十郎）の「抜けた」は、「抜けたぁ」って言葉も台詞も抜けるんですね。ふわぁって鼻から落ちるんですね。だけど播磨屋（吉右衛門）の場合は「抜けた！」ってね。だから播磨屋の又平のほうがやっぱり若い、世代というか設定する年齢がね。富十郎のほうがやっぱり上って感じがしますね。どっちがいいとか悪いとかいうのはまったくないですね、それぞれにやっぱり見事です。

今思い出しましたが、芝翫・富十郎の歌舞伎座で演った二〇〇一年の舞台、ぼくは一週間歌舞伎座に通いました。一週間ずっと観てて、芝翫さんだけスケッチしてたんです。なんか全部思い出しましたよ。芝翫の出から引っ込みから、座るとこからね。記憶ってのは不思議なもんですね。だけど歌舞伎ってのは酷な芸能です。歳取ってどんどん良くなるんだけど、歳取ったらどんどん体動かなくなるわけだからね。それで演らなきゃいけないって、実際の体力とのせめぎ合いってのもありますけども、それをどうやって芸で、いってみればごまかしていく、あるいは乗り越えていくのかというところが非常に重要になってくるわけです。まぁ、それにしても舞台の二人は体当たりで演ってってね。いや、体当たりで演ってるように見えるんですよ。やっぱり義太夫の、三味線の糸に乗るのが見事な二人だし、義太夫で「糸に乗る」って言い方をするんですが、ちゃんと三味線の糸（弦）に乗った動きがほぼ完全にできてるんですね。やっぱり戯曲に対する理解ってのが全然違うんで、若い役者さんはそういう糸に乗る演技ってのはまだね、難しいんですね。三味線も弾けなくちゃいけないし、義太夫も語れなきゃいけない。この二人は完全にできる人だったんですね。若い人はそのままガッてやっちゃいますよね、力でね。それがどっかで抜けてきて、入れ替わるんでしょうね。その、芸の力にね。そういうものも一番いいとこを見せてくれた、推定年齢二人足すと百六十二歳の又平夫婦でした。

ということで、結局この又平夫婦の話というのは絵師の物語である。それは物語全体を、『傾城反魂香』として見た場合にはそうかもしれませんがね。だけど『吃又』ってとこだけ見たら、肝は明らかに又平・お徳夫婦の物語でございます。しかも絵が抜けるという奇跡の物語でもあるわけです。

・

昔、七代目三津五郎って今の三津五郎のひいおじいちゃんが、つまり先々代が又平を演られたときに、お徳は菊三郎さんっていう人が演った。そのときお徳が「腕は二本」って言った瞬間に、「俺はもう死ななきゃいけねえんだ」と思ったそうですからね。つまりお徳に「死ね」って言われてるように見えたらしいです、両手を持たれたときにね。もうこの世には何もないと思っちゃったらしくて。そういうふうに思わせる役者というのはすごいなと思います。だからやっぱり望みとしては、勘三郎のお徳に、團十郎の又平っていう組み合わせが観たかったなって悔やまれます。

ということですね、團十郎さんの追悼から始まったお話は、最終的には勘三郎さんの追悼でまとめることになりました。今日の話はこれで終わります。

第十話 身替座禅《みがわりざぜん》

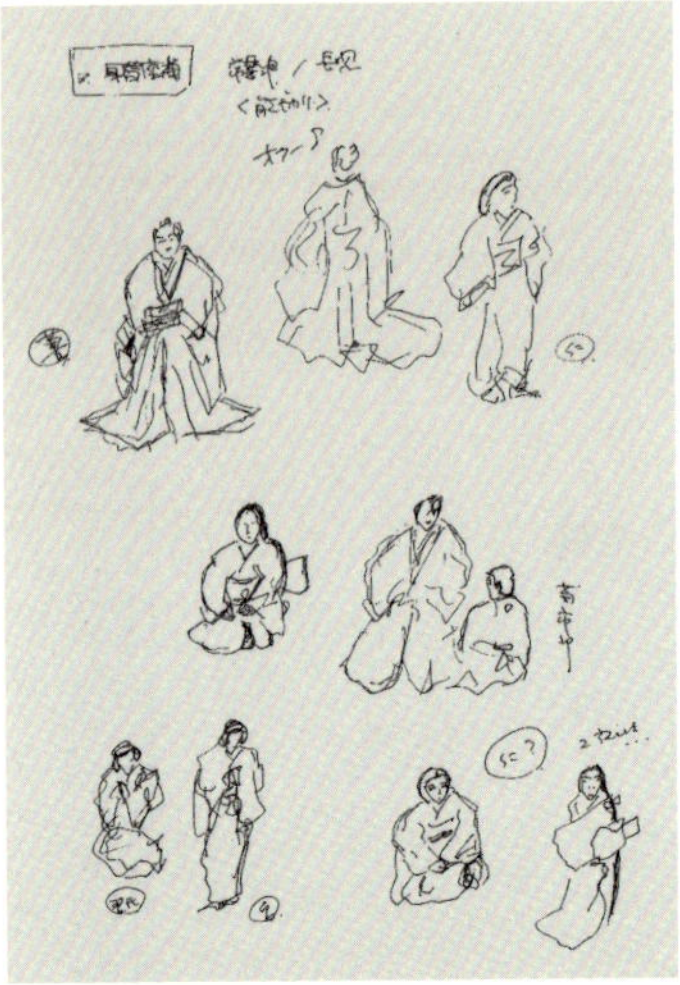

今回の『身替座禅』は、歌舞伎の演出形態としては「松羽目物《まつばめもの》」と申してですね、能や狂言とか、歌舞伎よりも歴史的に先行する作品からストーリーや衣装や演出とかを取材する、はっきりいえば盗んだものです。江戸時代までは歌舞伎役者が能を見ることはできなかったんです、身分が違ってね。ですから、こっそり見てさっと取り込む。この作品が作られた明治以降になるともう少し平等になりますから、能を取材したものが増えてきたわけで、『身替座禅』はその中でも非常に画期的な時期に作られた演目でございます。みなさんご存知の『勧進帳』も『安宅《あたか》』という能の作品に取材して、そこから歌舞伎になったもので、むしろ今は『安宅』よりも『勧進帳』の方が有名になってるぐらいなので、松羽目物にしたことで有名になったものもずいぶんあるんですね。

『身替座禅』の特徴としてまずぼくが申し上げたいのは、くり返しますが松羽目物であるということ。この場合は狂言の『花子《はなご》』という作品、花子は『道成寺』の主役の女性の名前でもありますが、その狂言『花子』に取材しているんですね。そして二番目は新作舞踊であること。つまり新作というのは明治以降になって新しく振り付けられたり作曲された舞踊作品のことです。たとえば『京鹿子娘道成寺』なんてのはもう古いものですね、宝暦年間ですから、十八世紀に作られたものなんで新作じゃありません。もちろん『身替座禅』は舞踊でありながらちゃんとした筋があって台詞もありますから、舞踊劇というスタイルをとっているわけです。それから内容としては恐妻物であること。これは普遍的にいつの時代を経ても、あるいは国を越えてもですね、非常に人気がある理由なんですね。海外で『身替座禅』をやって、ストーリーを全然知らずに見てても恐妻物だなってわかる。これがすごい。海外で大ウケです。まず『身替座禅』にはこの三つの特徴があるんじゃないかなと思いますね。

松羽目物というのは歌舞伎辞典なんかには長い記述があるんですが、少し引用しますと、「歌舞伎舞踊の一系統で大抵の場合は舞踊作品として出てくるものである」。だから能や狂言をそのまま演劇にしてるわけではなくて、一度踊りに落とし込んでる。つまり歌舞伎の舞踊は能の舞に比べると、衣装や化粧とかもあってはるかに華やかなんですよね。その華やかなものの根っこに、能や狂言の内容や演出を入れてるわけですね。「題材はほとんど能、または狂言から取り、衣装演出などいずれも能、狂言に準ずる」と。まぁ準ずるというのは同じことをやるわけじゃないんですけども、かなり近いところまで行きます。大体衣装は立役、男の役の場合には歌舞伎の衣装ではなくて、能の装束になります。

そして能舞台を模していて舞台正面の奥には老松があります。これは能の舞台と同じです。が、鏡板《かがみいた》とはいわずに松羽目といいます。そして上手、下手の左右に竹を描いています。このへんは同じですよね。そして五色の揚げ幕が下手にありまして、そこから登場人物が出てくるということで、橋懸かりはないんですけど構造的には能舞台のまねをしているんです。臆病口もちゃんとありまして、ここも役者が『勧進帳』の富樫みたいにひっこむときもありますけど、大体は後見が出入りしている場所になってます。

それで、能の様式や役割を歌舞伎に積極的に取り入れようとしたのは七代目市川團十郎（一七九一―一八五九年）です。江戸・河原崎座で行われた『勧進帳』の初演（一八四〇年）でした。だから十九世紀半ばに、まず最初の松羽目物が團十郎家によって演られたということです。彼の演じた『勧進帳』は三升の紋が入っている柿色の袴をつけてます。團十郎家は松羽目物の中でも『勧進帳』を非常に大切にしましたし、「歌舞伎十八番」に制定してもいました。九代目團十郎の弁慶と五代目菊五郎の富樫という組合せが写真で残っていますが、まぁ九代目の腰の入り方の見事さといったらないですね。どっから叩いても絶対倒れないっていう腰の入り方です。

明治以降の演劇を色んな形で刷新していったのは、この二人の人物、つまり九代目團十郎と五代目菊五郎だったんですね。二人とも没年が一緒なんです。一九〇三年ですから明治の三十六年、日露戦争の前の年ですね。このときに、この両巨頭が相次いで亡くなったわけで、「これで歌舞伎が終わった」って嘆いた人もずいぶんいたみたいです。終わらないで今日現在に至ってるのはそれ以外の役者さんのおかげです。たとえば五代目菊五郎が亡くなったとき、当時丑之助だった後の六代目菊五郎などの活躍がありました。六代目はこの九代目に踊りを習ってたし、お父さんが五代目だったってことで、この両方の薫陶を受けてたわけですしね。その後歌舞伎はさらに色んな形で刷新されてゆく。たとえばこの時期に歌舞伎劇も含めて演劇全般を新しくしていったのは、初世市川猿翁です。二代目猿之助、今の猿翁さんのおじいちゃんです。歌舞伎劇に新劇のムードを取り入れたりして、改革していったので、そういう形で今現在の歌舞伎に至ってるところがあります。まぁこの二人が亡くなったことは確かに大きいマイナス経験だったんですけども、その後の頑張りがあっていま現在も大丈夫なわけですね。

この團十郎と菊五郎はライバル同士でした。とくに松羽目物っていうのはですね、ライバル同士でどんどん新作を作っては発表して、好評を得てたわけです。［参考1］一八八一年、最初に菊五郎の『土蜘』が上演されます。そして團十郎も負けまいと翌年に『釣狐』といって有名な狂言から取材してきます。さらに次の年に菊五郎が負けないぞと、今度は能や狂言にありそうだけど実際には存在しない『茨木』というのを演ったんですね。河竹黙阿弥の原作です。これでまた大成功をおさめるんで、團十郎は負けずに『船弁慶』を演る。実は初回の興行は結構不入りだったんですよ。しかしなにくそと『紅葉狩』を演ったらこれはちょっと入ったんですね。という感じであとは『素襖落《すおうおとし》』とかでどんどん作り込んでいって、菊五郎の『菊慈童』も能の同名の作品から取材しています。

［参考1］
「松羽目物」演目
『土蜘』（一八八一）菊五郎
『釣狐』（一八八二）團十郎
『茨木』（一八八三）菊五郎
『船弁慶』（一八八五）團十郎
『紅葉狩』（一八八七）團十郎
『素襖落』（一八九二）團十郎
『菊慈童』（一八九二）菊五郎
『二人袴』（一八九四）團十郎
『羽衣』（一八九八）菊五郎
『釣女』（一九〇一）初世猿翁

團十郎はどっちかというと『素襖落』とか『二人袴』みたいに狂言から取材してる物が多い。菊五郎は『羽衣』とか『釣女』とか、能の本行物からもって来てるものがあるわけです。『釣女』は初世猿翁の初演ですけど明治三十四年になってやったんですが、團十郎、菊五郎が明治三十六年の一九〇三年に相次いで亡くなりますから、その後にこの歌舞伎全体で松羽目物という作品をどういう風に継承していったらいいかとなりました。もちろん初世猿翁はこの後にも色々やられますけどね。最終的に岡村柿紅《しこう》という作家によって一九一〇年に作られたのが『身替座禅』です。この方は実は四十四歳で夭折した天才的な作家です。ただ市村座の経営にもかかわっていて、借金を抱えてずっと経営しないといけないというので、経営者としての才能にはあまり恵まれていなかったんですね。作家としてはピカイチだとぼくは思うんですよ。久保田万太郎の先生にあたる方です。けれども、体調を悪くされて、四十四歳で若い命を散らしてしまったわけです。その間に特に六代目菊五郎と七代目三津五郎をフィーチャリングした作品を沢山作ります。『身替座禅』は七代目岸澤式佐と五代目杵屋巳太郎が作曲しています。常磐津と長唄ですね。当時、常磐津はですね、常磐津派と岸澤派っていうふたつの流派に分かれてたんです。『釣女』という作品のときに初めて常磐津と岸澤が一緒になって仲良しになるっていう、和解のための作品として『釣女』ってあるんですね。『身替座禅』では、常磐津と長唄の違った音楽が、掛け合いで出てくると。最初の部分は常磐津なんですが、後半になると長唄が入ってきます。

登場人物はわずか五人、六代目尾上菊五郎の山陰右京、京都の洛北に住む大名です。それから七代目坂東三津五郎がその奥さんの玉ノ井、どちらも神社の名前から来てるらしいんですが、はっきりしません。山陰神社、玉ノ井神社、それぞれあるみたいです。それから太郎冠者、要するに大名の家来ですよね。使用人である太郎冠者に初代中村吉右衛門、夢のような配役ですね。それから侍女が二人でてきて、これは奥さん方についてる侍女ですが、千枝と小枝といいまして、千枝が六代目市川雷蔵。皆さんよくご存知の雷蔵さんは八代目ですね。六代目は経歴を調べると一九〇一年に亡くなってるんですよ、二十七歳かなんかで。そして七代目は生年・没年がよくわからないんです。ただ晩年は役者を辞めて事務方、市村座の経営に回ります。それから小枝が玉之助さんで、今四代目かな、坂東玉之助ね。

もちろんこの三人、六代目の右京、七代目の玉ノ井、そして初代の吉右衛門の太郎冠者という配役が大事なわけです。そして新作ですからね。狂言の台詞をずいぶん採用はしてます。けれどもやっぱり歌舞伎役者に合う言葉遣いや内容ってのがありますから、そういうものに合わせて演出をしてるところはありますよね。蛇足かもしれませんが、五代目菊五郎が九つまで自分の新古演劇っていうのを選んでいたんですが、六代目がこの『身替座禅』とまとめてですね、「新古演劇十種」っていう形で『土蜘』『一つ家』『羅漢』『刑部姫』『古寺の猫』『茨木』『戻橋』『菊慈童』『羽衣』『身替座禅』、この十個の作品を音羽屋の尾上家、五代目菊五郎・六代目菊五郎の得意とする演目と定めました。團十郎家の「歌舞伎十八番」に対抗したものです。あるいは猿之助の「澤瀉四十八種」。ただ、上演されるものは割と限られてます。『土蜘』や『茨木』とか。『羽衣』もちょっとやりますけど、あとは『戻橋』。このように作家の岡村柿紅と六代目菊五郎と七代目三津五郎がタッグを組んで色々な演目を次から次へと出します。それらの作品は、現在も「松羽目物」として有名な作品になっています。[下段1]

で、まぁ岡村柿紅さんは六代目だけじゃなくて、他の人にもずいぶんと色んな松羽目物を作ってます。たとえば『芋掘長者』は七代目のために作ってます。それから『悪太郎』は初代の猿翁さんにあてたものです。ですから要するに五代目菊五郎と九代目の團十郎っていう両巨頭が亡くなって日本の歌舞伎界がどうなるのかっていうときに、大きい話じゃなくて舞踊劇っていう小さいものから歌舞伎を刷新していこうとした。岡村柿紅だけじゃなくて何人かの作家がいるんですが、彼らはそういうもともと江戸時代から伝統的にあった松羽目物っていうものを、特に舞踊の方に持っていって作り上げたんですね。なかでも岡村柿紅と七代目三津五郎と六代目菊五郎の三人が三つ巴っていうか、一緒になって作ったのがこの『身替座禅』というわけです。

[1]
六代目は毎回毎回衣装を変えて工夫しながら自分の役っていうか、自分の肝にふさわしいタイプの『太刀盗人』を演じました。『棒しばり』は六代目菊五郎のひ孫にあたる勘九郎・七之助が今でも演じています。だからこうずっと繋がれて継承されてきたってことになりますね。

勘太郎時代にぼくは染五郎・勘太郎で観たことがありましたけど、面白かったですよ。染五郎の持ってた棒がね、バキッと折れたんです、途中でね。観客より前に染五郎本人が「あぁっ!」っていってましたからね。すごいのは、絶対折れてんのにあたかもそれが繋がったかのようにずっと支ストーリーを簡単にお話ししますと、京都の都の近く、だいたい洛北・北白川あたりに住む大名の山陰右京に、花子、これは「はなご」と濁りますが、愛人の女性から近くまで来たので会いたいと手紙が届きました。すぐに会いに行きたいと思うんですが、玉ノ井という奥方がいてなかなか傍を離れません。べったりですね。何とかしなければいけない。[下段2]

もちろん花子に会いに行くことを奥さんが許すはずもないので、右京は妙案を思いつきます。玉ノ井を呼ぶと、ひとりで屋敷内のお堂にこもって座禅をすると嘘をつきます。玉ノ井は一晩だけならということでしぶしぶ許したんです。実はその後、右京はこっそり家来の太郎冠者を呼び出して、自分の身替わりに座禅をさせてしまうのです。このとき、座禅衾《ぶすま》といって大きい掛け物をかけておくんです。これは座禅のときにみんな掛ける衾っていうか、着物なんですね。女の人でいえば打掛みたいなもの、コートみたいなものね。それを被ってしまいますから、外から見ると人だとはわかるけど、誰かというのはわからない。それで太郎冠者にぜんぶ任せて、自分は北白川までやってきた花子に会うために屋敷を抜け出して意気揚々と出かけてゆく。

えて踊ってたってのが、すごい大変だったと思うんですけどね、違う筋肉が必要だから。それで最後までやり通して非常に拍手喝采でございましたね。

[2]

ここでちょっと補足しますと、花子とどこで出会ったかというと、見初めはですね、美濃国（現在の岐阜県）の宿なんです。野上の宿といって、今の関ヶ原よりちょっと大垣寄り、米原から東海道本線の浜松行きとか豊橋行きに乗って頂きますとですね、大垣の手前に関ヶ原ってあるんですね。車中ではネットが一切繋がらない、すごいとこですよ。関ヶ原の合戦がネット戦だったらね、戦にならな夜になると、あれだけ見舞いには行かないと、そして座禅の間は決して覗くなといわれていた玉ノ井ですが、夫のことが気になってお見舞いに来ます。旦那さんのことが大好きなんですね。そこが非常に大事なんです。ただの悪妻ではないってことです。どう考えても百パーセント悪いのは旦那ですからね。それで嘘がばれてしまうと、玉ノ井が太郎冠者の身替わりになる。身替わりは実はふたつあるんですね。主人の右京のかわりに太郎冠者がやるところが身替わりのひとつです。もうひとつの身替わりは、その太郎冠者の身替わりを奥さんの玉ノ井がやるっていうふたつの身替わりによってストーリーが進んで行くのが『身替座禅』です。これは『花子』っていう狂言がもとになってますが、花子は出てこないんです。もちろん『身替座禅』にも出てきません。けれどもほろ酔い加減の右京が帰って来て、太郎冠者だと思って奥さんの前でのろけ話をするところに花子の色っぽい仕草がいっぱい出てきます。そこに花子が見えるか見えないかが、この右京役者の演技力が問われるところです。

狂言は、大蔵流、和泉流、鷺流と三流あり、鷺流は今はなくなりましたが、『花子』という狂言は鷺流では『座禅』っていう演目で知られた作品です。岡村柿紅さんていう人は鷺流の狂言をずっと習ってたので、おそらくその両方の内容を合わせてるじゃないかと考えられます。鷺流の発表会か何かにも岡村柿紅の名前があって、実際狂言師としても舞台に立ってたようです。鷺流の狂言『座禅』

ないですね。その関ヶ原の横にですね、垂井町っていう古墳が非常に多い土地がありまして。そこの野上の宿というところで出会います。わりと色街だったようで、今でもその片鱗がすこし街に残っています。ぼくが勤めてる情報科学芸術大学院大学って長い名前の学校は岐阜県の大垣市ですから、もうちょっと東の方なんですね。だから不思議ですよ、右京が住んでたの北白川でしょ、ぼくはもともと京都造形芸術大学で働いてましたから。それで北白川でわざわざ野上の方まで行って。なんか右京という人は他人のような気がしないんですね。北白川から大垣に職場がかわって、『身替座禅』に対する見方がガから取って来たので『身替座禅』という名前で、主人の愛人の名前は花子になっている。そういう構成、編集の仕方をやっているんです。

そして相手が太郎冠者だとばかり思い込んで昨夜の楽しかった様子を踊りながら話す右京は、調子に乗って奥方の悪口までいってしまいます。悪口は『花子』という狂言にも出てきます。座禅をしているのが玉ノ井だとわかったときにはもう遅い、びっくりして逃げる右京を怒りながらどこまでも追いかけ続ける玉ノ井でした、という感じでございますね。どこまでも追い続けるというのは狂言の特徴です。いわゆる追い回しというんですが「許させたまえ、許させたまえ」っていってずっと逃げて行くでしょ、あの後どうなるんだろうなってぼくは子供のときからいつも思ってました。ずっと追いかけられてるのかな、そのへんがこういう狂言の面白いところです。

話をまとめますと、右京の名乗りがあって「洛外に住まいいたす者でござる」というのがあって、花子に会いに行きたい、何とか会いに行かなきゃいけない、というのがあるわけね。その企みですが、奥さんの玉ノ井と腰元がいますから、それで説得工作をする。そして自分は大名ですから、従者の太郎冠者に命令して見事に脱出するんですね。企み・説得工作・脱出って、何かすごいですね。で、玉ノ井がお見舞いに来ますね。それで発覚して逆襲、と。それで右京が帰って来て、ほろ酔い加減でのろけ話をして、見つかってバレて追い回しと。いま申しラッと変わりましたよ。別に花子みたいなのがいるわけじゃないんですよ。土地のリアリティみたいなのありますよね。もともとぼくは東京の人間だから、あんまり文楽に登場する土地には馴染みなかったんですね。それが二十四歳から大阪に来ましたから、その頃から文楽盛んに見るようになって、そうするとたとえば『忠臣蔵』九段目の「山科閑居」ってところでね、一力茶屋でどんちゃん騒ぎをした由良之助が、山科まで一晩歩いて帰ったっていうリアリティがね、わかるんですね。今なら電車でもタクシーでもたいした距離ではないです。でもやっぱり昔は山を越えて歩いて帰ったってことがわかります上げたように狂言の『花子』というのが元になってるわけで、これは非常に古い出し物なんですね。古くてなおかつ「重習物《おもならいもの》」といわれて重要な曲とされています。狂言の世界だけでなく、もちろん能でも日本舞踊でもそのように家にとって重いものがあるんです、なかなか上演される機会の少ないものとか、あるいは習う人にとっては非常に重いものというのがあります。たとえば京都だったら京舞《きょうまい》、井上流の作品のなかには、「許しもの」っていうのがあって、宗家が許さないと教えてもくれないし、舞台とか座敷で披露してはいけないものがいくつかあるんです。狂言や能の流派に必ずそういう重い演目があって、習得するのも披露するのもすごく大変なものがあります。松羽目物の『身替座禅』は、いってみれば単なる恐妻物です。その原作『花子』っていうのが狂言の中で「重習物」といってなかなか習得するのが難しいんです。重習物も狂言の分け方によっては「大習い」といって、最高に難しいものという「大習物」もあるんです。さっきちょっと出て来た『釣狐』とかね、それから『狸腹鼓《たぬきのはらつづみ》』がそうです。

こちらは大蔵流の『花子』[写真1]です。奥方は女役ですが、狂言では特別なこしらえはありません。ただ頭の部分が狂言独特の形をしてます。美男葛《びなんかづら》といって両側から五メートルぐらいの巾のせまい長い布を頭に巻いて、端をこめかみの所に垂らしておくんです、帯のあたりまでね。美女が着ていても美男葛と覚えておいてくださいね。

し、『忠臣蔵』は特にそうです、山崎街道ってのはどのあたりになるのかっていうのも、大阪に来て実際動くようになってからわかったところがありますからね。ですから野上の宿なんて全くイメージ湧かないと思うんですね、でもぼくにはありありとそこが見えるような気がしてですね。そういう思い出のある作品ではありますね。

和泉流の先代の九世三宅藤九郎がすぐれた芸談を残していいます
ので少しご紹介します。大事なところは中入りですね。花子の元に出かけていく、ぼくがさっき脱出っていったところですね。これは〝浮沈ノ入〟、そういう言い方で、ここがまぁ「気もそぞろに先を急ぐ意である」と。それが中入り後に酔って戻ってくる、これが〝夢心ノ出〟とか、〝夢現つの出〟とか色んな言い方があるんですが、「魂の遊離した放心の状だ」と。これが「足の運び方に秘事があって、座禅衾に向かって独りシャベリには随所に多くの型が伴う」と。「小歌」という謡の中で短いものがあって、室町時代から江戸時代にかけて流行歌とかが取り込まれてるんですね。だから『花子』といっても、でき上がったものとしては古いんでしょうけども、江戸時代に流行った謡い物とかが加えられて、少しずつ新しくなっていったのね。そういうものを「自在な音律の駆使に、狂言小哥の粋を尽すのである」と。まぁなかなか難しいことをおっしゃってますね。さらに藤九郎さんは、「シテは面を用いず、かつ型と詞の分離するところもなく、セリフと謡の連続の独演で雰囲気を醸成していくので、いささかの休息も与えられない」と。「その間隙の無い苦しさは決して『釣狐』の激

［写真1］狂言『花子』（茂山狂言会事務局）撮影者：上杉遥

しい動きに劣るものではない」とまでいい切るのですね。

『釣狐』レベルの、息切れがしてしまうような狂言は他にもあるのに、なぜ『花子』はこれほど格調高くて重いものとしてなかなか上演や鑑賞を許されないのか。これはひとつの仮説ですが、シテの右京、歌舞伎でいえば山陰右京にはもともとモデルがあるという説がありまして、その右京のモデルとは江戸の初期に即位していた後水尾天皇。そしてその皇后が東福門院という方で、この方は徳川和子、家康のお孫さん、つまり秀忠の五女、要するに徳川の直系なのね。江戸幕府の始まりの頃に、天皇の力を抑えるために「禁中並公家諸法度《きんちゅうならびにくげしょはっと》」の次に、天皇の活動をできるだけ制約するような法律を幕府が発表するんです。そのときに矢面に立たされたのがこの天皇だったんです。後水尾天皇はそういうのが嫌で猛反対したんだけども、敵もさるもの、徳川家はわずか十四歳の和子を宮中に嫁入りさせる。完全に徳川家の勢力をこっちの方に流し込むという、監視役ですよね。

そういう形で入っていくので、後水尾天皇はぜんぜん面白くないんですね。その頃に、彼と彼の一派が色々な僧侶たちに紫衣《しえ》っていうものをあげたんですが、幕府の許可無くあげたってことで「紫衣事件」ってのになってですね、あげた者、もらった者がみんな流刑になったり、処罰されたりした事件がありました。そういう事件もあって、この後水尾天皇は公武合体という侍の勢力と公家の勢力とを一緒にするようなことに反発する急先鋒の人物として位置づけられます。紫衣事件があった後はすぐに退位しまして、上皇となるんです。それでずっと徳川幕府を呪って、でも割と長生きされたんです、八十四年の生涯でした。一方皇后の方も約七十年ですから江戸時代としてはかなり長生きされたお二人です。本当は夫婦仲は良かったようですよ。だからさっきから申し上げてるように別に悪妻ってわけじゃないんだけど、やっぱりちょっと出自が違うタイプの二人ですよね。そうした政治的背景を狂言の中で『花子』っていう形でうまく扱ってるんです。花子っていう架空の人物を真ん中に据えることでね、後水尾天皇という強烈なキャラクターを狂言で扱ってたんで、江戸時代の人はそれで笑ったんじゃないかなという説がある。かなり大胆な仮説だと思うんですがね。

狂言は名乗りといって最初にシテが出て来て「これはこのあたりに住まいいたすものでござる」とかね「都に住まいいたす者でござる」って必ず名乗りますよね。自分の番地までいわないけど、ところをぼんやりいうわけ。そのときに、なぜかこの『花子』では他と違って「洛外に住まいいたすものでござる」と具体的な地域をいうんですね。この洛外とはおそらく江戸時代の人が聞いたら、後水尾天皇が住んでらした修学院離宮、これを指すんじゃないかと。これはかなり妄想的ですよ、でももし本当にこうであったとすれば、天皇を笑うわけじゃないんだけど、まぁ当時は上皇になってましたけどね、上皇の逼塞してたところにいらした天皇と奥さんの話っていうのをうまく狂言仕立てにしたってことです。そうなりますとこれはなかなか上演は憚られますよね。それを制度上、「重習物」ということにして、上演を禁じたんじゃないのか。『花子』を重習物としたのはいろんな政治的風刺の側面がこの作品には含まれていたからなのかもしれません。

それから先ほど申し上げたように、狂言の『花子』がもとのオリジナルで、松羽目物の『身替座禅』に岡村柿紅が変えていったわけですけども、実は『花子』の前に世阿弥さんが作られた『班女《はんじょ》』という能の古い作品がありましてね。それがもとになってるといわれています。因果関係がはっきりしないところがあるんですけど、共通の情報があって、たとえば吉田の少将ってのが京都に住んでいる。それからやっぱり美濃の野上の宿に行くんです。この宿で花子という女性に会って、花子と恋に落ちるんです。それで扇を交換するんですね。少将は扇を交換するけれどもそのまま、また京都に戻ってしまって、花子は扇ばっかり見つめてるんで、宿を解雇される。で、その後行方不明になっちゃうのね。それで少将がたまたま出張があって野上の宿に行くんです。花子を求めたんだけども、花子がいないということがわかって、がっかりして京に戻り、しずしずと糺の森の神社のあたりを歩く。すると物狂い女、扇を広げて狂態をしている女の人を見つけるんですね。見てみると、自分があげた扇ではありませんか、ってことでまた扇を元通り交換して二人の恋がもう一度芽生えるっていう話なんですね。

これを『花子』はモチーフにしてるわけで、『班女』では二人の恋は成就してしまうわけです。吉田の少将が妻帯者じゃないってことになりますから、それは表現の中でちょっとずらさなきゃいけませんし、もともと『班女』の「班」という言葉は中国の前漢の時代の班婕妤《はんしょうよ》という、前漢の成帝の愛人だった人から来ています。この方が別の愛人にその座を奪われるんですね、寵愛を無くしてしまうので、自分を扇にたとえて夏から秋になったら、自分は秋にいらなくなっちゃうのね、みたいな感じで恨み節を書くんです。本当は夏に捨てられた扇なんだけど、そんな現実的なことといってもしょうがないですから、秋の扇に自分をたとえて、『怨歌行《えんかこう》』という詩を書いた。要するに捨てられた女の人のことを「班」と呼んでたようなんですね。だから『班女』というと、それは班婕妤という人をモデルにした、捨てられた女の代表みたいな感じですよね。それが扇にかかわってくるわけです。そういうものを能の『班女』の中で世阿弥が巧みに取り込んだ。前半の、前シテの部分で珍しいのは、やり取りそのものが語りによって行われてるタイプなんです。それで少将が出て来たらすぐにもう野上の宿ですからね、そういうところがちょっと違うんですが。

・

さて、ここまでお話しして、『身替座禅』において、ふたつの「?・」を考えてみました。まず、太郎冠者はどっちの味方であったか？　もちろん右京の従者ではありますし、おまけに主人の愛人花子の朋輩である紅梅ともまんざらではない。つまり主人同様、奥方さまには頭が上がらないということです。次に玉の井は本当に悪妻か？　これは何度か申し上げておりますように、この人はただただ右京のことが好きでしょうがないだけなんですね。妻の力で出世させようとか、あるいは自身の権力を拡張しようとか、そんな意志はみじんもない。それだけに哀れな女ではあるのですが、それをコメディ化したのが狂言の『花子』であり、歌舞伎の『身替座禅』であったわけです。海外でウケたのも、玉の井のキャラクラーの面白さゆえであったと思います。情の深い玉の井は、亡き三津五郎が無類の良さだったですね。ただの悪女・醜女ではなく、むしろかわいらしい女を演じていました。相手役の右京は勘三郎だったのですが、今頃はあちらの世界で思う存分仲良し夫婦を演じていらっしゃるのでしょう。

それにしてもこの夫婦、これからどうなるのでしょうねえ。登場人物の「その後」を想像するのも芝居の楽しさですから。狂言では追い回しが永遠に続くように思われますし、『身替座禅』でも同様の終わり方をしていますから、この夫婦そして太郎冠者、二人の腰元、さらには花子も同じようなことをくり返しながらも、幸せに暮らしてゆくのでしょう。そんなのどかな未来が想定されるからこそ、ぼくたちはこの作品を安心して鑑賞することができるのかもしれませんね。

歌舞伎の引き出し――其の参

思わぬ社長のひとことだった。むろん、商売なのだから商品を勧めるだろう。だが、このひとことにはそうした営業色のようなものはまったく感じられなかった。月賦（ローンなんて表現もあまり使われていなかった）でもいいから是非入手しろ、そういう「天の声」に感じたのである。社長のことばを都合よく解釈したぼくは、そこで契約締結をして、月々わずかな代金を支払うことで全額支払った段階で商品を渡してもらうという段取りになった。そりゃそうだ、浪人生なんて、この世でもっと社会的に不安定な階級であり、信用なんかできるはずはない。予備校でも化学の先生に言われていた、「諸君はいかなる社会的存在でもない、未知数というと聞こえはいいが、要するにゼロ、なにもないのだ」と。

もちろん、欲しい本はそれだけではないが、とにかくこれで毎月豊田書房に「通う」理由ができた。何かの書籍を買い、その金額に加えて払うこともあれば、急ぎのときは現金だけを若い店員さんに渡して立ち去ることもあった、だが、とにかく「月賦払い」は毎月励行した。半年も経たないうちに、社長は「おお、アレ、持ってってっていいぞ～」と言ってくれた。『つき草』が晴れて自分の所有となったのだ（支払いはまだまだだった……）。店頭のウィンドウから（売約済のタグがつけられてずっと「展示」されていたのだ）社長の手に渡され、梱包されてぼくの手に渡るときに、社長は「この『つき草』はな、東大の図書館も津和野の記念館も、オレんとこで扱ったんだ」と言われていた。東京大学附属図書館の森鷗外文庫のことか、文京区立森鷗外記念館のことか、いずれにしてもそのどちらかだ。そして鷗外の生地・津和野町にある森鷗外記念館に収蔵されている『つき草』は閲覧させてもらったことがある。いま古書のサイトを眺めれば、ぼくが買ったときよりもはるかに安価で売られているようだが、その当時はこの豊田書房で扱われた三冊（ぼくの購入した分を含めて）と、見事なエッセイで紹介されている渡辺保氏の一冊と、世の中には四冊しか『つき草』は存在しない、そう思いこんでいた。カバーをかけ、防水用のビニール袋に入れ、除湿剤を敷きつめたダンボール箱のなかに保管していた。雑誌「歌舞伎」もずいぶんバックナンバーを揃えることができた。歌舞伎に関しては、いや、少なくとも三木竹二に関しては、その著作が読めるようになるためにはそれなりの勉強をしなければならない、でなければ読む資格はない。だから、苦労して手に入れた『つき草』は、なかなか頁を開くことができなかった。自分が読むに相応しい人間になったのか、そのことが怖くて手にすることすら憚られたものだ。

いまでは全文を暗誦できるくらい何度も読んだ一冊だが、ぼくにとってはとてつもなく大切な一冊なのであり、国会図書館のデジタルライブラリーで読めたとしても、ぼくはあの黴臭い、だが豊田書房の店の匂いのする懐かしい原典をこそ繙《ひもと》いて、三木竹二を偲び、そして社長を偲ぶのである。（了）

第十一話
らくだ

らくだ

らくだ-2

らくだ-3

歌舞伎と落語は意外に親密な関係にあって、今回の『らくだ』も、もともとは落語の演目として口演されておりました。上方落語では『駱駝の葬礼』ともいい、「そうれん」と読みますが、初代桂文三となった二代目文枝から四代目桂文吾へと伝えられた傑作です。江戸には三代目柳家小さんが輸入し、今では東西で比較的演じられることの多い人気演目となっています。この方は上方に修行に出たときに、上方落語の面白いものや有名なものを、ずいぶん沢山東京にもってきたんですね。[下段1] その『駱駝の葬礼』が『眠駱駝物語』というタイトルで岡鬼太郎によって歌舞伎化されたのは昭和三年（一九二八年）のことでした。

まず何よりも、なぜ〝らくだ〟かと、どなたも疑問に感じられるかもしれません。動物のラクダは、寛政年間、一八〇〇年代の初頭におそらく長崎経由で日本に入ってきました。輸入元はペルシャだと思うんですね。ペルシャといっても当時は今のアフガニスタンとかイラクとか、中東の砂漠地帯、あのへんを総称していっていたと思うんですが、中国経由で運ばれてきただろうと。なので、当時の絵が残っているんですが、ラクダを遣ってる人は中国人のようです、支那服を着ていますし。とにかく想像して頂きたいのは、日本人でラクダを見た事がある人は誰もいないということ。ヒトコブが入ってきたのかフタコブが入ってきたのか、それも文献によって違うみたいですが、とにかく大きくて、何となくのらりくらりとしているイメージですよね。なんか体はでかいけどのっそりしている。

［1］
もちろん東京に持ってくるときには色々とアレンジしなきゃいけません。たとえば『時うどん』という上方落語がありますが、東京でうどんは流行らないんですね。うどんは病人が食うもんなんです。だから『時そば』に変えますよね。これは枝雀師匠がアメリカにもっていったときは『Time Noodle』になったんです。それをたまたま聴いていたイタリアの留学生が『Time Spaghetti』に変えたそうですよ（笑）。どんどん広がって行くんですね。

だけど怒ると怖いわけで、噛みついたり蹴ったりする。そこで、そんな性質の似た大男に対しても〝らくだ〟っていうあだ名がつくようになるんです。それが江戸時代の人たちの習慣みたいなもので、そこまでの常識が前提に無いと、『らくだ』という落語が楽しめません。

それと、『らくだ』では、らくだという男が死んでしまっている。冒頭から死人が出てくるっていう落語は滅多に無いんですね。『粗忽長屋《そこつながや》』と『らくだ』ぐらいですかね。途中で死んじゃうっていうのだと『黄金餅《こがねもち》』があります。だけどはじめっから死体がいるのはそのふたつぐらいだと思います。それから悪い大家っていうかね。それほど悪くはないんですけど、大家っていうのは業突く張りでね。長屋ものの落語ではあんまりいい大家さんっていらっしゃらない。大家に、らくだって男の葬式をやるんでお酒とか煮しめとか、そういう通夜用の食べ物を用意してくれっていってもしてくれない。してくれないのは、らくだが家賃を払ってないからです。そこにらくだの死体をもって行って、カンカンノウを踊らせるっていうシーンがあるんですね。これは非常に有名なシーンなんですけど、これは落語の方で聞くよりも歌舞伎で見る方がおもしろい。カンカンノウの踊りを見られますからね。しかも死体を演じている役者さんを使って。

死体を使ってカンカンノウの踊り。看看踊（かんかんのう）という踊りのジャンルがございまして、これも中国から来た踊りなんですが、ラクダが日本にやってきたのと同じ時期に、当時中国は清でございましたから、清楽といって清の音楽なんです。その清楽のひとつで入ってきた「九連環《きゅうれんかん》」という歌を日本人は訳がわかんないまま中国語の発音を真似して歌ってたのが全国的に、明治初年ぐらいまでヒットしましてね。「ラクダ」と「カンカンノウ」と、そういう流行のものがふたつ入ってるわけです。だから落語としては古典で、今聞けば確かに長屋が出てきたり漬物樽が出てきたりするところがあるんですが、話題性としては非常に新しいものを取り込んで成立しているというのがこの『らくだ』の特徴のひとつです。

『らくだ』というのは全編をお聞き頂くと酔っぱらいだらけですね。重要な四人の人間が全員酔っぱらいなんです。当然ながら、これはお酒の話に強い噺家は得意ですね。五代目古今亭志ん生とか、あるいは六代目笑福亭松鶴であるとか。志ん生師匠の『らくだ』っていうのはもう、志ん生師匠が登場人物になってますからね。お酒の話を枕に振ってから話していきますんで、全編酔っぱらったまんまって感じです。特に最後の方で、らくだの死体を途中で棺桶から落っことしちゃう。棺桶っていっても買うお金がないんで、八百屋を脅して菜漬けの樽をもらうんです。樽に入れて途中で落っことしちゃうんで、後で拾いに行ったらそこにたまたま願人坊主っていう乞食坊主が酔っぱらって寝てたんですね。それを間違えて入れて焼き場まで持って行っちゃって、焼き場のオヤジってのもベロベロなんです。それでらくだの兄弟分がまずベロベロでしょ。屑屋ベロベロでしょ。四人ベロベロなんですよ。

それで最後までもっていくって話なんで、噺家はこの四人の酔い方を微妙に変えなきゃいけない。ただの酔っぱらいじゃないですよ。素面と酔っぱらいっていうバージョンならわかるじゃないですか。しかし酔っぱらいの中に四種類あるわけです。しかもみんな職業が違う。そのへんを微妙に分けている。志ん生師匠は全部微妙に演じ分けていらっしゃるんですよね。だから話としては江戸時代に入ってきた「ラクダ」と「カンカンノウ」、そういう新しいものを取り入れているけども、古典的な酔っぱらいの話になっているっていうところに面白みのある作りをしています。

少し大まかにお話ししますと、落語と歌舞伎ってのは実は非常に縁が深いところがありまして、歌舞伎になった落語、あるいは落語になった歌舞伎、両方ございます。たとえば歌舞伎のあらすじやエピソードを解釈してやっていく落語ってのがあります。それから歌舞伎の中に出てくる題名とか登場人物、そういうものを拝借する場合もあります。たとえば『淀五郎』なんてのは、澤村淀五郎っていう実在する歌舞伎役者の名前を使ったものです。あるいは『中村仲蔵』も実在する俳優です。また、歌舞伎の演目をそのままタイトルに使ったりもします。たとえば『七段目』とかね。まぁ『忠臣蔵』を扱ったものが多いんですけども、それ以外にも歌舞伎の中の配役を扱ったものもあります、『お初徳兵衛』とかね、これは『曾根崎心中』なんですけど、ただ「お初徳兵衛」といってその役柄はでてくるけど、決して落語の中では心中する事はない。名前だけを借りてくる、名前がポピュラーなんで、お客さんの食いつきが良いわけです。

それから、落語から歌舞伎になったものもあります。今日の『らくだ』もそうですけども、当時は録音とか録画の装置がございませんから、速記という形で記録したわけです。そういうものをいま我々は読む事ができますし、明治年間のわずかな間だけでも『百花園』なんていう速記本が月に二冊、二週間に一冊でてました。いま全部で二百四十巻にのぼるんですけど、そこに明治時代の有名な噺家が喋ったネタってのがほとんど速記本になってるんです。だからそれを見る事で、当時の人がどんな話を演っていたか、要するに話し方とか地の文といって、たとえばここで扇子を開けてとかね、ここで下手を見てとか、所作事も全て書いてあるので、どんな風に演ってたかとか、その噺家の「フラ」といいますけど、話し方とか特徴がよくわかるのが速記本だったんです。［下段2］それを参照して歌舞伎のために誰かが脚色をするんですね。もちろん落語はひとりの人間が沢山の役を演じる話芸でございますね、それを歌舞伎の場合はひとりではできませんから、沢山の人が色んな役を演じるわけで、そういうものに役をあてがって本を書き直さなきゃいけないんです。それを脚色っていいます。もちろん新たな脚本を

［2］

そう思ってる矢先に今度電子ブック化というか、コンピュータで見られるようなフ企画が紀伊國屋書店さんでやるようになって、『百花園』が電子書籍として見れるようになってるんですね。もちろん有料ですけどね。二百四十巻全てが電子化されています。ぼくが持ってるタブレットだと容量が小さいんで入れることができないんで残念なんですけどね。

るんですね。

書くこともありますけども、そういう形で歌舞伎になっていくものがずいぶんあるんですね。

それから、歌舞伎には様々な音楽、浄瑠璃がありますね。義太夫や清元や長唄があったり、そういうものがそのまま落語に移行しているものもあります。たとえば『掛取万歳《かけとりまんざい》』といって、年末に借金を取りにくる連中がいて、その連中を趣味で追い返そうという非常に頭のいい男がいます。そのときは義太夫好きっていう人が家賃を取りに来るんですよね。そしたら義太夫で応えて追い返すんですよ。そのときは演者は実際に舞台で義太夫を語らなきゃいけませんから、義太夫の心得がないといけませんよね。亡くなった六代目三遊亭圓生っていう人は、子供のときに「豊竹豆仮名太夫」という名前で大阪で実際に浄瑠璃を語ってた義太夫で、完全に玄人の義太夫語りでした。『唐茄子屋政談』だと、若旦那が花魁と出会ったときの回想場面でやります。これは噺家によって長唄、小唄を使うか、清元を使うか色々なやり方があるんですが、最近では清元の「蘭蝶」っていう曲を使う方が多いですね、だから「蘭蝶」を語れないといけない。そういう落語家の力量が問われるということもあって、音曲（浄瑠璃）と落語の関係は非常に縁深いところがあります。カンカンノウは何となく音曲として決まっていますから、それほどトレーニングしなきゃいけないってことは無いかもしれませんね。

ところで、幕末から明治時代に活躍した三遊亭圓朝っていう近代の落語を確立した方は、元来落語っていうのは落とし噺、爆笑ネタでね、だけど笑って終わるってもんじゃないよってことを最初にいい出した方です。笑うことを目的としたものよりも、長い時間をかけてひとつの物語、あるいは複雑な人間関係っていうものを話術でもって人様に聴かせるっていうことを目的としたんですね。圓朝師匠は明治三十三年（一九〇〇年）にお亡くなりになってます。SPレコードが始まるのがその三年後、明治三十六年（一九〇三年）ですから、圓朝師匠の肉声を我々は聴く事ができないんです。ただ速記は『百花園』のような雑誌にも沢山残っていますので、圓朝師匠の口ぶり、癖みたいなものはすごくよくわかるんですね。大きくふたつに分けられるジャンルの落語を作り出した人です。ひとつはいわゆる「怪談噺」というものです。

怪談噺で有名なのが、たとえば『怪談牡丹燈籠』『乳房榎』『真景累ヶ淵』とかね、これ全部歌舞伎になってます。皆さんは圓朝落語として聴かれるより歌舞伎、あるいは映画としてね、『真景累ヶ淵』なんて何度も怪談映画になってますし、『牡丹燈籠』もそうですよね。そういうものでご覧になってる方が多いと思いますから、もはや圓朝原作だってことを忘れちゃってるってこともありますよ。圓朝師匠の怪談噺を十日ぐらいかけて律儀に演るっていう噺家さんもいらっしゃいますね、桂歌丸さんとかそうですよね。

それから「芝居噺」がもうひとつのジャンルです。『文七元結』とか『芝浜』

とかいった有名な話があります。『芝浜』は圓朝が作ったかどうか、にわかにわからないんですけど。こういうものもやはり歌舞伎になっています。『文七元結』は、歌舞伎の場合には演目の頭に「人情噺」ってつくんです。『芝浜』も『浜の革財布』といって、原作とちょっと違うよっていうことを示すためにタイトルを少し変えたりしているわけです。また、『仮名手本忠臣蔵』はもともとは人形浄瑠璃です。それが歌舞伎になり落語になりました。歌舞伎の方が先なんですね。それが大序から十一段まで、全ての段にちゃんと対応する落語が残ってるんです。

歌舞伎は、いまに比べれば非常に庶民的だったんでしょうけど、やっぱり入場料は高かったんです。落語はおそらくその十分の一、二十分の一で見られたわけです。歌舞伎座のこけら落としが一等席二万円でしょ。大阪の天満天神繁昌亭、昼席は千五百円ですからね。いまもあんまり変わんないんですよ、価格設定としてはね。落語は全国の町にも寄席小屋があったりしますから、そういうところで、歌舞伎のちょっとした場面を落語で表現するので、歌舞伎の舞台をちょっと見ちゃった気になるんじゃないですか、寄席に来られた方はね。そういうある部分だけを切り出して見ることができるのは、落語の良いところですからね。もちろんその噺家は歌舞伎を見てなくちゃいけないんでしょうけど、それをちゃんとネタにして落語にしていくんですね。より庶民的なものにしていくところが良いところです。

そういうプロセスで、この『らくだ』っていう話がございます。実は、現在では葬礼の場面まではやらない場合が多いんです。結局気が小さい屑屋さんはお酒を飲むと変わっちゃう、ものすごい下戸なはずなのに性格が変わって、らくだの兄貴分の男よりもはるかに暴力的になっていくっていうところで大体終わりますので、らくだそのものを菜漬けの樽に入れてっていうところまで上演することは、時間の都合上あんまりやらないことが多いんです。ですから『らくだの葬礼』といわずに単に『らくだ』というんですね。

落語の『らくだ』は、東西にいろいろな違いがございます。「長屋の嫌われ者で暴れん坊の「らくだ」が河豚に当たって死んだ。最初に見つけた兄貴分の」というところは上方と江戸では名前が違うんですね。上方では「弥猛《やたけた》の熊五郎」といいまして、江戸では「手斧目《ちょうなめ》の半次」といい、屑屋の場合は久六ってのは江戸落語での名前なんですが、上方落語では屑屋、単に紙屑買いっていう職業でしか呼ばれていません。そして「屑屋を大家の家に使いに出して、通夜の為に酒と料理を要求するが断られる。それじゃとばかりに、嫌がる屑屋をこき使って、死人を担いで大家の前でカンカンノウを踊らせると、大家はたまげて酒と料理を差し出した。同じ手口で棺桶代わりに八百屋の菜漬け樽を手に入れる」。同じ手口といっても、八百屋の菜漬け樽のところではカンカンノウを踊らずに、大家んとこで踊ったよといって脅すんですね。二度カンカンノウは出て来ないんですが。

「オドオドしている屑屋に清めだからと酒を飲ませると乱暴者に豹変して強面の兄貴分に指図を始めた。落合に……」。落合というのは、これは江戸落語ですから、昔は火屋《ひや》といいましたけど、焼き場、斎場ですね。「知り合いの隠坊《おんぼう》がいるから焼いて貰おうと」これは焼き場の職人ですよね。「二人で天秤棒を担いで辿り着いたら途中で落としたらしく死人がいない」。このへんが落語っぽくていいですよね。橋を渡るところでつまづくんですよ。高田馬場から淀橋あたりに行くところに当時ちっちゃい川が流れててね、土橋がかかってたんですよ。土橋なんで雨が降ったりすると足元がすごく悪くなるでしょ。そこんとこ足突っ込んじゃって落としちゃうんですね、そっから持ったら何か樽が突然軽くなるんです。でも気づかずに焼き場まで来ちゃうんですね。そこで死人が無いってんで慌てて戻るんです。「誰でも構わねえ」ってことはないんですけど、「酔っ払って道ばたで寝ていた願人坊主」。ここでは湯灌《ゆかん》のために、もうらくだの頭を坊主にしてるわけです。そこが実はとても大事なところなんです。［下段3］だから坊主頭で倒れてたら、らくだだと思っちゃう、誰でも構わねえって了見じゃなくって、「道端にいた願人坊主を突っ込んで焼き始めたからたまらない」。坊主は突然足元に火がつくわけでしょ。びっくりして酔っ払ってたのも目が覚めて、「あちち、ここは何処だ」っていうと、「火屋だ」っていうのが大事な事でしょ。ここで焼き場だっていったらサゲにはもっていけませんからね。「火屋だ」っていうと、「冷や

［3］
らくだの頭を坊主にするのに、長屋で女の人しか住んでないところだったら絶対刃物があるっていうので、刃物を借りてきて頭をちゃんと剃ってあげるっていうくだりがあるんですけど。もともとの上方落語では毟るんですね。毟り取って今度は酒飲むと、その湯呑みにその毛がくっつくから、酒の中の毛を取って、口の中の毛を取るっていう芝居がたまらなく良いといわれた時代があったんですね。ただ今はそれはあまりにも壮絶だからやめましょうってことで、特に六代目の圓生師匠なんかは、「あたしは人前では汚い高座はやりません」なんかいってね、やんなくなっちゃった

（火屋）でもいいからもう一杯」と。

大阪だとお古い方はご存知だと思いますが、千日前ですね。千日前に火屋があって、「八百屋お七」とかが処刑されたといわれている場所です。なので、まぁ日本一の火屋だと、そういう言い方すると何か美味しそうな感じがするんでしょうね、酔っぱらいにはね。すると「冷やでもいいからもう一杯」といってサゲるんです。だからあんまり良いサゲじゃないですね。毛を毟《むし》るとかいうのもあんまりお上品じゃございませんから、今の落語はそのへんはカットして、とにかくこき使ってる方の男が逆にこき使われる側に回るってあたりで話を上品にサゲる。歌舞伎の『らくだ』は屑屋の役を演ってる人が主役です。初演は初世中村吉右衛門が演ってるでしょ。その吉右衛門さんが始めはオドオドしてるわけですね。それが二杯、三杯目ぐらいになるとだんだん目が据わってきて、それからガラッと変わるんです。つまり『らくだ』っていうよりも、大トラって話なんですね。あまりそういう解釈する人はいないかも知れませんけども、大事なのはらくだじゃなくて酔っ払っていくプロセスとか、人間関係がいきなり逆転してしまう面白さが大事なんで、あまり最後までやることはないですね。

ということで、話としては役柄であるとかタイトルそのものも色々変わったりしますし、火屋の場所も当然東京だったら「落合」だし、大阪だったら「千日前」ということでね、違いは少しずつあるんですが、落語の本質は変わらないで

んですね。それからは江戸ではほとんどそこはやんないんです。それと全く関係なく志ん生はやってましたね。口から毛を出して「ほら、やるよ」とかいって人に渡してましたからね、客席にね。

すね。酔っ払っていく屑屋の所作というか演技がどういう風になっていくかが最大の見物のひとつだし、それから大家のところに死体を持ってって、死人のカンカンノウを踊らせるところもですね。死人のカンカンノウそのものを、死人の役でやる噺家もいれば、大家さんの驚く表情だけでみせる噺家もいるんですね。これはどっちがレベルが高いかっていうと、当然直接やらない方がより高いですよね。落語というのは想像力の芸能ですから、話術の中でお客さんが色々頭の中で想像しなきゃいけないんです。らくだがとてもデカイとか、おぶさるとほっぺたがちべたいとかっていう感触は、それはお客さんが想像するわけですから。だから、らくだそのものが踊ってる場面を見せるよりも、大家が何を見て驚いているかっていうところからお客さんが想像するわけですよね、そういうところが大事になります。[下段4]

歌舞伎の方では、昭和三年に初代中村吉右衛門が屑屋の久六を演って、十三世勘弥が半次を演って、らくだが中村七三郎さんていう役者で、この方は日本画家の安田靫彦のお兄さんにあたります。吉右衛門っていうのは非常に重厚なカチッとした演技をやる人だったんですけども、風刺劇とか人情劇みたいなもので軽い役を演らしても抜群に面白かったらしいですね。真面目な人がオドオドしたり、笑かせたり、あるいは酒飲んで酔っ払ったりするわけで、吉右衛門さん自身の役者としてのキャラクターがこの久六の中に見え隠れしてるって大好評だったみた

[4]
ラクダについて色々調べたんで情報を申し上げますと、「武江年表」のなかに江戸時代の後半に出回った色んな物品の値段が書いてあります。たとえば「時そば」「時うどん」の値段なんかもこの「武江年表」に書いてあるんです。そばは二八（にはち）そばといって、十六文とかね。大体今の四～五百円。だから駅の立ち食いそばのすうどんとかと大体変わんないですかね。天ぷらになると倍ぐらいになるんですよ、二十八文から三十文。一番高いのは鶏南蛮かな。鶏南蛮の方が天ぷらより高いという時代です。

これに文政四年の記述がありまして、百児斉亜と書

いで、何度も再演されています。

その後にですね、おそらくこの歌舞伎を見たであろうと思いますが、舞台に上げたのがエノケン、榎本健一だったんです。エノケンは戦後に二度ほど監督と脚本を変えて『らくだの馬さん』というタイトルで映画をやってます。タイトル通り馬さんが主役なんですよ。これは中村是好《ぜこう》、まぁご存知ない方が多いと思いますけど、エノケンと一緒に浅草で劇団を作った人ですね。中村是好の馬さんはずっと死人のはずなんですが、この映画では湯灌場に連れて行くと死人が蘇るっていう設定なんですね。蘇ってひとりで長屋に帰ってきちゃうんですよ。それでまた落語を上回る大騒動が待っているというストーリーです。

実は笑福亭鶴瓶さんが歌舞伎座で『らくだ』を演ってるんですね。笑福亭は六代目松鶴もその父の五代目も『らくだ』を得意としていて、いわば笑福亭のお家芸でした。ただ、同じじゃ面白くないってんで、大阪松竹座での公演では舞台で棺桶を持った二人が花道から出てきて、それから幕が開くと、鶴瓶さんの写真、遺影が掲げられたお葬式の斎場になっていたんですね。鶴瓶さんの『らくだ』は、やっぱり湯灌場に連れていくと途中で目が覚めちゃって、家に帰ってくって話なんです。多分、この映画あたりをベースにして作ったんじゃないのかなと思うんです。

それから歌舞伎は、最近のだと二〇〇〇年にやられたものがあります。榎本滋《しげ》

いてハルシャ、ペルシャですね、そこから「駱駝二頭を渡す、八月九日より西両国広小路に出して見せ物とす」とあります。さらに川添裕『江戸の見世物』によりますと、当時の見料がおそば二杯分なんですね。「札銭は三十二文と、一田籠細工の浅草興行と同額」と書いてあります。ラクダ見世物の場合は日延べ、日延べで、最終的には半年前後の超ロングランとなったと推定されます。やはり江戸だけで「千両、二千両」、ラクダだけど千両役者になったんですね。「右肩上がりの巨大興行であったことは間違いない。しかもこのラクダの場合、十年以上にわたって日本全国を巡演する」と。川添氏は「現時点で筆

民《たみ》さんていう落語の評論をおやりになって劇団も持ってらした演出家でして、この方が岡鬼太郎さん原作の歌舞伎『眠駱駝物語』の後半部分とか、お母さんが亡くなったりってのはカットしてね、それを歌舞伎座でやりました。屑屋の久六を菊五郎が演って、三津五郎が半次を演る。團蔵がらくだの馬太郎です。ほんとにらくだ役ってのは難しいんですよね。ずっと死んだふりをしてないといけないからね。砥粉《とのこ》っていって濃い肉色のドーラン塗るんですね、何となく死後何日か経ってる感が強くなるんですね。だから白くてもダメだし、黒くてもダメ。舞台のらくだはそれが緑色がかって見える。ただ舞台で見ててこの緑ってのは気味が悪くてね。やっぱり他の人とは違うなっていうイメージが強いです。それからシネマ歌舞伎でやられたのは、亡き勘三郎が屑屋を演って、同じように半次は三津五郎が演ってます。山田洋次監督で二〇〇八年、シネマ歌舞伎で全国を回ってますね。

話が落語と歌舞伎で移動して申し訳ないんですが、落語の方はなかなかここまで聞かれることないと思うので申し上げますけど、系譜としてはこんな感じなんですね。[参考1] 四代目桂文

［参考1］

三代目小さん →→→ 四代目文吾 → 二代目文三 → 二代目文枝（初代文三、後文左衛門）
三代目小さん ↓ 五代目小さん
四代目文吾 ↓ 八代目朝寝坊むらく ↓ 八代目可楽
八代目朝寝坊むらく → 五代目圓生 ↓ 六代目圓生
五代目志ん生

者は三十ヵ所以上での興行を確認している」。本当に津々浦々で、函館の方から薩摩の方まで行ってたそうですからね。今みたいに車じゃないから大変ですよ、歩かせて行ったのか、荷車に載せて行ったのかわかりませんけど。ラクダというのがひとつの見せ物になったんですね。当然牛とか馬に変わるような労働用とか運搬用ではなかったわけで、完全に見せ物用でした。

それからこれ（[図版1]）が歌川国安が描いたラクダの図で、人間がすごく矮小化されて小さく描かれてますが、こんなに小さいはずはないんでね。まぁラクダが二四、つがいかどうかはわかりませんけど、二頭運ばれてきたってことです。

吾っていう大名人がどうもいたそうです。師匠が二代目文三って人で、そのまた師匠が二代目桂文枝、これは初代桂文三を襲名した方です。この方は名人だったんですが、このあたりでどうも『らくだの葬礼』っていう落語が入ってきたそうです。誰か作った人がいるんでしょうね。それで、この四代目桂文吾って人が上方でこれをいたく得意としてたんで、さっき申し上げたようにここから直接指導を受けて教えてもらった三代目の小さんが江戸に持っていきます。それで『らくだの葬礼』が『らくだ』に変わるんです。

　四代目文吾に直接師事しているのが、上方と江戸を割とよく行き来してた八代目朝寝坊むらくって方なんです。これは六代目可楽のお弟子さんなんですけども、その方がまた別系統で伝えています。つまり三代目小さんが伝えたものは五代目小さん、それから小三治とか市馬とかね、今の花緑さんに至るまで、柳家の芸としての『らくだ』がございます。もうひとつの系統は、この文吾から直接入ってきた朝寝坊むらく経由で、むらくが自分の死期を悟ったときに、突然寄席にやってきて、俺はこれから『らくだ』をやるからお前ら全部覚えろっていったときに、たまたまそこにいたのが五代目圓生と、まだ圓蔵を名乗っていた倅の六代目圓生だったんです。これは本当の親子じゃありませんけど、一応義理の父なんで、親父よりも先に子供の方が覚えちゃったのね。まぁ一回聴いただけで『らくだ』を全部覚えちゃって、親父が死ぬまでは自分は口演しなかったんです。また

［図版1］歌川国安『駱駝之図』
（早稲田大学図書館）

圓生の三遊亭の系譜があります。それから当然むらくは三笑亭可楽の系統ですから、後の八代目可楽の家に伝えられて、割とポピュラーになったんです。

それから完全別格ってのは志ん生師匠で、この方は一体誰からどのように習ったのか、かなり調べたんですけど全然わかりません。これはイタコに頼んで志ん生に降りてきてもらうしかないですね。「志ん生師匠、『らくだ』は誰から習いましたか？」って聞きたいです。予測としては小さん経由で三語楼さんっていうお弟子さんがいたんですが、その三語楼さんっていうのは、志ん生の次男、つまり後の志ん朝師匠に強次って名前をつけた名付け親なんですね。軍人記念日に産まれたんで、強い子になるようにって。虚弱だったんだね。長男の馬生さんは酒強かったんだけど、早くに亡くなったのね、五十代でね。

志ん生師匠は、髪を毟ったりとか、湯呑みに入った毛を取って口から吐き出すなんていう割とえげつないシーンを淡々とやっちゃうんですね。しかもこれが爆笑に繋がるわけです。他の人がやるとお客さんが何か嫌な顔する。圓生師匠がいわれるみたいにあんまりきれいな場面じゃないからむしろ演らない方がいいって思うんですが、志ん生師匠だと客がドッカンドッカン、ウケるんですね。それは志ん生落語の特徴です、やはり彼は上方の系譜に直接影響を受けてると思うんですね。誰とも違う、完全な無所属ですね。ひとりで気を吐いて爆笑落語になっていったわけです。

上方では鶴瓶さんのお師匠さんの六代目松鶴が『らくだ』を沢山演ってました。実際に舞台をご覧になられた方もいらっしゃるかも知れませんけども、非常に闊達な芸で、まぁこの人も酒飲みですからね。お酒を飲み始めたのは四つのときとか。お酒は四つで、花札は七つで、女は八つっていってましたからね、枝雀さんが。私より全部二十年ぐらい早いですよってね（笑）。他の人は、あの米朝師匠でさえ六代目松鶴が亡くなるまではほとんど『らくだ』を演ったことないですね。

それから東京でなんかの落語会に行ったときに、若いときの談志、志ん朝が、それぞれ小さんの前座、志ん生の前座だったんです。そのときにこの松鶴が『らくだ』を演って、舞台袖でそれを見て唖然としたそうですからね、あまりのすごさに。それはふたつあると思うんですが、芝居噺としてのすごさみたいなものもあるんだけど、上方落語のすごさですよね。だって最初のところから、らくだを訪ねてきた熊五郎が、「どぶさってけつかる」っていうのね。横になってるでしょ、それで「どぶさってけつかると思ったらごねてけつかる」っていうんですよね。要するに寝てると思ったら死んでるってことですよ。その段階でぼくが志ん朝だったらたまげるね。恐らく「ああもう大阪来んのやめよう」って思うでしょうね。そういう言葉を覚えないと上方落語の世界に入れないわけですから、それは全く違った芸能なんですね。［下段5］

［5］
余談ですが『寝ずの番』っていう津川雅彦がマキノ雅彦名で撮った映画の中で、恐らくこれは鶴瓶さんと中島らもと二人で考えたアイデアだと思いますが、六代目松鶴の葬儀のときのエピソードっていうのが随分入ってるんです。亡き長門裕之を六代目松鶴と思われるような師匠にして、それで亡くなった師匠にカンカンノウを踊らせるっていうすごい場面がありました。『らくだ』の一場面を『らくだ』を得意としていた落語家をモデルにしてやってるっていう非常に複雑な見せ方になってます。

映画として面白いのは、弟子のひとりだった笹野高史さん演じる噺家が、師匠

・らくだ

落語の『らくだ』は半次がちょっとおっかないですよ。松鶴師匠なんかの半次はめちゃくちゃ怖いですしね。そして久六の絶対庶民性って変な言葉だけども、子供もいて、奥さんや母親もいて、という設定でまた非常に常識的なところももってる。それだけに、酒を飲むと変わるってとこが大事ですよね。できるだけ庶民的である方がいいです。酒を飲んでキャラクターがひっくり返りますからね。それから周りの人間がみんならくだの死を歓迎するってことで、らくだがどれほど嫌われてたのかって事がこの反応でわかりますよね。

それに対して歌舞伎の方は、らくだをとにかく亀蔵とか團蔵とか一級の俳優さんがちゃんと「演じて」いる。大事なのはカンカンノウを踊らせるところで、カンカンノウまでいっちゃうと、物語としてはほとんど終わっているようなところがありますね。あとは酩酊するところとかが見せ場、つまり歌舞伎の中で役者が酔っていく場面っていうのはずいぶん色々あるわけじゃないですか。そういうものに並ぶような感じでやってるというのもありますから。役者の見せ方っていうのがあるんですね。それから、落語は大家しか出て来ないですが、歌舞伎は大家の夫婦が必ず出てきますからね、その大家の夫婦の反応っていうのも面白いとこ

の後を追うように死んでゆくところです。生き残った弟子たちは寝ずの番をずっとやんなきゃいけなくて、それ自体が落語っぽいんです。映画としてはすごくよくできてますし、六代目松鶴のことをご存知なくても、上方落語の家ってのはみんなあんな感じで住み込みでやってて、あーちゃんといって奥さんが富司純子……あれ面白いですね。旦那の菊五郎が屑屋を得意としているんですよ。それがらくだの馬がカンカンノウを踊ってるところを見てるっていう、非常に面白い場面の作り方をしてます。

ろです。

落語の方ではカンカンノウを見た大家のびっくりする反応で見せることが多いんで、これが良い方向に行く場合と、悪い方向に行く場合とね、両方考えられるわけですね。歌舞伎では、この大家の夫婦の造形の弱さというか、なかなか見えないところがあって、大家の夫婦の反応だけしか見えないんですよね。『髪結新三』なんかと、そこが違っています。それから先にも申し上げたように酒飲みばっかり出てくる話ですよね。全員酔っぱらいですからね、やっぱり六代目松鶴とか五代目志ん生とかに合った話だと思うんです。それから、ここに久六の絶対庶民性を加えます。特に桂文珍さんなんかは久六が自分の過去を振り返って最初に嫁取る話とか、二番目の嫁を取る話とかを酒飲みながらくだ巻いて喋るところがあるんですけど、歌舞伎ではほとんど出て来ない。彼は見ればわかっちゃいますからね、明らかに久六は久六だし、半次は半次って役柄があって、衣装とかで決まっちゃうところがありますから、その内容を推し量らなくても良いところがあるんですね。そのへんの造形性が甘くなっちゃう。

それから渡辺保さんって歌舞伎評論家が最近の『らくだ』を見ていつも仰ってる事は、「単なるコメディーになっている」ということ。人情劇とか人間ドラマになってなくて、全部お笑いになってしまって、特に落語好きの山田洋次が良くも悪くも笑いどころを作り過ぎなんですね。勘三郎はそれに乗っかっちゃう人だから、もっと面白いもの作っちゃう。そうすると面白いの作るのはいいんですけど、『らくだ』の本質からどんどん離れちゃうってところがあると思うんです。少し乱暴ですが、これが歌舞伎における『らくだ』と、落語における『らくだ』のある種の違いというわけです。

もうひとつの特徴にも触れておきます。ラクダが入ってきたときのカンカンノウの踊りですね。[参考2] これは文政年間の絵にも残ってるんですけど、みんな中国服を着て子供でも知ってるっていう松鶴さんの台詞にもあるように、誰でも踊れるもんだから、かなり無作法な、無礼講な踊りだってことでちゃんとした所作とか型があったもんじゃないんでしょう。文政三年（一八二〇年）やっぱり十九世紀初頭ですが、難波は堀江の荒木座というところで「唐人踊」というのがありまして、あるいは鉄鼓という鉄の鼓を使いますから「鉄鼓踊」ともいいます。中国人風の扮装をした踊り手が、清楽、清の音楽の「九連環」の替え歌、替え歌といっても中国語の発音を日本的に発音してるんで、中国語でもなければ日本語でもないという無国籍な曲ができ上がるんですね。[下段6] それを面白おかしく色んな楽器を使ってやります。これが非常に流行ったんですね。明治初年ぐらいまでは流行したみたいで、翌年にはすぐに江戸に来てるんです。深川の永代寺で成田不動の出開帳のときに、このときは唐人踊でカンカンノウという名前は出なかったんですが、冒頭の部分が「カンカンノウ」で始まります。誰でも唐人踊じゃなくてカン

［参考2］

カンカンノウ（看看踊）

「文政三年（一八二〇年）春、長崎の人が難波・堀江の荒木座で踊った「唐人踊」に始まる。これは、唐人ふうの扮装をした踊り手が、清楽の「九連環」の替え歌と、鉄鼓、太鼓、胡弓や蛇皮線などの伴奏にあわせて踊るもの。翌年三月十五日から、深川・永代寺で成田不動の出開帳のときに、唐人踊という見世物が出て、五月二十九日まで興行した。」『三田村鳶魚全集』第二十巻

［6］

九連環というのはチャイニーズ・リングといいまして中国の知恵の輪です。ただ日本の知恵の輪と少し違いまして複雑なんですよ。

カンノウといってしまいます。詩はよくわかんないんですが、一応参考のために挙げておきますとこんなもんで、全然意味はありません。「かんかんのう　きうれんす　きゅうはきゅれんす　さいんしょならえ　さあいほう」[参考3]と、これをリズムに乗ってやります。おそらくカンカンと聞くと皆さんフランス語を思い浮かべますよね。フレンチカンカンとかいいますよね。これも調べるとラクダ同様大変深みにハマるのでぼくは途中で断念したんですが、よくわからないんですね。ただ時代的にはほぼ同じ時代に成立しているのは間違いありません。フランスは中国と非常に馴染みのあった国なんで、いっぱい色んな物が入ってきたと思うんです。九連還とカンカンダンス。[図版2]まぁ絵的にちょっと近いもの並べてみたんですけどいかがですかね。この部分が足に見えても頭に見えてもどちらでも構いませんが、ずらりと並んでるっていうまさにこういう感じかなって。だから関係はあるんでしょうね（笑）。

［参考3］

かんかんのう
きうれんす
きゅうはきゅうれんす
さんしょならえ
さあいほう
にいかんさんいんぴんたい
やめあんろ
めんこんふほうて
しいかんさん
もえもんとわえ
ぴいほう
ぴいほう

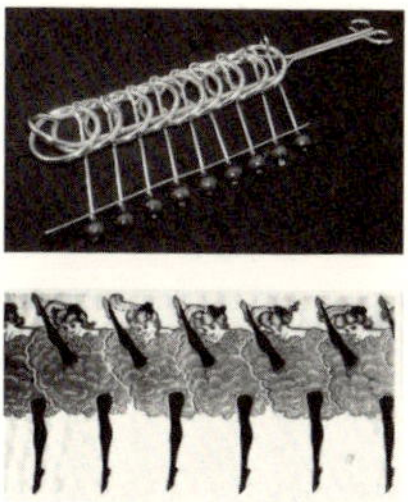

［図版2］九連還とカンカンダンス
(collection privée de Bonnot)

九つの輪っかがもうひとつの弓状の輪っかの中に複雑に組み合わさってるんですね。とてつもなく難しいです。ひとつ目が見事に外れると、このひとつ目をもう一回付けないとふたつ目が取れない。それをずっとやってると永遠に終わらないんです。だから割とわかりやすいものとして三連環ってのがあるんです。五連環もあって大体奇数なんですが、九連環の上達バージョンは十一連環っていうのがあって。ぼくも中国で三連環はやったことあるんですが、ただ九連環ってのは見ただけで、観光用にオモチャとして買ってたけど、とてもできないですね。

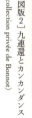

落語と歌舞伎では色々なタイプの演じ方があって、結局酩酊するところで大体切れちゃうんですよね。最後のらくだ自身が踊ってるところなんてのはご愛嬌ですから、あのへんが完全なコメディーになってしまうわけですけど、そういうのを見せていくっていうのが『らくだ』のありかたではないのかなっていう気がするんですね。それで『らくだ』の肝なんですけども、落語の場合は、らくだがどんだけ悪い人かっていうのが結構話の中に出て来ちゃうところがあるんで、いくらでも膨らませることができます。だけど歌舞伎は始めから死体で出てますから、なかなか話題に出すっていうのは難しいところがあるんですね。このへんの描き方っていうのが歌舞伎と落語で全然違うんです。

それから、兄貴分の悲劇っていうのは、兄貴は非常に強く出たんですけど、最後には紙屑屋に這々の体でやられちゃう。岡鬼太郎の原作だと、これに加えてお母さんまで亡くなっちゃう。本当に弔いを出さなきゃいけない立場になっちゃうでしょ、だからこれまた大変で、お母さんの場合にはお母さんを使ってカンカンノウを踊らせるわけにはいかないんですよ。だからそこが悲劇で、そこまで描くと『らくだ』はコメディーじゃなくなっちゃう。で、紙屑屋久六の酩酊と独白。

酔っ払って話をするとこなんてのは非常にいい場面ではあるんですね、だから演者さん、落語家によってはこの久六の役作りっていうか人物造形って、酔っ払いながら絡んでいくところで見せていく。そして、悪人が登場しない落語の温存。らくだは悪人だったのかも知れませんけど、死人ですからね。死人に口無しとはよくいったもので、これはちょっと屁理屈なんですけども、らくだがもし生きてたらとんでもない悪人なわけでしょ。家賃も払わないし喧嘩ばっかりしてね。けれども死んでますから、やっぱり悪人が登場しないっていうのが、ぼくが考える落語の最大の特徴のひとつなんですけども、それがちゃんと温存されてる。そしてくり返しになりますが、四人とも酔っ払っちゃってる、というところになるかと思います。

・

最後に、歌舞伎の『らくだ』と落語の『らくだ』を比較した表［参考4］を作りましたので、鑑賞の参考になさってください。

［参考4］

歌舞伎のらくだ	落語のらくだ
死人のらくだも〈役者〉	半次の不気味さ
カンカンノウに至る道	久六の絶対庶民性
久六の酩酊	らくだの死を歓迎する人
大家夫婦の反応	陰惨な後半部
久六の人生見えにくい	見えないカンカンノウ
半次の造形も甘い	大家夫婦の造形の弱さ
徹底したコメディに	酒飲みばかりの噺

第十二話
藤娘《ふじむすめ》

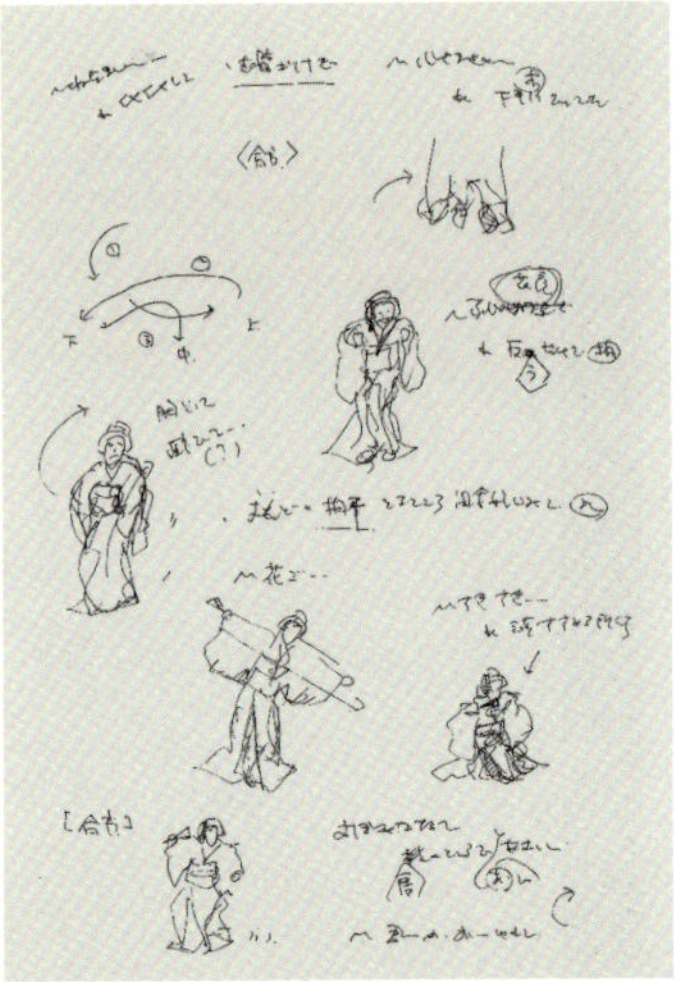

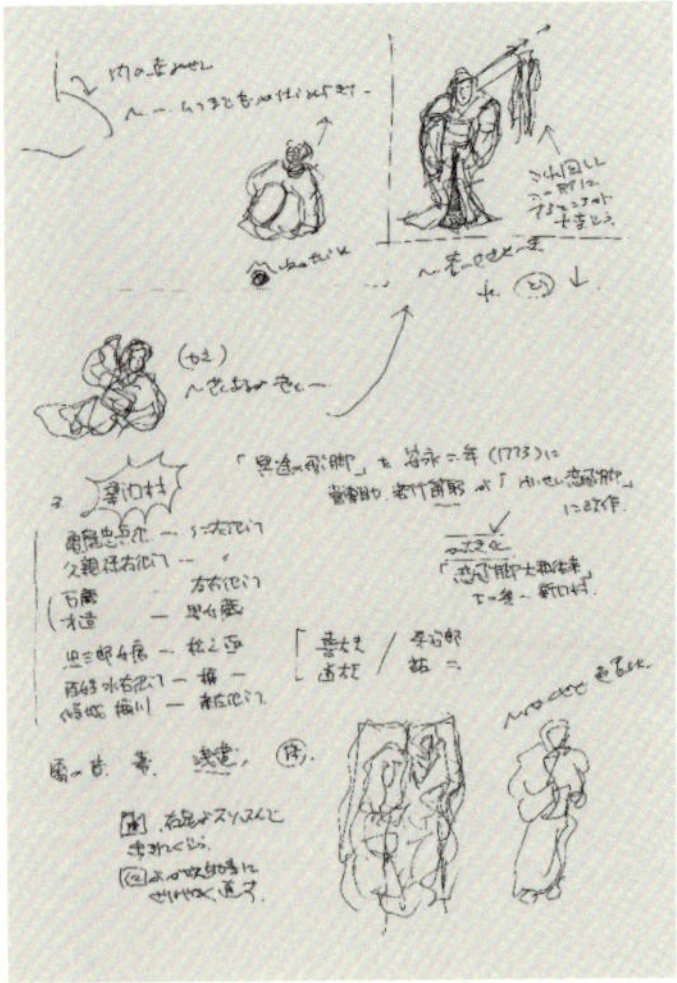

これ回して
この形に

今日は『藤娘』という日本舞踊、歌舞伎舞踊を扱います。古典の世界ではこういう踊りをメインにしたものを「所作事」といいまして、所作とは踊りの動きのことです。物語の展開とか、主人公がどうなるってことをあまり考えずに、踊りや体の動きそのものを楽しんで頂くものです。所作事は単品の作品に対しても使いますし、ひとつの作品のなかの踊りの場面にも用います。

歌舞伎舞踊は日本舞踊とはちょっと違うんですね。大きくは日本舞踊のなかに歌舞伎舞踊も入れていいのかも知れませんが、歌舞伎舞踊を演じる人間は当然ながら男性の歌舞伎役者に限られます。今回の『藤娘』の場合、藤の精を演じますから、女形の方、まぁ女形じゃない立役がやる場合もありますが、基本的には歌舞伎舞踊は娘であろうが老婆であろうが、全部男の人が演ります。それから日本舞踊では素踊りといいまして、着物も普通のもの、男の人は袴をつける場合もありますが、派手な衣装を身につけたり、あるいは化粧をするとか、隈を描くとかをしないものの方が多いです。ただ、歌舞伎舞踊では派手な衣装を身につけて、歌舞伎役者が演じるのが前提です。

『藤娘』は、日本舞踊の名曲ですし、色々な流派でやられている上演頻度が非常に高い演目です。歌舞伎でも上演頻度が高く、戦争が終わった一九四五年以降だけで、歌舞伎座とか南座、それから昔の角座、中座といった大きい劇場で百三十回以上演られてるんですね。年に二回ぐらいは必ず日本全国のどこかで、『藤

娘』が上演されているってことになります。［下段1］

・

色んな踊りの分け方があると思うんですけど、『藤娘』は「変化物《へんげもの》」といいます。変化は妖怪変化とか化け物の変化もありますけど、この場合には、いくつもの役を演じるってことです。踊りのなかにはしばしばそういうものがあります。江戸時代のなかばから幕末にかけて早替りとか引き抜きとかね、ぶっかえりとか色んな技術がありますが、ひとりの演者が色々な着物や装束を幾重にも身につけていて、それをパッと替えてみせるっていう演出で、非常に鮮やかで手際が良かったりするので、お客さんに大ウケなわけですよ。変化物はいくつかの小さい、色々な舞踊を組み合わせてでき上がっています。五つの役が変わるものを「五変化」、それから七つ変わるのが「七変化」。「ななばけ」と読んだりすることもあります。変化物のうち現在も唯一全曲残っているのは『六歌仙』だけです。ただ、なかなか若い踊り上手な役者さんじゃないと『六歌仙』をフルで演るのは大変で、『六歌仙』の単品で『喜撰《きせん》』だけが演じられることも多いです。『藤娘』も五変化の所作事ですが、「藤娘」の部分しか残っていませんからね。それ以外の作品としては、有名なところだと『越後獅子』とか『鷺娘《さぎむすめ》』。それから『年

［1］
ぼくが小さいときに初めて見た歌舞伎が『藤娘』でした。だからこの作品には非常に愛着があるんですね。当時は、舞台の明るさだけは鮮明に覚えていて、なんか異常に興奮していたらしくて、二階席だか三階席だかの一番前で見ていたらしいんですが、もうキャーキャーいって身を前に乗り出して落っこちそうになったっていうのを、九十九歳で死んだ祖母から聞いたことがありました。だから多分、異常にきれいに感じたんでしょうね。
　それ以来ぼくの中にひとつの記憶があって。ぼくにとって、この舞台は目の前が全部紫色だった記憶が何となくあるんですね。ただ、

増』『保名《やすな》』『三社祭』『汐汲』『相模蜑《さがみあま》』『手習子《てならいこ》』『浅妻』『羽根の禿』『源太』『夕月船頭』『駕屋』『鳥羽絵』『傀儡師《かいらいし》』『玉屋』などですかね。そういう単品の形で残ってるものの方がむしろ多いのですが、『藤娘』と『座頭《ざとう》』はもともとは変化物の一部でした。

　それから「大津絵物」というのがございます。大津の絵ですから琵琶湖の湖畔のあたりに絵師が随分集まっていたんですね。色々な事情はあるんでしょうが、京都あたりで狩野派とかを習っていた人が地方に流れて行ってね、浮世絵のようなものではなく安く手に入る絵を描いていたのが「大津絵」といわれるもので、これは観光用にも良く売れたようですし、それから護符、お守りとしても使われたようなんです。今でもこの大津絵は伝統工芸ってほどじゃありませんけど、滋賀県のひとつの文化としてずっと描き続けられていますし、カルチャーセンターでも大津絵を教えているところがあるみたいです。

　こちらが大津絵です。［図版1］一番左が「藤娘」で、一番右

［図版1］大津絵

その後色んな情報が加えられていますから、どこまでがほんとのぼくの生の記憶かわかりませんけどね。

　演舞の時間としては大変短うございまして、だいたい二十分弱です。梅幸さんは結構動きが早いので、十六分ぐらいで終わっちゃうんですね。梅幸さんの場合だと、シャカシャカッとね、あっさりさっぱりって感じでやるんですね。だから江戸っ子の『藤娘』って感じですね。『藤娘』は本当は

七世尾上梅幸『藤娘』切手

が鬼退治をした源頼光。鷹匠というやつで、今の『藤娘』はひとり、単独で舞いますけど、昔は鷹匠との二人の連れ舞いが入っていたんです。一番最初からセリで上がって来てね。舞台はさほど藤の花というものが強調されていたわけではなく、むしろ大津絵の平面の絵画のキャラクターが外に出てくるところが面白かったわけです。舞台も藤が松の大木に右回り、時計回りにからみついていて、パッと照明が明るくなると目の前が紫色、ではなくて、むしろ普通の銀襖ね。銀屏風とか銀色の襖があって、その襖に大きな大津絵が描かれていてね。その襖がパタッと倒れると、大津絵と同じ格好をした鷹匠と藤娘が出てくるという感じでした。それだけで十分な驚きですね、絵画から人が出てくるわけですから。もともとはそういう大津絵物という印象の方が強かったんです。それが昭和十二年以降は六代目尾上菊五郎という人が今我々が知ってる『藤娘』みたいな形に舞台を全部変えちゃったわけです。かつての『藤娘』も台本は残っていますし、舞台の絵も少し残っています。ただ実際どんなものだったのか想像するのは難しいかもしれませんね。

　それから、踊り手が飛び出してくるとか、あるいは大津絵の中のキャラクターが舞台に出てくることが面白いってことで、実は一七七八年から約百年の間で大津絵という言葉が含まれる踊りが五つ生まれます。『大津絵姿花《おおつえすがたのはな》』とかはいいんですけど、『哥《か》へす哥《が》へす余波大津絵《おなごりおおつえ》』って読むのは難しいですね。あるいは

大津絵がモチーフなんで、関西なんでしょうけどね。でも、もともと藤娘は遊女ですから、吉原遊女っぽいチャキチャキッとしたところがあるのね。先代芝翫さんも割と早めなんです。本当に江戸っ子なんでね。同じ江戸っ子でも、逆に若い玉三郎なんかは、二十分とか二十二分とかね、たっぷりやる。別に所作に数が多いとか、手を叩くのが二回のところが五回とか、そういうことではないんです。ただ、ゆったり動きますから時間がかかるんですね、彼女の場合。ああ、ついぼくは新聞とかで彼女って書いちゃうんですけど、もちろん彼ですよね。だから玉三郎は、遊女とか花魁とか、傾城を演じるときには芝居

『連方便茲大津絵《つれをたよりにここにおおつえ》』って絶対読めないですね。『採筆恵の大津絵《ふでとりてめぐみのおおつえ》』こちらは何とか読めますか。『名大津画劇交張《なにおおつえりょうざのまぜはり》』こちらは明治四年（一八二六年）にできたものです。『藤娘』は『哥へす哥へす余波大津絵』という一八二六年に作られた作品のなかに出てくる一部だったわけです。さきほど申し上げました五変化物のひとつですから、もちろん『藤娘』以外の四つのキャラクター、すなわち、座頭、天神、船頭、奴が登場します。その内の『藤娘』だけは踊りが良かったんでしょうね。娘さんのあどけない踊りから、ちょっと色気を帯びたような踊りまで、色々な女の人の成長みたいなものがひとつの踊りの中で見えてくるわけです。そういうところが非常に評判だったようで、これが独立して上演されるようになりました。

一八二六年は文政年間ですけど、歌舞伎舞踊が色んな形で変化した時期でして、舞台の機構も新しいものが色々出て来たりとか、劇場や舞台芸術が非常に活気を帯びた時代だったんです。そのなかで、二世関三十郎という役者さんがいて、この方は立役の人で、女形ではないんですけども、大坂から江戸にやってきて、十九年間ずっと江戸で歌舞伎をやっていたんですね。それで大坂に戻る。当時は京に「のぼる」わけですから、大坂も「のぼり」なんですね。だから江戸時代は大坂ののぼりのお名残狂言、お名残だからあの『余波《おなごり》』って言葉が出てくるんです。これも関三十郎のために書かれたものなんです。

でもゆっくりめに喋ってゆっくりめに演じるんです。その方が優雅に見えるんですね。あんまりチャキチャキ、シャカシャカした遊女だとお金だけ持って行かれそうでしょ？（笑）『藤娘』はいずれにしても十六、七分から二十分ちょっとの間で済む曲ですので、名曲、大曲の『道成寺』に比べれば三分の一です。あるいは『保名』なんて名曲もありますけど、それに比べても半分ぐらいですね。

『哥へす哥へす〜』ですけども、文化五年（一八〇七年）ですから初演される十九年前にですね、「辰年に初下り当年めぐって十九年相続きおいおい出世なり」と、まぁ大ヒットだったっていうことをいってるわけですね。初演時の引札（チラシ）を見ますと、もちろん関三十郎の名前もあります。ただ、このときには藤娘以外に座頭がいるんです。その二人がやってる場面があったみたいですし、ひとりで五変化やるのではなく、何か絡みがあったようですね。他に天神があって船頭、奴があるんです。この頃は「関三座頭」とか、「関三奴」っていって、関三十郎が演ったままの型が今も踊りの形態として残っています。もう二百年以上前ですね。その一曲の長唄の『藤娘』だけが単品で上演されるようになったんですね。[下段2]

　堂本正樹さんという演劇評論家が「藤娘革命」って言葉を使っているんですけど、要するに『藤娘』が大きく変化を受けたところってのが二回あるんだっていうんです。ひとつは踊りの言葉になるんですが、「クドキの後の入れ事」。クドキっていうのは女の人が男の人に対して恋の言葉を吐いたり、あるいは色っぽい迫り方をする、まぁ口説くんですね。これは他の曲とも共通しているんですが、その後に「入れ事」といって、もともとのオリジナルにはなかった部分、そこに新しい唄を入れたり振りを入れたりするものを入れ事と申しますが、この入れ事において確かに第一の革命のようなものがありました。初演から五十年近く経って

［2］
　以前お話しした『傾城反魂香』っていう作品は、大津絵を描く絵描きの浮世又平の物語を近松門左衛門が創作したものです。実はこの又平を関三十郎が演じたんですね。その又平が描いた大津絵から藤娘が出るという趣向なんですね。全く違ったお芝居なんだけども、それがちゃんと連続した演出をしてるっていう、これはなかなか見事ですね。そういう風になってるので、しばらくの間は『哥へす哥へす〜』のときにはその前の場面の狂言では必ず『傾城反魂香』を演ります。そこから出てくる、っていう見立てなんですね。それで又平が今度はきれいな藤娘に変わるわけでし

から、江戸の中村座で『旅雀相宿噺《たびすずめあいやどばなし》』という全体の所作事、踊りなんですが、その大キリ、一番最後の場面で、富本節といって今は廃れてしまった、常磐津と清元を接続した浄瑠璃の『藤娘』が上演されました。このときには藤娘と鷹匠との絡みがあったんです。藤娘を演じたのが中村鶴蔵、後の三世仲蔵で、踊りの名人だった方ですね。この方は『手前味噌』っていう歴代の仲蔵のことを書いた本を残したりと、文筆家でもあったんです。それから尾上歌柳《かりゅう》、この名前はもうありませんけどもこの人が鷹匠を演じて、この二人の絡みに「潮来《いたこ》」、「潮来笠」のイタコね、その曲を入れるんです。少しややこしいんですが、このときの唄は「潮来」なんです。振りは志賀山流という歌舞伎舞踊の最も古い流派なんですね。初代から三世仲蔵まで継承されている流派です。志賀山の『藤娘』を演るときには「潮来」という曲を使うんです。ただし今皆さんが『藤娘』をご覧になっても、この「潮来」を聞くことはほとんど無いと思います。これが第一の革命、つまり中村仲蔵によって「潮来」という「入れ事」が加わったということです。これが一番重要なことです。

そして第二の革命っていうのが六代目菊五郎です。昭和十二年（一九三七年）に東京の歌舞伎座でこの「潮来」の代わりに「藤音頭」という、もうちょっと調子のいい音頭を入れたんですね。岡鬼太郎という当時の演劇評論家がいてね、超辛口な演劇評論家でね、実は六代目菊五郎と仲悪かったんですよ。それで松竹創業

ょ、そういうところでお客さんは驚くわけですから、そんなスペクタクルを舞台で上演していたということになるんですね。ただ、これを我々はもう見ることができません。台本は残っていて、早稲田の演劇博物館にもありますし、何カ所かで保存されてはいるんですけどね。

者の弟の大谷竹次郎さんがちょっと気に病んでいて、なんとかこの二人を仲良くさせることができないかなって、鬼太郎に「ちょっと詞を書いてくれない」って頼んだんですね。それで六代目と仲良くさせたっていう、六代目との和解の曲なんです。そういう裏話もあるんですが、「潮来」の代わりにこの「藤音頭」っていう藤尽くしの唄をなかに入れたわけですね。すでに「潮来」がひとつの革命なんですよ、それをもう一段変えてしまったわけで、オリジナルのものとは全く違ってしまった。しかも今申し上げたように舞台とか演出も全部変更していまして、今我々が知っている『藤娘』は一九三七年以降の六代目尾上菊五郎によって構成されたものなんです。［下段3］

その六代目は後に芸談で残してるんですけども、「ところで考えましたのは私の体です。ご覧の通り十九貫」、今の七十二キロぐらいですかね、結構重いですね。「自分のは筋肉太りであって脂肪太りではないから容易に痩せない」とかね、そんなことはないと思うんですけどね。六代目は本当に理想的な体躯でした。東京の国立劇場に行かれたらロビーから座席に入る手前のところに平櫛田中《ひらくしでんちゅう》という彫刻家が作った巨大な六代目の鏡獅子の像があります。東京の小平に田中さんのアトリエや美術館がありまして、そこだとフンドシ一丁で鏡獅子の格好をしている六代目の彫像とかがあります。田中が岡山の人なので岡山県井原市にも田中美術館があって、そこにも試作像があります。田中さんは満百七歳で亡くなった

［3］
舞台のど真ん中に巨大な松があって、その松に藤が抱きつくように絡み付いているという構図ですが、これは小村雪岱《せったい》によるものです。雪岱は挿絵画家です。特に泉鏡花の本なんかの表紙をずっと描いた方で、非常に大正モダンなハイカラな絵を描く方です。そういう方がやったので、当時は昭和の十年代とはいえ大正ロマンが残ってる時代ですから、おしゃれな舞台だったんじゃないかと思いますね。ど真ん中にドカンと巨大な松を置いて、なおかつ藤が垂れ下がった花房をめちゃくちゃ沢山置くっていうのが彼のやり方だったわけです。ただ、ほとんど六代目のアイデアだったらし

いんです。

東京藝術大学、当時は東京美術学校といいましたが、そこの彫刻の初代教授です。百歳の誕生日に三十年分の木材を買ったっていう人です。百三十になるまでの計画をぜんぶ立ててたっていうことですよね。ただ志半ばで亡くなったんで、その二十年分の木材をどうしたかというと美術館を作るときの材料にしたんですね。だからちゃんと全部有効利用されてるんです。

それはともかく、六代目さんは体重が少しあった。舞台美術の小村雪岱と協議して、「舞台の真ん中に素晴らしい松の大木を見せて、そこに型破りの大きい藤を絡ませ、ひとつの花房が九尺」、二十七センチですね、でかいですね。もはや藤じゃないですよね。そんな巨大なものを二百六十も垂れ下げたんです。誰も数える人はいないでしょうけど、とても沢山垂れ下がっていたわけです。「遠見に私の体が比較されないように無地にして何も置かず」と、遠見とは後ろの背景ですね、書割です。そこに何か置いちゃうとそれで寸法がわかっちゃうんです。ありとあらゆるものを大きめに作ると、自分が相対的にちっちゃく可愛く見えるわけね。ただ長唄の連中が座ってる山台がありますよね、雛壇。あれだけは小さくできないんですよ。長唄の人間は小さくできない。そこだけはさすがにできないってんで舞台の上下《かみしも》（左右）に八の字型に並べた。この遠近法によって中央の松や藤はより小さく見えることになります。

さて、詞章を見てみますと、堅田とか石山とかね、滋賀県の地名がいっぱい出てきます。これは近江八景といいまして、近江の有名な八つの景色、お寺の鐘が良いところだったり湖の眺めが良いところだったり色々あるんですが、それをちょっと駄洒落でね、洒落のめして詞章のなかに入れてるんです。お古い方だったらご存知かもしれませんが、いってみれば小林旭の『自動車ショー歌』みたいなもんですね。「〽あの子をペットにしたくって、ニッサンするなら…」って曲ですね。たくさんの車やメーカーの名前が織りこまれています。お望みでしたら全曲歌ってもいいんですが（笑）。そういう洒落じみたところで言葉を合わせてるところがあって、ちょっと無茶なところもあるんです。「瀬田」を「舌」なんかにして「瀬田に乗せられて」って、うまいこと舌車に乗せられてってことなんですね。それを詞章に入れて近江八景を読み込んで、しかも読み込むことが目的ではなく、それで男の人に愚痴をいってるんですね。口説きをいってるんです。

口説きにおいて、玉三郎がとってもいいのは目つきです。あの人の涼しげな目っていうのが、あの人の踊りの空間を広げるんです。女の人でちょっとどこ見てるかわからない目ってあるじゃないですか。はっきり見つめられるのもドキッとするかもしれませんが、どこ見てるかわかんない涼しげな目でスーッと舞台の周りを覆うんですね、基本的に日本舞踊は体の部分だけじゃなくて、その舞踊家の目線の届くところまでが自分の踊りの範囲なんですね。あまり目が動揺してたりとか、あっち向いたりこっち向いたりしたら落ち着きないでしょ。そうすると踊りの空間ってすごく狭くなる。歌舞伎舞踊の場合は目線一発で全部決まるところがありますから、ほとんど目の玉動かさないです。

玉三郎の特徴ですが非常に涼しげな目線でやっていく。今現在の舞踊家、歌舞伎役者のなかでは彼と並ぶだけの『藤娘』を踊れる人ってなかなかいないんじゃないですかね。これは踊りの技術だけではなく、いかに藤の精、生娘になれるかという気持ちが目線となって表現されるのですね。これに一番近い『藤娘』を踊れるのは七之助さんですね。彼は浅草公会堂で演ってるんですが、そのときに玉三郎さんに教えてもらってます。あそこの兄弟って面白いですね。勘九郎は中村屋って感じなんですが、七之助は成駒屋って感じなんです。どっちかというと先代芝翫さんの系列に近い面だちなんで、両方のいいところ、つまり六代目歌右衛門の系譜と、六代目菊五郎の系譜と両方を七之助さんは持ってるわけだから、そこに玉三郎が教えるわけでしょ。非常にいいハイブリッドっていうか、いい『藤娘』ができるんじゃないかと思いますね。

今年（二〇一三年）五月の明治座の七之助さんの舞台はとても良かったですね。本当に玉三郎そっくりなんですね。目線の動かし方とか、あごの引き方とかね、赤い紐を結ぶときの手の内とか。あれもなかなかキレイでいいですね、赤い紐が自分自身の分身でもあってね、それで男の人にちょっかいを出すみたいな。

踊りっていうのは特にこの動きが何を意味するっていうのはあまりなくて、踊りそのものを楽しむんです、体の動きそのものの柔らかいところ、たおやかなところ、上品なところ、きれいなところを鑑賞する方が大事なんで、それが何を表してるとかではないんですね。堅田に着いたからって堅田って地名を体で表す必要はないですよね。だから詞章、歌は歌で、踊りは踊りで別々に考えるべきだし、踊りそのものの体の動きの柔らかさ美しさってのを鑑賞する方が本筋じゃないのかなって気がしますね。特に『藤娘』の場合には「踊り地」と申しましてね、踊りの部分そのものが重要な見せ場っていうのが沢山ありますからね。そういう鑑賞をして頂ければと思います。

一番最後の幕切れで、踊りでは「チラシ」といってね、両手を散らしてパッパッパと開いていくから「チラシ」というんですが、その部分は二種類詞章がありまして、「花ある松の声々も」と「空も霞の夕照に」という場合と両方あって、これはぼくが知っている限り半分半分ですね。どっちかが多いってことは無いみたいなんで、梅幸さんも歌右衛門さんも芝翫さんもそれぞれ違いますし、玉三郎さんなんかは両方ありますね。お好みでおやりになるみたいですね。

最近の玉三郎さんの『藤娘』だと舞台の中央に松の大木は無く、舞台上手側にちょっと寄ってるんです。それで下手の方に藤棚があるんですよ。それはそれでキレイなんだけど、藤棚とか出しちゃうと人工的になりますよね。もっと自然に巻いていってほしい感じがあります。藤棚だと絶対誰かの手が加わってるわけじゃないですか。第三者が見えちゃうんですね、そうするとせっかく一人で『藤娘』を踊ってるのに、藤棚を作った男の人とデキちゃうのかな、とか、余計な詮索をしたくなっちゃう（笑）。それはぼくだけかもしれませんけど、何か他の人が見えちゃうのね。だから舞台としては、やっぱり真ん中にどかんと一本松の大木があって、その松の大木に色々文句いって口説いてるわけだからね。次の「音頭」のとこでお酒をかけたりなんかするんです。よくお花にお酒をかけると花の色がきれいになるとか、そういうのありますよね。米のとぎ汁でもいいんですけど。それをうまいこと使って自分自身が藤の精なんだけど、お酒をかけて、ほんのり酔っていって、酔わないとちょっといえないようなことを松の大木に向かって告白するわけです。大変色っぽいですよね。

詞章にあります「いとしと書いて藤の花」。これどういう意味だかおわかりですか？　ひらがなの「い」を十個書きましょう、その「い」の真ん中のところを貫く「し」を書きましょう、すると藤の花になるんですね。「いとしと書いて藤の花」ね。西洋では花言葉なんてものがございますでしょ、日本にはもともと無いんですが。藤の花言葉って「歓迎」とか「恋に酔う」「陶酔」「至福のとき」「決して離れない」という恋のイメージの強い花です。英語ではウイスタリア（wisteria）っていうんですね、ウイスタリアっていう名前の喫茶店とか見たことありませんか？　喫茶「藤」って意味なんです。

奈良とかに行ったら『藤娘』に登場したような、立派な藤棚がありますよね。そういう藤棚には藤の花房が垂れ下がるじゃないですか。あれは野田藤という仲間で、大阪の福島区に野田という阪神電車の駅がありますよね、あそこが名所だったらしいんです。それで野田藤といわれる種類が、いわゆる我々の知ってる日本藤。ウイスタリア・ジャポネといいます。あとは山藤といって上に向かって咲く藤もあるんです。それはもう似ても似つかないんですが、同じ藤の仲間だそうです。上に向かって咲いちゃったら『藤娘』なんて踊れないですね、邪魔でしょうがないですから。かき分けかき分け踊らないといけないんで、やっぱり垂れてくれないとね。ふっくら垂れてくれるところが何となく色っぽいわけでございましてね。

藤にまつわるものとしてはたとえば実朝の歌とか、芭蕉の句とか、子規の歌とか色々あって、「ふるさとの池の藤波誰植へて昔忘れぬかたみなるらむ」は実朝の歌ですね。芭蕉の「しばらくは花の上なる月夜哉」、この花ってのがどうも藤らしいんです、季節から考えてね。藤の花越しに満月を見上げてという、そういう芭蕉の句です。子規はとても有名ですが、「瓶にさす藤の花ぶさみじかければ畳の上にとどかざりけり」っていうのがあります。もうちょっとで畳に届くっていう感じで下がって来ていますからね。子規は『病床六尺』にありますようにずっと寝たきりでした。自分の頭のところに藤が降りて来て、もうちょっとで自分の畳の目のところに来てくれるっていうぎりぎりのところを詠んでるわけで、普通に椅子で生活している人にとっては絶対詠めない歌ですね。「畳の上にとどかざりけり」って、上から俯瞰してたら届くかどうかわからないじゃないですか、藤と同じ高さで寝てるからわかる。多分藤の枝をもらってね、なにか花器に入れたんでしょう。それが少しずつ伸びて行くんだけどなかなか花房が短くて「とどかざりけり」。届いたら自分の命がもうちょっと伸びるとか、そういう賭けをするんですよね、病人はね。なんかそうやって自分の命を長らえさせようっていうところが歌に非常にうまく表れています。もちろんこれ以外にも多々あって、たとえば源氏物語には「藤壷」ってありますね。光源氏のお母さんね。「藤壷」なんて決して離れないという花言葉がマッチしています。だから藤のもつ色んなイメージが恐らく『藤娘』っていう曲を名曲にした理由のひとつじゃないかなと思います。

・

さて、歌舞伎座出演の俳優一覧［図版2］をみてみますと、戦後じつに沢山の人が『藤娘』を踊っています。とくに歌右衛門さんと梅幸さんが競っていますね。ときどき四世雀右衛門さんが入って来て、七世芝翫さんが入って。勘三郎さんって一回しか演ってないんですよ、勘九郎のときに一回だけ、平成十三年（二〇〇一年）三月、勘三郎襲名の前ですね。このへんから玉三郎さんがでてきます。ほぼ上演する人は、最初申し上げたように女形の踊りというよりも、最初に演った関三十郎という人のように立役です。平成十八年（二〇〇六年）には海老蔵さんが演っていて、これはなかなかよかったんですよ。これはぼくも渡辺保先生も絶賛。はんなりと踊っててね、非常に良かったですね。

一九四五年以降二〇一三年現在までで、上演数が計百三十一回。実に多い。舞踊のなかでもこれはなかなかの記録です。若い人だと藤十郎さんのお孫さんの壱太郎くんとか、時蔵さんとこの梅枝さんとか、七之助くんとか演っていますね。七之助くんは腰の落とし方とか、指先が玉三郎に似てるんですよ。何でっていわれても困るんですけど、そう思うからとしかいえませんけどね。梅枝さんはお父さんに似てるんですね。時蔵さんはあまり『藤娘』って演ってないですけど実にいいんです、風情があってね。ぼくはそのお父さんの四世時蔵や三世時蔵の『藤娘』を見たことがないですけども、恐らく三代目時蔵って女形が演ったらこんな踊りだろうなって感じたものですね。それがまぁ梅枝まで伝わってると。壱太郎くんは完全に藤十郎さんとこのものですから、だからちょっと踊りがゆったりした感じなんです。

［図版2］『藤娘』歌舞伎座出演の俳優一覧

昭和27年4月	六代目中村歌右衛門
昭和28年3月	七代目尾上梅幸
昭和31年5月	七代目尾上梅幸
昭和31年11月	六代目中村歌右衛門
昭和33年6月	七代目尾上梅幸
昭和34年5月	七代目尾上梅幸
昭和36年11月	七代目尾上梅幸
昭和38年6月	七代目尾上梅幸
昭和40年2月	四代目中村雀右衛門
昭和40年11月	六代目中村歌右衛門
昭和42年4月	七代目尾上梅幸
昭和45年12月	二代目大川橋蔵
昭和46年11月	七代目尾上梅幸
昭和47年6月	三代目中村梅枝（現時蔵）
昭和48年10月	七代目尾上梅幸
昭和49年5月	六代目中村歌右衛門
昭和53年2月	七代目中村芝翫
昭和55年5月	七代目尾上梅幸
昭和57年5月	十七代目中村勘三郎
昭和58年4月	七代目中村芝翫
昭和59年2月	七代目尾上菊五郎

ただ、ぼくとしましては、勘三郎の『藤娘』、もっと見たかったです。六代目の直系なわけですよね。直接は習ってないけど、六代目から習ってたお父さんの十七代目勘三郎からきてるわけですし、義理のお父さんは芝翫さんで、当然芝翫さんも六代目から習ってますからね。そのちょうど真ん中に入ってるわけで、しかも自分のオリジナルを絶対入れたいですからね、教わった通りにやるって人じゃありませんから。それがうまくいっちゃうんですね。彼だったら銀屏風から大津絵で飛び出てもおもしろいと思うんですね。つまり役者本位なんです。演出として聞くと退屈かなと思うんですが、ただ役者がそうやって見せてくれれば銀屏風からの大津絵でもじゅうぶんに鑑賞価値があるのではないかなという気がします。

梅幸さんの動きは、一つひとつがキパッと決まっていて、たとえば、お酒に酔ってる藤の精を踊ってる場面。ぼくは舞台で観てますが、観ていてびっくりしました、よろけるんですよ。「危ない！梅幸大丈夫か？」とか思ったんですけど、もちろんそういうフリなんですよね。

同じような世代でずっと『藤娘』をおやりになってた方は沢山いらっしゃるんですけど、たとえば雀右衛門さんなんかは『藤娘』を自分

昭和60年9月	七代目中村芝翫
昭和61年3月	四代目中村雀右衛門
昭和62年5月	七代目尾上梅幸
平成元年5月	七代目尾上梅幸
平成2年6月	五代目坂東玉三郎
平成2年12月	四代目中村雀右衛門
平成4年5月	七代目尾上梅幸
平成5年2月	四代目中村雀右衛門
平成6年11月	七代目中村芝翫
平成7年6月	四代目中村雀右衛門
平成8年2月	四代目中村雀右衛門
平成9年2月	五代目尾上菊之助
平成10年6月	四代目中村雀右衛門
平成11年3月	五代目坂東玉三郎
平成13年3月	五代目中村勘九郎（現勘三郎）
平成13年9月	七代目中村芝翫
平成15年6月	五代目坂東玉三郎
平成16年3月	七代目中村芝翫
平成18年5月	十一代目市川海老蔵
平成20年10月	七代目中村芝翫
平成22年4月	四代目坂田藤十郎

の十八番にしてた方ですよね。九十四歳で亡くなりましたけど、どんどん若くなっていくんですよ。ぼくらの中では雀右衛門マジックというのがあって、ジャッキーマジックといったりしますが、歳を取るほど、若くなってキレイになっていくという。訳わかんないんですよ。見てる方はどんどん歳を取っていく、取られていくんですよね。お客の若さを奪ってんじゃないかってね。非常に艶があってね、お酒を飲む場面なんかは、錯覚なんですけど、ほんのりほっぺたが赤くなっていくようでね。［下段4］雀右衛門さんはきれいに白塗りして、普通より厚塗りされる方だから、そうすると逆にほんのり桜色になるっていうのが見えるんですね。それが藤の紫と良い色のコントラストになってね、非常に良い場面なんです。渡辺保さんも雀右衛門のことはベタぼめでございまして。「たっぷり」って言葉を踊りのなかでは使うんだけど、余裕をもって踊ってて、せかせかしてないのね。それと自分の体を動かす範囲がすごく広いわけです。目線の位置とか、体を向ける位置とか、非常に広く設定されてやっているところがあるってのが大きな特徴だと思います。雀右衛門、梅幸と張り合って、戦後の歌舞伎舞踊をずっと牽引してったのは六世歌右衛門です。お酒を飲んだりしたときのほんのりした具合とかは非常に見事なもので、やわらかい動きをする方でした。このあたりの人たちは名人の名を欲しいままにした人たちなのかな。とにかく若い人たちにどんどん演ってもらいたいって気持ちがあります。

［4］
酔っぱらっていく風情で飲んでいくとだんだん赤くなっていく。ああいう雀右衛門のような風情を感じたのは、『試し酒』という落語を聞いたときの五代目小さん師匠のときだけですね。あのときもこうやって扇子を使ってお酒飲んでいくと、だんだん首のつけ根っから赤くなっていくんですね、ぼくは子供のとき寄席の一番前で見てたから、びっくりしました。「このおじちゃん扇子からお酒出して飲んでる」と思ったから。どんどん赤くなって、真っ赤になってへべれけになるんですね。多分そう見えるんでしょうね。ほんとにそうしてるわけじゃないんでしょうけども。

ここでちょっとだけ話をずらします。『藤娘』というのは、簡単にいうと植物と人間の交流なわけです。藤の精が出てくるけど、藤の精は目に見えないわけですよね。それが人間の娘の姿を借りて出て来て、ちょっと色っぽい所作を見せる。本当は生娘だから、お酒を飲んじゃいけないわけですよ。だけど飲んじゃったりするもんだからほんのり桜色になって、少し大胆になって、松の大木に口説いてみたりするわけね。そういう生娘の可愛らしいところをずっと残さないといけない。梅幸さんなんかは特にそれをずっと言い続けていた方です、娘の気持ちを忘れちゃいけないと。そして自分も藤の精だから、始めから持ってる藤枝は仲間なんだと。面白い言い方をしますよね。仲間なんだから大切にしなきゃいけない、ぶんぶん振り回したりとかね、ちょっと片手で抱く場面がありますけど、そういうときに慈しんで抱いてあげないといけないみたいなことを芸談に残しているんです。だから植物の一部でありながら人間であるっていうちょっと不思議な構造を持っているのがこの『藤娘』なんです。そういう面があるから、今でも我々はこれを楽しむことができるんじゃないですかね。それと、藤の花言葉をご存知なくても藤の花のイメージがあって、紫の花房がキレイに垂れ下がってるっていう形のイメージさえあれば、この踊りはじゅうぶんに普遍性を持つわけね。だからどこの国に行っても評価される踊りだと思うんです、意味がわかんなくてもね。海外でよく『藤娘』が上演されていて、見た目が非常にキレイですから評判はいいんですね。

　歌舞伎以外の世界でも、花の精みたいな形で出てくる作品はいくつもあるんですけど、たとえば能では『杜若《かきつばた》』というのがございます。在原業平に愛された杜若。花の精です。前シテと後シテの二部構成になっていまして、前シテでは娘さんが一人出て来て、修行中の僧侶に一晩宿を貸してくれるんです。後半になるとこの娘が衣をつけて出てくるんですが、これは業平の衣なんですね。そして業平自身になった娘が実は杜若の精であるという非常に複雑な設定です。能の場合はひとりでいくつもの役が重なってくるので、なかなか難しいんです。それで、これは別に悲恋の話ではないんだけども、業平が沢山歌った恋の歌なんかを自分の本性を現した杜若の精が節回しを付けて語り歌い、そして舞うというものになっています。

　少し話をふくらませますが、一九四九年、昭和二十四年に小津安二郎監督が撮られた『晩春』という名作があります。原節子が二十六歳で、この言葉はよくありませんが行き遅れた娘の役でね。今は女性の初婚年齢が平均二十六歳超えていますが、この時代ですからね。映画の設定だと父親役の笠智衆《りゅうちしゅう》の奥さんが結核で戦争中に亡くなってて、その看病をずっとしてたもんだから自分も結核の疑いがあるっていうので、戦争が終わって四年も経ってるのにまだ病院で血沈の検査をしてね。血沈が上がるか下がるかっていう台詞が出てきますけども、そうやって結核の不安におびえている日々なので、なかなか旦那さんをもらえないわけですね。あとお父さんの側を離れたくないみたいな、ちょっとファザーコンプレックスみたいなところもあって。それでお父さんが一計を案じるわけです。自分が再婚したらもう娘はいらなくなるからって。娘は見合いして結婚することになるから嫁に行きなさいと。それは実はお父さんの仕組んだ一世一代の芝居だったというね、そういうオチといっちゃ落語になっちゃいますけど。実はそのときにお父さんの笠智衆が再婚するかもしれないっていう話を別のところから聞いた娘の紀子、あの、小津さんの映画の中では原節子は全然役どころが違っても必ず紀子っていう名前になってるんですけど、その紀子がお父さんと能を観に行くんです。今はもう無くなってしまいましたが、昔目黒に染井能楽堂というとてもいい能楽堂があって、そこに二人で能を観に行くんです。そこで上演されてるのが『杜若』なんですね。演じるのが二世梅若万三郎といって、その前の年の一九四八年に襲名したばかりで、この映画の中では『杜若』の後シテの場面をやってるところがあります。この方の唯一残された動画なんですね。それで、たまたまその能楽堂にお父さんの婚約者と思われる三宅邦子がやってきます。お茶の先生で上品な役なんですよね、それが脇正面のところにいるんですよ。それでお父さんが挨拶するのを見て、娘はハッと気づくわけです、これがお父さんの新しい女の人なんだ。つまりこれから自分が母親と呼ばないといけない人なんだと。そこで原節子の胸の中の夜叉が目覚めるんですね。父親に対する嫉妬なのかよくわからないものがガーッと燃え盛ってきて、舞台の上では杜若が「自分は植物だから在原業平という人間に恋を告白することができなくて辛いわ」みたいなことをいってるわけですよね。だからそのへんがうまいこと重なるわけですよ。もちろん、父親は植物ではありませんが、そうした禁断の恋を生きる女の心が原節子によって見事に表現されています。

・

さて、『藤娘』をざっとまとめますと、とにかく今でもしばしば上演されていまして、習い事、稽古事として日本舞踊でもたくさんやられています。戦前からあった良家の子女という存在はもはや稀なものとなってしまいましたが、そうした方々が日本舞踊を始める場合、『藤娘』が選ばれます。習い事としての日本舞踊、動きは割と優しいんでね。優しいというのは実は難しいんですよ、風情で見せなきゃいけませんからね。若いからって発散すれば元気に見えるってもんじゃないです、スポーツと違いますからね。舞踊の場合は歳取ってもそれなりに味わいを見せるし、歳を取らないと見せられない味わいがありまして、生娘の役といっても七十二歳の梅幸さんが演っても見事に可愛らしく見えるわけです。七十二歳の人に可愛らしいっていうのも申し訳ない言い方ですけども、あれはどう見ても可愛らしいんですよ。八十歳になった芝翫さんの舞台なんかもっと可愛らしいですからね。逆にそれだけ歳を重ねないと見せられない味わいもあるんでしょうけど、全体の雰囲気としては「優しい」に尽きますね。それから塗り傘であるとか、あるいは藤枝であるとか、そういう小道具を使うものって何も使わない手踊りに比べると割と楽なんですよ。道具に依存できるでしょ。何も無いと手踊りだけだから、体全部が表現されちゃいますから、難しいんですね。それと、とにかくきれいです。いきなり明かりに照らされるわけで、そういう見た目の美しさがありますね、これは『道成寺』もそうですね。ただ『道成寺』はとにかく踊りが難しい。使う道具がいっぱいありすぎるし、引き抜きも多すぎる。時間も長いってことで、習い事として『道成寺』は無理ですね、よほどの根性が無いとね。温習会やおさらい会であればお金もかかります。ただ『藤娘』は二十分弱でできるものですから、踊りのものとしては非常に演りやすいんですね。

そして、物語は非常に簡潔に整理されています。一番最初に演られた関三十郎の時代に比べると、ほとんど物語はあってないようなものですから、藤の精が松の大木を口説いてるっていう、ストーリーといえばそれだけです。だから藤娘の、花の精の一人語りなんです。そこだけがキレイに描かれればいいから、演者がどんだけきれいに娘であり花の精であるか、といっても自分自身を殺すというか、消していくかというところも見所ですから、これは非常に普遍的な踊りとして残っていくと思うんですね。そんなわけもありまして、歴代の女形の登竜門として色んな方がおやりになってるわけです。

第十三話

壽曽我対面《ことぶきそがのたいめん》

壽曽我対面

寿曽我対面

対面-2

対面-3

対面-4

今日は「祝儀物」、歌舞伎にはこういう言葉は無くて、俗っぽい言い方なんですが、お祝いの、めでたいものっていう意味ですね。旧字体で「壽」という字が入っていまして、『吉例壽曽我《きちれいことぶきそが》』といったりします。これはふたつの場面でできた演目だったんですが、今はほとんど「対面」といわれているところだけが上演されます。工藤祐経《すけつね》という、曽我兄弟にとっては自分のお父さんを殺された敵と初めて顔を合わせる、そういう場面です。

　お父さんが殺されたときには、曽我五郎と十郎ってのはまだ子供だったんですね。最終的に十郎が二十二歳、五郎が二十歳のときに工藤祐経を討ちます。『曽我物語』を読むと「十八年の悲しみを乗り越え」なんて書いてありますから、多分二歳か三歳だったんでしょうね。だから敵の祐経の顔なんか全然知らないわけで、ここで祐経と初めて出会うという意味での「対面」なんです。

　それだけだとただの仇討ち、敵討ちものになってしまうんですけども、「壽」がついてることでこれは非常にめでたい春の演目として出てくるんです。ここにちょっと秘密があるんですね。つまり『壽曽我対面』は『曽我物語』という、曽我兄弟の仇討ちをそのまま歌舞伎にしたものではないんです。

　曽我兄弟の仇討ちを歌舞伎にした演目は実はものすごい数があるんですね。後で申し上げますけど、元禄十年ですから一六〇〇年代の半ばぐらいから曽我兄弟の物語っていうのは歌舞伎になっています。それから明治十八年（一八八五年）に河竹黙阿弥が、いま我々が見てる「対面」の改訂脚本を書くまで「曽我物」っていうのは実に千以上の台本があるんですね。今残っているだけでも三百以上ある。江戸時代には毎年のように新しい『曽我物語』が作られてたんですね。

それは単に仇討ちを歌舞伎化するだけでなく、やっぱり春の「壽」ですからね、非常にめでたいお話として見せる。つまり歌舞伎でよくいわれるような様式美を見せる舞台ということです。それはストーリーの複雑さであるとか、スリリングな展開っていう以上に、衣装であったり、きれいな女形が出て来たり、そういう形や様式の美しさを見せる歌舞伎なんですよね。幕が開いたときにパッと明るくなって、金屏風が見えたりなんかするとやっぱり非常に華やかなわけです。そういうものをふんだんにお見せするというのがこの『壽曽我対面』の秘密です。

もちろん物語はありまして、とりあえず仇討ち、敵討ちなんです。日本には、「三大敵討ちもの」というのがございまして、曽我兄弟の敵討ちが一番古いですね。一一九三年に曽我五郎・十郎の兄弟によって工藤祐経が討たれますから、鎌倉幕府が開かれた直後の時代です。江戸時代に入りますと、『鍵屋の辻の決闘』というのがありますけど、これは正確な言い方で、現在は『伊賀越道中双六』、通称『伊賀越』という歌舞伎になっていて、荒木又右衛門の復讐劇です。九州相良のところまで行きますからね、非常に長い、まさに『道中双六』なんですね。江戸から始まって沼津を越えて、それで京都に入って、九州の相良の方までずっと仇討ちのための旅というのが継続されるわけです。これは去年（二〇一二年）も文楽でも歌舞伎でも通しで上演されましたし、とくに「沼津」の場面は文楽でも歌舞伎でもやられるもんなんですね。これが三大敵討ちのふたつで、もうひとつはいわずとしれた赤穂浪士の討入りでございますね。

　仇討ち、敵討ちってもっと色々あると思うんですが、大事な事はこの三つのどれもが歌舞伎のなかで非常に上演頻度が高い演目になってるということです。なおかつ「曽我物」はあまり無いんですけども、『伊賀越道中双六』と『仮名手本忠臣蔵』は人形浄瑠璃でも見る事ができますよね。だから非常に表現の幅が広いということです。

　それから『～曽我対面』には今でも時々上演される「鶴岡石段の場」というのが「対面」の前にありまして、鶴岡は鶴岡八幡宮のことです、鎌倉ですね。面白い事に『仮名手本忠臣蔵』も時代をずらして鎌倉時代という設定で場所を決めてて、鶴岡八幡宮なんです。だから仇討ちもののふたつが鶴岡八幡宮から始まるっていうのは非常に面白いことなんですが、『～曽我対面』は鎌倉時代で頼朝公の時代ですから、リアルタイムですね。八幡宮へ行かれた方いらっしゃいます？後ろに長い石段があるんですね。石段を上がっていくと本殿があるという構造になっているんですが、その「石段の場」で祐経の二人の家来が立ち回りをするという、本当にそれだけでストーリーも何も無い場面があります。ただ舞台の石段の階段がずっとあるところで立ち回りをするので、少し難しいんですね。

それから「工藤の館」、これがいわゆる「対面の場」ですが、舞台がそれに変わるときにも「がんどう返し」といって、階段がガーッと舞台の上に上がっていって新しい舞台が見えるという壮大な舞台機構があります。三角形になっていて、それがグルーッと回るのね、その「がんどう返し」は見栄えのあるところなんですが、ここもストーリーとしてはあんまり無い。八幡と近江という工藤の家来がやり取りをするだけで、若手の俳優さんがそこで立ち回りを見せて、「がんどう返し」で階段がずっと天井まで上がっていくのに、ずっと階段のとこで見得を切ったまま我慢してる。その姿がなかなかすごいんですね。まぁぼくも数年前に一度見たきりで、最近は「石段」を見ることは、ほとんどありません。『吉例壽曽我』というタイトルのときには「石段の場」と「対面の場」が連続して上演されることもあります。

・

さて『〜曽我対面』なんですけども、『吉例壽曽我』とかですね、『壽吉例曽我』とか色んな言い方をするんですが、初演は古いですね、元禄時代、明暦元年（一六五五年）ですから江戸時代になってからまだ半世紀しか経ってないときに、山村座のオープニングで上演されています。その後に中村座でもやられます。この演目はたとえば劇場のオープニング、開場記念のときにやられたり、正月のおめでたいときにやられる、とにかく縁起物なんですよ。ただ昔のものはどんなものだったのかっていうと台本は残っていません。浮世絵とか役者絵は残っているので類推はできるんですが、今我々が知っている『~曽我対面』のだいたい二倍とか三倍の上演時間で、台本もすごく分厚かったみたいです。仇討ちの複雑な話がもっと取り込まれていたみたいですし、舞の場面もありました。それが今では全部カットされていますから、かなり長めのものだったといえます。そんな中から、たとえば歌舞伎十八番に入っている『矢の根』であるとか、『外郎売《ういろううり》』『助六』が『~曽我対面』の別バージョンとして上演されることになるわけです。

今我々が知っている『壽曽我対面』は、当時、河竹新七といいまして後の河竹黙阿弥、彼が明治五年（一八七二年）にこの「石段」という割と軽い場面を作られて、明治十八年（一八八五年）、千歳座の開場記念として九代目團十郎が工藤祐経を勤めるという非常に有名な舞台の脚本を書きました。それから三百年間ほぼ毎年、正月には曽我物がやられたわけです。[下段1]「曽我狂言」全部のことを曽我物といいますし、歌舞伎だけじゃないんです。もともとあった『曽我物語』は書き物ですから、ここから色々な舞台芸術、あるいは歌に、浄瑠璃に変えていくことができます。そういう形で曽我物がヒットしていった。踊りでも様々なバージョ

［1］
その曽我物というのが何かというと、『新版 歌舞伎事典』（平凡社、二〇一一年）では「わが芸能史上最も数の多い演目をもつ史実潤色の作品群。源頼朝幕下の重臣であった工藤祐経に、父の河津祐泰を討たれた遺子の十郎祐成・五郎時致の兄弟が、十八年目に富士の裾野の巻狩で…」と書かれています。巻狩というのは大規模な狩りのことをいいます。「巻狩で工藤を討った事件は『曽我物語』になって、幸若舞」、幸若舞は世阿弥によって完成された能楽よりも古くからあった舞のことをいいますが、今はなくなっています。信長が死ぬときに「人間五十年」ってやってたの

ンが生まれています。

たとえば能楽の場合ですと、これだけ曽我物ってあるんですね、[参考1]ただしほとんどが廃曲といって上演される機会が少ないものです。『小袖曽我』『元服曽我』『夜討曽我』とか、それから『調伏曽我』、『禅師曽我』この五つの演目がよく上演されてます。ですから能の世界でも曽我物というのは非常にリアルなものであって、歌舞伎以上に曽我兄弟を演ったりするわけですね。能そのものが非常に様式的、形式的な芸能ですから、こういう仇討ちものとかは逆にやりやすいのかも知れません。ただし、歌舞伎の『壽曽我対面』と違いまして、謡曲に出てくる曽我物は祝儀物ではありません。いわゆる能の世界では四番目物、雑能という、色んな人が出てくる、歌舞伎でいうと役者のショーケースのような、普通の演目なんですね。修羅物といって武士の霊が出てくるとかいうことはないんです。たとえば、死んだ兄弟の父親の霊が出て来てね、「自分は工藤祐経に殺された」って喋るならそれは二番目物、修羅物になるかも知れませんが、そういうものではないんですね。だからもともとオリジナルだった『曽我物語』が、能では割と誠実に、かつ正確に上演されているんですね。

竹本義太夫という方が近松門左衛門と組んでいわゆる文楽の音楽、義太夫節というものを始めたわけですけども、それ以前の三味線音楽は古浄瑠璃といわれました。今は滅びてしまったジャンルなんですが、近松門左衛門が出てからも曽我

は能じゃなくて幸若舞なんですね。非常に古いものです。「能、古浄瑠璃」、これは竹本義太夫より前にあった浄瑠璃ですね。「をはじめとしたおびただしい数の演目で、特に江戸の大衆に喜ばれた。歌舞伎では、江戸の荒事」、これは非常に暴力的な若者の反抗的な動き、荒っぽいことですね。「が、五郎という人物を典型化したので、代々の市川團十郎がこの役を演じて、半ば信奉の対象にまでなった」と。元禄ごろの上方では「盆曽我」といって七月に「曽我物」を上演する慣習があって、ときどき大阪の松竹座では正月ではなく夏に「曽我物」をやるんですね。それは上方の「盆曽我」の伝統が継承されてい

物は残っていまして、全部で九つの「曽我」という文字のついた作品を作っています。特に『世継曽我』は、近松門左衛門が竹本義太夫と組んで初めて大入満員にした演目なんです。もちろんこのときには人形浄瑠璃は今のようなものと違いまして、三人遣いじゃございませんね、一人遣いです。一人でちっちゃい襖とかの上に人形を出して動かすっていう非常に単純なものだったんです。それが三人遣いになるのはもうちょっと後の時代になりますが。いずれにしてもこういう形で、曽我物というのは曽我兄弟そのものの生い立ちを描いたものもあれば、仇討ちの所までを描いたものもあったり、あるいはいわゆる番外編みたいなね、曽我の兄弟にかかわる関係者の悲喜劇、そういうものを描いたものなど色々あります。『世継曽我』なんてとてもよくできた話で、仇討ちまでの二十四時間を描いたドラマっていう、いかにも近松さんらしいセミドキュメンタリー調になっています。

　踊りの方はですね、歌舞伎舞踊だと曽我物はいくつもあって、一番有名なのは『正札附根元草摺《しょうふだつきこんげんくさずりびき》』。草摺ってのは鎧兜なんですね。錣《しころ》なんて言い方もしますんで、『錣引』とか『草摺引』とかいうんです。『正札附〜』は長唄の音楽としても非常に優れた音楽で、落語の六代目三遊亭圓生師匠の出囃子がこの『正札附〜』だったりします。

　それから、『春調娘七種』はまた荒唐無稽でね、五郎・十郎が出てきて、静御

るんです。宝永六年、一七〇九年以降江戸では、正月に「曽我物」を演じることが多く、享保年間ごろからは初春が吉例となって、三座、つまり森田座と中村座、市村座ですね。一丁目、二丁目、三丁目とそれぞれ劇場があったわけですが、「必ず曽我狂言を上演する習慣が生まれた」と書いてあります。

[参考1]
切兼曾我・和田酒盛・小袖曾我・元服曾我・夜討曽我・十番切・調伏曾我・禅師曾我・大磯・御坊曾我・花見曾我・狩場曾我・対面曾我・剣曾我・伊豆明神・小袖乞・待よひ・箱根曾我・祝子曾我・櫃切曾我・虎送・裾野塚・追懸時致・

前も出てくる。もう時代も何もかもめちゃめちゃで、歌舞伎舞踊じゃないと成立しない。しかも三人で春の七草粥を作るっていうんですね。踊りのなかでちゃんと葉っぱを切ったり叩いたりする所作があって、誠に明るい話なんですが、ぼくも二回ぐらいしか見たことが無い。滅多に上演されることがないですからね。

日本舞踊ではしばしば色んな流派でやられていて、『雨の五郎』あるいは通称『五郎』とか『廓の五郎』とか色んな言い方をされるんですが、曽我五郎が吉原の大磯っていう廓にいる自分の恋人、「化粧坂の少将」っていう名前の遊女に会いにいくものです。そのときに手紙を出す所作がある流派と無い流派があるんです。傘をさして雨の中、頭巾姿で廓まで出かけていく五郎という、これはひとりの場合もあれば、五郎の行く手を阻むような連中が出て来て立ち回り、所作事が始まったりするものもある。

それから歌舞伎の曽我物ってどんなものかといいますと、色々なものがあります。『外郎売』も『矢の根』も、曽我五郎の方ですね。つまり荒事の方の、「むきみ」といってですね、貝を剥いたときの中身ですね。あれに似ているということで「むきみ」という言葉を使うんですけども、そういう顔なんで、『〜曽我対面』の五郎は全部この顔なんですね、『矢の根』だけちょっと隈取りが派手になってんですがね。『助六』においても『外郎売』[図版1]においても全部そうなんです。[下段2]

それからこちらは『暫《しばらく》』の隈ですけども、隈取りを最初にちゃんと形式化し

伏木曾我・井手詣曾我・助成寺・幽霊曾我・円覚寺・箱根天狗

〔2〕
「外郎」というのは口臭止めだったり胃薬だったり、万病に効く丸薬です。今でも小田原で売ってます、赤い玉でちっちゃいやつで。うちの母なんかあれ好きなんで、調子が悪くなるとごそっと飲んで「あぁ治った」とかいってますけど、ほんとかなとか思うんですけどね。当時は秘薬として珍重されてたようです。

たのは二代目團十郎の仕事です。この方はいわゆる千両役者、今はこの言葉使いませんけど、そういう言い方を最初に作ったのもまさに團十郎さんです。当時ほんとに千両役者だったそうですからね。まぁすごい方なんですが、この方は、いってみれば、歌舞伎の伝統的なスタイルをほとんど全部確立された人なんですね。そういう人がやった『助六』が非常に重要なものになってますし、和事と荒事、曽我五郎と十郎という二人の人物をうまいこと融合させたかなと。

［図版1］二代目團十郎『暫』、三代目歌川豊国 画（『象引・暫・外郎・六部・不動・助六・景清・五郎』大判錦絵、一八五〇年）

助六がどうして色男ぶって吉原で大立ち廻りして喧嘩ばかりをしているかっていうと、それは仇討ちにどうしても必要な「友切丸」っていう頼朝公由来の刀、伝家の宝刀を探しているからです。この友切丸が無いことには工藤祐経を討つことはできないという状況なんですね。それで曽我五郎は花川戸助六っていう侠客、剣客に身をやつして吉原を徘徊してます。吉原には色んな人が出入りするから、友切丸っていう刀を持った人が来ないとも限らない。喧嘩を吹っかけると相手は必ず刀を抜きます。その刀が友切丸かどうかを探すため、日々喧嘩をしているわけです。

　兄貴の十郎はそのことを知らないまんま、今度は十郎が薬売りの格好、和事の形で出てくるんですけども、まぁそういう弟の事情を聞くもんで、じゃあ喧嘩の仕方を教えて下さいってことを頼むんですね。それで喧嘩の仕方を教えてもらって、「韓信の股くぐり」っていうんですけど、通行人に股をくぐれっていう場面があって、まぁ色んな登場人物に無理矢理股をくぐらされるわけですね。荒事の五郎の股はみんなおっかないからくぐりますわね。だけど何か柔らかい方の十郎さんのは誰もくぐろうとしないけども、助六が睨んでるものだからしょうがなくくぐる。つまり股くぐりを二回しなきゃいけないんですね。このときには必ず「通人《つうじん》」といってですね、単なる通行客じゃなく、つまり吉原で遊んでる粋人が必ず道を通るんです。その通人の役を歌舞伎座さよなら公演で勘三郎が演ってます。團十郎さんが最後の歌舞伎座で『助六』を演るっていったときに、勘三郎は絶対に自分が通人をやるっていって演りました。残念ながら登場人物三人のうち二人がすでに鬼籍に入ってしまってるということですね。十郎は菊五郎さんが勤めました。通人は勘三郎じゃないとできないね。入れ事といいますが、台詞も全部アドリブでしょうし、勘三郎さんのことですから何とかあの二人を笑わせたいのね。そのことだけで舞台に出てきてるからね。自分で立候補して通人を選んだそうですから。この三人の中では團十郎さんと勘三郎さんは新しい歌舞伎座には立てなかったから、今となっては因縁深く思いますね。

・

それで、歌舞伎のなかには曽我物が色々な形で出てますけど、やっぱり曽我物って海老蔵さんが演っていることもあるように市川宗家のもんなんですね。市川宗家歌舞伎十八番［参考2］っていうのは、後の七代目の團十郎が江戸時代に自分の家の芸っていうことで制定したものですが、その内の『助六』と『矢の根』と『外郎売』の三つは曽我物ですね。『助六』と『勧進帳』はよく上演されてますね。それから『暫』があって『毛抜』があって『鳴神』があって、残りの演目はほとんど上演されることはないんですね。

今の松緑のおじいちゃんだった二世松緑さんて人が、国立劇場と一緒にやっていくつか復活させているんです。『象引』とか、『関羽』とかもそうです。『七つ面』というのは四年ぐらい前に海老蔵さんがお父さんと一緒に復元しました。それから今年（二〇一四年）は新橋演舞場で海老蔵さんが『鎌髭』と『押戻』と『解脱』と『景清』かな、四ついっぺんに演っちゃった。『解脱』がよくわかんなかったんですけど、最後の方で、景清が解脱しちゃったんですよね。悪人の景清が

［参考2］
市川宗家歌舞伎十八番
『暫』
『七《なな》つ面《めん》』
『象引《ぞうひき》』
『蛇柳《じゃやなぎ》』
『鳴神《なるかみ》』
『矢の根』
『助六』
『関羽』
『押戻《おしもどし》』
『嫐《うわなり》』
『鎌髭《かまひげ》』
『外郎売
『不動』
『毛抜』
『不破』
『解脱』
『勧進帳』
『景清』

解脱しちゃったらダメじゃんと思うんですけども、でもそういう作り方をしてました。それから宮本亜門さんの演出で『蛇柳』っていうのを復元してます。
そしてこの『壽曽我対面』というのは色んな役柄の役者さんたちが出てくるという意味でも面白いんですけど音楽も興味深い。長唄がメインになっているんですが別にこれは舞踊作品じゃないので舞台に雛壇があるわけじゃありません。御《み》簾内《すうち》の下座さん、地方さんが演奏するわけですけど、その場面場面で音がちゃんと決まっていて、たとえば最初に舞鶴が花道のつけ際に立って、揚げ幕の向こうの方に向かって曽我兄弟を呼び出すところがある。そうすると五郎・十郎の声だけが聞こえて花道に登場します。七三で一回休むんですけど、祐経に「もっと近う寄れ」といわれて本舞台に差し掛かる、その本舞台に入るときの音楽が全部違うんですね。特にこの舞鶴ないし兄貴の朝比奈の方に呼ばれて花道に五郎・十郎が出てくるときの音楽は、「対面三重」といって、この対面のときのためだけに作られた曲なんですね。杵屋六三郎さんという『勧進帳』の曲を作った方の作品です。

渡辺保さんという当代もっともすぐれた批評家をしても、この『〜対面』ってよくわからなかったらしいんです。ところがあるとき、六世中村歌右衛門が大磯の虎という役を演じたのを見て、ちょっと考え方が変わったんですね。とにかく歌右衛門の演技が良かったみたいです。「豪華絢爛たる美しいものが揺らぎだしたような迫力であった」とかね、「何百年の間に何百人の女形たちが工夫に工夫を重ねた結果でき上がったものである」とか、とにかく歌右衛門のことをベタぼめです。そのときに何が重要かっていうと、別に歌右衛門の演技がすごかったっていうだけじゃなくて、実は出てくる様々な登場人物がそれぞれに持ち味を見せるんですね。髪型にしても拵えにしても、演技の一つひとつ、細かい動きに至るまで一挙手一投足ね。歌右衛門さんが花道のつけ際に立ったとき、非常に手間のかかる細かい所作がいっぱいあるんですが、女形は全部あのようにやんなきゃいけなくて、非常にきれいに決められてるんです。そういうのを「型」といって。この型がきれいに決まれば、様式美としての歌舞伎というものが非常に際立ってくるんです。一方で役者一人ひとりが持っている身体の特徴みたいなもの、これは「ニン」というんです。カタカナで書くんですが、そのニンというものは型から溢れ出る役者の風情とかね、身体の味わいって言葉で渡辺さんは書いていますが、これまさに役者のニンなんですね。

　現在は［図版2］女形が舞鶴を演じる事が多いんですが、小林朝比奈という、これは猿隈《さるぐま》といって京劇に出てくる孫悟空みたいな隈取りで、おでこに二本引いたりする独

［図版2］小林朝比奈の隈取（一心堂本舗「歌舞伎 くまどり豆」パッケージ）

特の顔なんですけども、これを一番最初に演った中村伝九郎さんという役者さんがいたんですね。今でいう道化、コメディアンなんですけども、彼が初めこの隈取りで十七世紀にやってから、三百年間ずっと同じです。残念ながら、役者の味わいとか風情を考えたときに、この小林朝比奈の道化役をできる歌舞伎役者が現在ではいないってことですよ。女形はいるんです。大抵の『壽曽我対面』では舞鶴が妹という設定で出てきますが、本来はこの朝比奈が独特の「もさ言葉」という、奴《やっこ》が使う文法、乱暴でぞんざいな言葉遣いで、自分の上司である工藤祐経に対してもそう話すところがコミカルなんです。道化役なんですね。ぼくはこの道化を今の日本でできる役者は多分、中村獅童さんとね、あとは藤十郎さんところの翫雀さん（現鴈治郎）、この二人がこういう役割をしたら最高に面白いと思います。獅童さんはやっぱり顔つきとかもいかにも歌舞伎役者で、役者絵みたいな顔してるでしょ。だからこの道化は彼のためにあるんじゃないかと思うんで、ぜひ小林朝比奈をもう一度復活して頂きたいと思うんです。このようにちゃんと型とニンを持っていないと、各々の役を演じることはできないんですね。とりあえず五郎・十郎は荒事のできる人と、和事ができる人とかね。

それから座頭といいますけど、一番偉い役者が祐経を演じます。それは頼朝の幕臣で一番偉い人であると同時に、その舞台に出ている歌舞伎役者のなかでも一番偉いんですね。そういう事を観客は同時に見ているわけです。片方だけを見ているわけじゃなくて、一緒に見てるんですね。だから当然座頭としてのニンですよね、身体の大きさであるとか、迫力であるとか存在感とか、そういうものが無いとダメなんです。十三世仁左衛門さんとか座っているだけで絵になりました。喋ったら喋ったでいいんですけど。

渡辺保さんの仰るように様々な型から溢れ出るような魅力っていうものは、こんな風にはっきりと役柄が設定されているからこそわかるんです。今申し上げたように、祐経は芝居の上でもトップで座頭が必ず演ります。團十郎さんが海老蔵時代はずっと五郎を演ってました。それがだんだん歳をとってくると座頭クラスになってくるので、歌舞伎で五郎をやっていた人がやがて祐経になるというのはひとつの出世街道です。五郎を演じていた三津五郎さんも祐経を演ってますからね。吉右衛門さんも今はむしろ祐経役者です、座頭で。人間国宝ですしね。

本来は祐経は討たれるべき大将です。悪役ですよね。だから本当は赤ら顔でいいわけです、隈取りとかね。ところが白塗りなんです。なんか捌き役みたいな、正義の味方みたいな。盛綱とか『梶原平三誉石切』の梶原とかみたいな、いい人の役になってるのは、要するにそれは芝居の内容を超えて座頭であるからそういう設定をしているんですね。そういう意味では敵役でありながら座頭だから比重が重い。こういう人たちがズラッと並ぶと、「絵面《えめん》」といって、様子が良いわけね。鬼王新左衛門なんて這いつくばって終わりですからね。案外出どころないんですけど、結構芯になる役者さんを使いますね、とても大事な役です、紛失した刀持ってくる役ですからね。朝比奈がいるときの決まり型なんですが、両側に遊女を付けてですね、二人の従者を置いて、高台、高座の上で祐経が決まる。祐経がこの友切丸の刀を客席の方に尖らせるように出して、右手で扇子を持つのを、鶴の形といいます。扇子の先端が鶴のクチバシなのね。それから五郎・十郎、朝比奈で富士山を作るんですよ。だから富士山を鶴が飛んでるというおめでたい見立てですね。しかも、祐経の着物には鶴の絵が描いてあったりするんです。で、兄弟の二人は千鳥と蝶だったり。全部空に舞っていくという存在なんですね。それはまさに富士の裾野を飛んでる色んな生き物たちっていう見立てになっているので、そういうイメージがこの絵面という形で全部表象されるっていうかな、物語になっていくところがよくできてます。

『壽曽我対面』は、ストーリーよりも様式美が良いんだってことを申し上げたんですが、ストーリーをちょっとだけお話ししておきますと、実は結構複雑なんですね。舞台は簡単なもので、一一九三年に工藤祐経を曽我五郎・十郎という兄弟が富士の裾野の「巻狩」というところで仇討ちをしたというだけなんです。実はその原因があるんですね。祐経はほとんど同格だった親戚の伊東祐親という男と仲悪かったんですね。この伊東祐親は、工藤祐経のもともと持っていた土地を奪っちゃうんですね。だからどっちかというと、祐経よりも伊東家の方が悪

曾我物語（曾我兄弟の仇討）

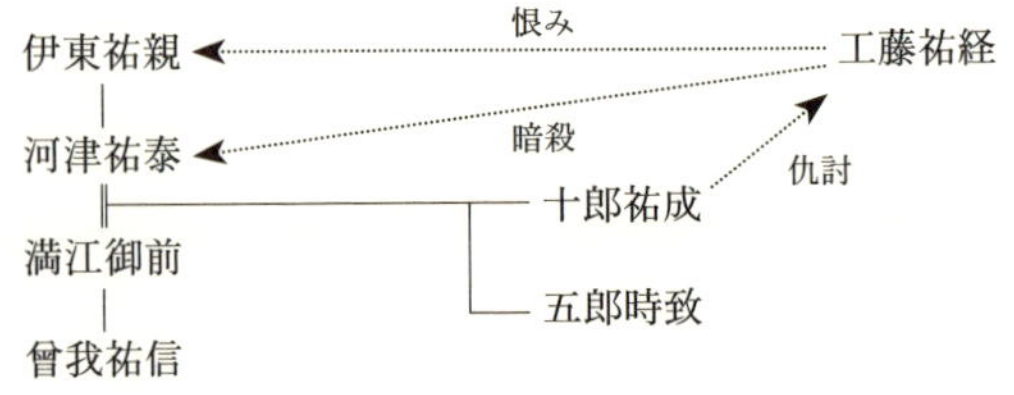

い。ずっと恨みを持っていたわけですね。それで、祐親の息子が河津という名字で河津祐泰という名前でして、みんな祐の字が入ってます。それで祐経は恨みを持ってたんで、自分の部下、八幡三郎と近江小藤太、この二人を暗殺者にして祐親を暗殺しようとするんですけど、間違って矢が息子の祐泰に当たっちゃったんですね。それで祐親は逃げるんです。後に保元・平治の乱で平家方についちゃうので、結局自害することになりますけど。工藤祐経は頼朝の幕臣ですから、ここで平家と源氏に分かれちゃうんですね。で、祐泰が殺されたもんで、祐泰の奥さん、これは『助六』にちょこっとだけ出てるんですけど満江御前といって、祐泰の遺児二人を連れ子にして、曽我の家に嫁入りするんです。つまり再婚するわけです。従って五郎・十郎は曽我という名字なんですね。祐成、時致は自分の実の父である河津三郎祐泰を殺した張本人である工藤祐経を狙って、最終的に仇討ちに成功するということになります。

　実はもうちょっと前まで遡る必要があるんですね。祐親のさらに義理の兄貴にあたる祐継、あるいはそのお父さんの工藤祐隆、出家して寂心という名前に変わってるんですが、工藤祐経にとっては河津祐泰は従兄弟にあたるんです。お父さんが兄弟ですからね。完全に親戚筋でもともと工藤家なんです。それが伊東の土地を持った者、河津の土地を持った者、曽我の土地を持った者って形で、土地を持ったところの名字になっていくわけです。ややこしいのは、この祐親には兄弟がいて妹がいたんですけど、妹っていうのが北条時政の最初の奥さんなんですね。だから曽我の五郎・十郎っていうのは北条家とも親戚なんですよ、遠縁だけどね。一方、工藤側は頼朝方でしょ、頼朝と時政ってのはもともと仲悪いですね。だからバックに頼朝と時政という、源氏と北条家の壮大な対立が隠れてんじゃないか。実は一一九三年に富士の裾野で祐経が亡くなった「巻狩」には、当然頼朝が来ているわけですよね。伊豆に流されていた頼朝がようやく許されたので、それを慰めようってことで狩りが行われたので、頼朝も祐経も同じところにいたわけです。だからこの兄弟二人が、自分の父親の敵といって祐経を倒すだけじゃなくて、頼朝を倒すこともできたんですね。もしかしたら時政はそこまで狙ってたんじゃないかっていうのが、最近の『曽我物語』の解釈です。

・

さて、これが何で今でも春を寿《ことほ》ぐ『壽曽我対面』という形で楽しまれるようになってきたのか、ということには、戸板康二さんていう劇評家が答えています。戸板さんがいうには、いわゆる「唱導文学」、説教とか説法とか、仏教的なありがたいお話を、当時読み書きのできなかった人々に、楽器を演奏しながら語っていたと。たとえば琵琶を演奏して聞かせるのが琵琶法師ですね、あるいは三味線を弾きながら女性が喋ったら瞽女《ごぜ》の語りになりますよね。そういう形のなかに『曽我物語』があったと。つまりその場合は、復讐するってことよりも、十八年間非常に苦労して我慢して、それで思いを果たすっていうところに主題があったし、二人は二十二歳と二十歳で亡くなってますから早死になわけでしょ。だから若者の哀れな感じ、これは義経とかに対する判官贔屓とまさに同じですよね。弱いものに対する哀れみみたいなことで語られたということです。

それからもうひとつは、申し上げたとおり能の世界には「修羅物」というのがあります。これは別に呪いとか怨念とか生き霊とかではなくて、戦争の無情さ、虚しさを表すと同時に、早くに亡くなっていった者への追悼の意味があったんです。『曽我物語』の一部にもこういう追悼・慰霊の意味があり、つまり演る度に五郎・十郎を追悼しているわけですね。ただの追悼・慰霊だけだと湿っちゃうから、春の寿ぎという様式的なものに変えるんです。戸板先生の意見で一番すごいのはですね、十郎の恋人は虎瞽女というんですね。要するに普通は虎御前だと書くんですが、あれは実は瞽女だったと。つまり、大磯の虎という名前の遊女は実在の人物で、十郎が死んだ後に尼さんになりますけど、その虎って名前を騙ってね、自分があたかも十郎の恋人であったかのように『曽我物語』を語って回るわけですね。そういう瞽女語りが全国で流行っていったんじゃないのかっていうことを仰っています。御前と瞽女に言葉上のつながりがあるのを発見したという意味では、戸板先生は非常に大きな仕事をなさったと思います。

ついでながらこの曽我という名前はですね、喜劇を作った二人、曾我廼家《そがのや》五郎・十郎っていいますよね。戦前の人ですけども、この人たちはもともと売れない下級の歌舞伎役者だったんですね。初代時蔵ですから後の三代目の中村歌六にあたる方のところに二人とも弟子としていたんですけども、鳴かず飛ばずだったもんで二人で喜劇を……喜劇という言葉はこの二人が、特に五郎さんがお作りになった言葉なんですね。まぁ曽我五郎・十郎というのはさっきも申し上げたように出世魚みたいな歌舞伎役者が演じる役じゃないですか、立役と和事でね。それをそのまま借りて来たんじゃないのかなって気がします。今でも曾我廼家一門っていうのはありますよね。十郎さんの一番弟子が今は亡き明蝶さんですよね。曾我廼家明蝶、二代目渋谷天外、藤山寛美、この三人が十郎のお弟子さんでやってたんです。あと五郎八もいますけどね。それで戦後の喜劇を作っていったわけです。今見ても、結構面白いことやってたみたいですね、暗闇で首だけ浮いて動くとかね。天王寺にお墓があります。

お墓といえば、曽我兄弟のお墓ってどこにあるか、皆さんご存知ですか？ なんと全国に十五ヵ所あるんですよ。千葉県から九州まで、インターネットを見るとその十五ヵ所全部行ったっていう猛者がいてですね、全部写真撮ってるんですが、多くの場合は墓石ではなく五輪の塔なんですね。おそらく追悼するための記念碑みたいなものでしょう。

簡単にまとめますと、『壽曽我物語』は基本的には鎮魂の儀式であると同時に、祝祭的な明るいもの、ひとつのエンターテインメント、祝祭劇として存在してるっていうことがあると思います。それから歌舞伎における立役とか女形とか各役柄が全部見られるわけですね。さらに、五郎を演じてた人間がやがては祐経を演るとかね、あるいは若い化粧坂の少将という若女形が後で大磯の虎を演るとか、そういう役者の成長も見られる構造になっています。そして様式美としての美しさがあると。そういう感じで成立してるっていうのが歌舞伎の世界で重視されているんじゃないのかなという気がします。

完成するのか。

この六年間、出版社が所有する山科区にある蹴上の別荘、いや合宿所で、著者、編集者、出版社で仕切り直しをするたびに、いくどとなく思った。

京都芸術センターで、「伝統芸能ことはじめ」のプログラムを始めたのが、二〇一一年。歌舞伎や文楽、落語などで名作とよばれる演目を取りあげ、九十分間、講師の小林昌廣がその作品を語りつくすというものである。

小林先生は、このプログラムを講座と呼ばず、「本番」と呼んだ。そして冒頭にはかならず、担当スタッフに前説《まえせつ》をさせた。「小林先生、お願いします」という一言をきっかけに、教室机に座った板付きの先生へとバトンが渡され、本番が始まる。先生は、この流れを執拗に大切にしていた。

一度、「それ、要るんですかね？」と尋ねたことがある。すると、「これって、噺家が高座にあがる前の出囃子みたいなもんでしょ、リズムが大事だから」という返事がかえってきた。そして、先生は「ヨッ、待ってました！」と客席から声がかかるのを、密かに楽しみにしていたのだ。

　小林先生にとって「ことはじめ」は講談であり、落語であり、とにかく語り芸の場だった。最初は三十数名が入る教室を会場に始めたものの、すぐに七十八畳の大広間へと会場を変え、百五十数名の観客は、そこで彼の芸を存分に楽しんだ。内容は、ところどころ時代の前後が怪しかったり、本当か？　と疑うようなエピソードが盛り込まれたりしているが、彼の膨大な知識と幼少からの鑑賞体験から成る話はすんなりと身体に入ってくる。

　観客は、歌舞伎からＡＫＢ48までをおなじように扱う小林先生の話に、熱心に耳を傾けていた。静かに目を瞑り一見寝ているのかな？　というご高齢の方も、話のクライマックスでは手を叩いて笑っている。客席には、べつの分野のアーティストもまじる。先生より先輩世代にあたる観客は、自身が観てきた舞台の情報を手紙にまとめ、手渡した。先生は、「ぼくね、いつも上の世代の男性からもらうんだよね、ファンレター」と、とても嬉しそうだった。六年間、京都芸術センターの大広間は「ことはじめ」劇場と化し、そのなかで先生は、講師というよりかは、話を聴く観客と同じ目線を保ち、そこにいた。

本書は二〇一一年から毎年六回、六年間にわたって行われたプログラム「伝統芸能ことはじめ」の、いわば速記録である。著者、編集者、出版社でなんども、テキスト上で「小林語り」が成立するようにやり取りしてきた。歌舞伎や落語をいくどかご覧になっている方は、そのときの情景や描写を思い浮かべながら、本書を読み進めていただきたい。また、まったくご覧になっていない方は、一章目から若干手ごわい感を受けるかもしれないが、まっさらな気持ちで、語りの流れにおつきあいいただければと思う。

プログラム背景をすこし説明しておくと、「伝統芸能ことはじめ」は、京都市が国へ要望する「伝統芸能文化センター」創設へ向けた取り組みのひとつとして位置づけられ、市民への伝統芸能の普及という要素を担ってきた。そこから十年間、数々のプログラムを重ねてきて、昨年春に、「伝統芸能アーカイブ&リサーチオフィス（Traditional Arts Archive & Research Office、略称TARO）」が開設した。ここを拠点に、伝統芸能文化センターが備えるべき機能を更に強化し、国内の伝統芸能文化への継承へと取り組んでいく予定だ。

小林先生には、「ことはじめ」だけでなく、伝統芸能文化センターの計画段階から現在まで、さまざまな形で尽力いただいている。私にとって今回の「ことはじめ」書籍化は、伝統芸能文化センター構想から今にいたる、プログラム面でのプロセスを明示するという意味合いでもあった。

本書の制作も含め、まずは著者である小林昌廣先生にこの場を借りてお礼申し上げます。やっとできましたね、ありがとうございました。懐メロが流れる例の店で、またいろんなお話を聞かせてください。

そして最後に、本書の誕生を強く願い続けてくださった京都芸術センターの前館長である富永茂樹先生と、つねにあきらめずにとり組んでくれた出版社の松本久木さんに感謝の意を表します。結果論にはなってしまいますが、六年間をかけたわりにはまったく整理できなくて、でもそれも含めて「ことはじめ」らしいというか、よかったんじゃないかなと思っています。

二〇一八年七月

萩原麗子

（京都芸術センタープログラムディレクター／TAROリサーチャー）

後記

小林先生の「伝統芸能ことはじめ」、書籍でもお楽しみいただけたでしょうか。京都芸術センターの七十八畳もある大きな和室で、プロジェクターに映像を写しながら縦横無尽に早口でお話しされたことを読みものとするのは、たいそうやっかいなことでした。ご自身が体験された舞台の様子だけでも約半世紀、さらに作品の歴史をたどり、その時どきの舞台の演目、訃報、社会事象をまじえたお話しを、少し整理しつつ、速記録風の読み物ともなるようまとめたつもりです。小林先生の「話芸」をいちど経験いただいたかたならば、語りと文字とのギャップをご理解いただけることかと思います。理解しにくい部分があったならば、編集の不手際と深くおわび申し上げます。

目次をご覧いただいてわかるとおり、小林先生は歌舞伎の演目のタイトル別にお話しされていま す。しかし、日本の芸能では同じ物語が人形浄瑠璃や能、狂言でも演じられ、さらに古くは仏教説話、サイドストーリーとなる講談や落語など、多様なジャンルを横断して楽しまれてきました。そうした横への広がりに加えて、物語が作られ初演された際の様子、その物語の設定となっている世界観（さらに数百年前にさかのぼることがままある）、演じられる型の変化、そして、現在活躍されている役者の系譜まで、時間の流れが縦につらなり、現代の我々のところまでつながっていることを強く感じさせるお話でした。きっと、先生には、目の前でおこなわれているパフォーマンスの向こうに、そうした縦横に広がる芸能の「地図」のようなものが見えておられて、そのおもしろさを伝えたいという熱意があふれ、話題が縦にも横にも展開してしまうのでしょう。

小林先生は、伝統芸能に関しては、実演家でもなければ芸能史や舞台芸術を研究する専門家でもありません。この連続講座でのお話は、ひたすら客席から舞台を見てこられたことが基本にあって、そこにあるおもしろさ、不思議を追求するためにあたられた資料などをご紹介いただきました。つまり、客席からの伝統芸能の魅力の紹介であります。物語に込められた歴史の読み解きとなり、役者の成長を見守る気持ちの吐露となり、形には残らない舞台に様々なものを見てしまう愛情表現となっています。それが、実演家による芸談ではなく、観客、見巧者による話芸となっているわけです。情報量が多いことに圧倒されるだけでなく、そこに込められている思いをくんでほしいと思っています。それによって、京都に限らず日本の伝統芸能への理解を深め、楽しんでいただくきっかけとなればさいわいです。

槇田 盤

小林昌廣（こばやし・まさひろ）

情報科学芸術大学院大学教授。一九五九年東京生まれ。大阪大学大学院医学研究科博士課程単位取得。医療・哲学・芸術の三点から見た身体論を構築。専門は医療人類学、身体表現研究、表象文化論、古典芸能批評。歌舞伎は三歳の頃から見続けている。古今亭志ん朝と同じ町内会であったのが自慢。主著に『病い論の現在形』（青弓社）、『臨床する芸術学』（昭和堂）など。

京都芸術センター叢書 二

伝統芸能ことはじめ

著者——小林昌廣

2018年10月31日　初版発行

発行所——京都芸術センター
〒604-8156 京都市中京区室町通蛸薬師下る山伏山町546-2
TEL.075-213-1000　FAX.075-213-1004
http://www.kac.or.jp

発売元——松本工房
〒534-0026 大阪市都島区網島町12-11 雅叙園ハイツ1010号室
TEL.06-6356-7701　FAX.06-6356-7702
http://matsumotokobo.com

編集——萩原麗子／槇田盤

装丁・組版・出版者——松本久木（松本工房）
印刷・製本——株式会社ライブアートブックス（株式会社大伸社）

Printed in Japan
ISBN978-4-944055-98-2

京都芸術センターは、京都市が芸術家その他芸術に関する活動を行う者と連携し、京都市における芸術の総合的な振興を目指して2000年4月に開設されました。

多様な芸術に関する活動を支援し、芸術に関する情報を広く発信するとともに、芸術を通じた市民と芸術家等の交流を図ることを目的としています。

京都芸術センター叢書　一

継ぐこと・伝えること

様々な視点からの考究と多くの実演家の証言をもとに、伝統芸能の新たな可能性に迫る。

京都芸術センター開設当初より継続して伝統芸能・文化を紹介してきた基幹事業のひとつ「継ぐこと・伝えること」。
50回を迎えた記念として、その全記録を掲載すると共に、実演家や制作者へのインタビュー、対談を数多く行い、一冊に纏めた「京都芸術センター叢書」第一巻。

|座談|　茂山あきら×富永茂樹×長谷川真一「『継ぐこと』と『伝えること』」
|インタビュー|　茂山千五郎「伝統を譲り渡す」
曽和博朗＋曽和尚靖「伝統を受け継ぐ」
内田樹「伝統文化に宿るもの」
|対談|　市川右近×片山伸吾／尾上菊之丞×茂山逸平
|シンポジウム|　権藤芳一×茂山あきら×木ノ下裕一「武智鉄二の行ったこと」
土田英生×太田耕人×ごまのはえ×茂山茂「舞台芸術としての伝統芸能」
|鼎談|　豊竹呂勢大夫×鶴澤藤蔵×吉田一輔
|訪問インタビュー|　櫻川雛山「デロレン祭文の白い声」
|コラム|　広瀬依子／濱崎加奈子／くまざわあかね／吉村古ゆう／若柳吉蔵／味方玄
|寄稿|　山極壽一「ゴリラが教えてくれた構えの継承」／石橋義正「伝統と現代」／松田正隆「明倫茶会のこと」／松本茂章「制作人材を育んできた『継ぐこと・伝えること』の試み」／横山太郎「伝統芸能はなぜそう呼ばれるか」／前原和比古「自問自答」／八木聖弥「壬生狂言の伝承」／稲賀繁美「『継ぐ』ことと『償い』と」／富永茂樹「『継ぐこと・伝えること』と私」／茂山あきら「継ぐこと 伝えること五十回」

四六判／312頁／特殊製本／発行：京都芸術センター／価格：本体2,500円＋税

発売元：松本工房　ISBN978-4-944055-70-8 C0074

全国の書店・ネット書店、京都芸術センターおよび松本工房オンラインショップでご購入頂けます。